Stefan Jung
Auf dem Weg und doch daheim

Stefan Jung

AUF DEM WEG UND DOCH DAHEIM

Schöne Wandertouren in Rhein-Main

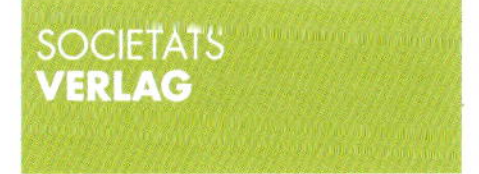

Durch das Scannen des QR-Codes werden Sie auf unsere Website geleitet (alternativ dazu finden Sie hier den Link: https://societaets-verlag.de/auf-dem-weg-und-doch-daheim/). Mit dem Passwort Daheimistschön! erhalten Sie Zugriff auf den geschützten Bereich. Dort können Sie die gewünschten Tracks kostenfrei herunterladen und mit einem Endgerät Ihrer Wahl auslesen lassen.

Sämtliche Tracks wurden von Autor und Verlag nach bestem Wissen und Gewissen überprüft. Dennoch können wir Fehler und Abweichungen leider nicht ausschließen, beispielsweise, wenn sich Gegebenheiten vor Ort verändern.

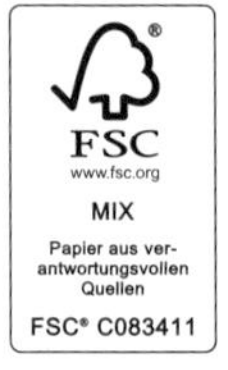

3. Auflage

Satz: Julia Desch, Societäts-Verlag
Umschlaggestaltung: Julia Desch, Societäts-Verlag
Umschlagabbildung: LaMiaFotografia/Shutterstock
Fotos: Stefan Jung
Grafik Fussspuren: © snyGGG - Fotolia.com
Druck und Verarbeitung: CPI books GmbH, Leck
Printed in Germany 2022

ISBN 978-3-95542-432-9

INHALT

FLUSS

EINLEITUNG

Daheim – sechs Buchstaben, ein Adverb, nicht mehr. Nicht einmal zum Substantiv hat es gereicht. Und doch steckt in diesem Beiwörtchen so viel Emotion, so viel Kraft, so viel Verbindendes. Daheim kann sich jeder fühlen, überall und zu jeder Zeit. Wie wichtig es für jeden Einzelnen ist, einen solchen Ort zu haben, das haben wir zuletzt alle erfahren.

Daheim wurde zum sicheren Hafen, zum Arbeitsplatz und auch zum Feriendomizil. Der Pandemie bedingte „Urlaub zu Hause" hat doch vielen den Blick geöffnet, für das Gute, das so nah liegt. Gerade in Rhein-Main.

Waldreiche Mittelgebirge und fruchtbare Flusstäler, geschichtsträchtige Burgen und hochmoderne Bankentürme, Welterbe und Dorfleben – wo könnte all das näher beieinander sein als in Hessens Herzstück? Und wie könnten wir ihnen bewusster näherkommen als beim Wandern?

Dieses Buch will Sie mitnehmen auf eine Reise entlang der Ufer von Rhein, Main, Lahn und Neckar, hinauf zu den Höhen von Taunus, Odenwald oder Vogelsberg und weiter durch uraltes Kulturland auf den Spuren von Kelten, Römern und Rittern. Eben noch in Hessen, führt schon der nächste Schritt nach Rheinland-Pfalz, Baden-Württemberg und Bayern – fast unbemerkt wird der Reisende so zum Grenzgänger. Auch kulinarisch. Riesling oder Äppler, Handkäs oder Haute Cuisine. Alles Geschmacksache, aber vor allem alles nur einen Katzensprung voneinander entfernt in Rhein-Main.

Es ist die Einheit in der Vielfalt, die diese Region so besonders macht. Da dürfen sich die Frankfurter auch schon mal als heimliche Hauptstädter fühlen und die Mainzer ihre Wiesbadener Vettern frotzeln. Am Ende dürfte doch alle das Gefühl vereinen, dass sie in Rhein-Main daheim sind.

Also, worauf warten Sie noch? Machen Sie sich auf den Weg und bleiben Sie daheim.

Ihr Stefan Jung

AUFBAU

Alle Touren sind als Rundkurse angelegt. Jede Strecke sollte auch für Wanderer gangbar sein, die nicht jede Woche unterwegs sind. Dennoch sollte man die eigene Grundkondition und Trittsicherheit mit dem Geländeprofil und Schwierigkeitsgrad abgleichen. Je nach Terrain gilt es, das Wetter im Blick zu behalten. Das hält die Schuhe sauber und die Füße trocken.

Anfahrt

Nehmen wir Frankfurt als Orientierungspunkt, so ist keine Tour mehr als etwa eine Stunde Fahrt mit dem Auto von der Mainmetropole entfernt. Das Gros der Touren kann mit den Angeboten des ÖPNV kombiniert werden. Bei längeren Touren können die Strecken mit Bus oder Bahn verkürzt werden. Wer das möchte, sollte natürlich vorab die Verbindungen prüfen.

Highlights

An die zwei Dutzend Burgen und Schlösser, dazu Klöster und Kirchen von Rang, Aussichtspunkte so weit das Auge reicht, unzählige Schätze der Natur und Jahrtausende alte Zeugnisse der Menschheitsgeschichte – wenn es an einem auf den 20 Wanderungen nicht mangeln sollte, dann an Sehenswertem und Sehenswürdigkeiten.

Wichtig: Corona und die Folgen haben seit 2020 nicht nur viele Öffnungszeiten durcheinander gewirbelt, sondern auch Auflagen mit sich gebracht, die erfüllt werden wollen. Es ist daher besser, sich vor der Tour bereits online oder telefonisch zu informieren, ob man die Sehenswürdigkeiten, die man sehen will, auch besuchen kann und darf.

Einkehrtipps

Es empfiehlt sich, auf jeder Wanderung eine Stärkung im Rucksack dabei zu haben. Wenn auf Gaststätten entlang der Strecke hingewiesen wird, dann dort, wo das Angebot begrenzt ist. Grundsätzlich gilt: Bevor man sich aufmacht, ist es ratsam, sich online zu informieren, ob und wann Gasthäuser geöffnet sind. Das verringert die Gefahr, mit knurrendem Magen vor verschlossenen Türen zu stehen.

GPX-Tracks

Was das Navi für den Autofahrer ist der GPX-Track für Fußgänger. In Kombination mit Handy-Apps oder GPS-Geräten halten die Tracks Wanderer auf Kurs. Gerade in Zeiten, in denen große Waldflächen dem Klimawandel und den Borkenkäfern zum Opfer fallen, gehen damit auch wichtige Orientierungspunkte und Wanderzeichen verloren. Da leisten die digitalen Spurassistenten wertvolle Dienste. Die Tracks zu den Touren in diesem Buch sind über das Impressum zu finden.

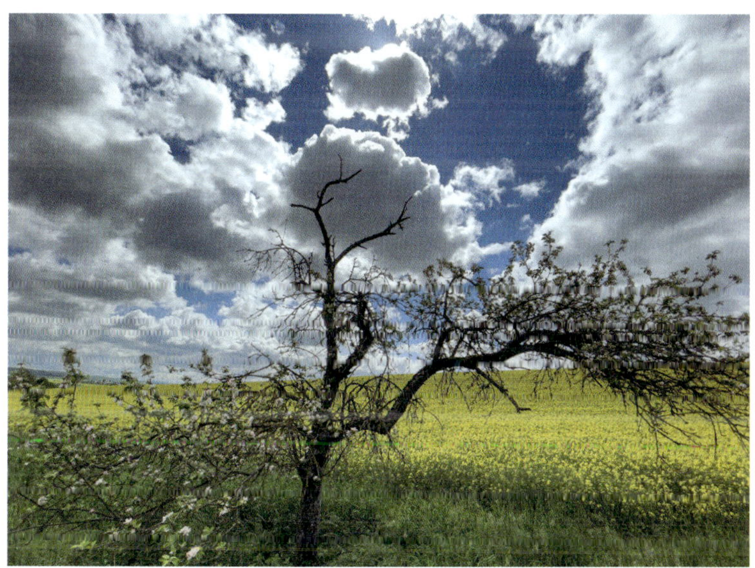

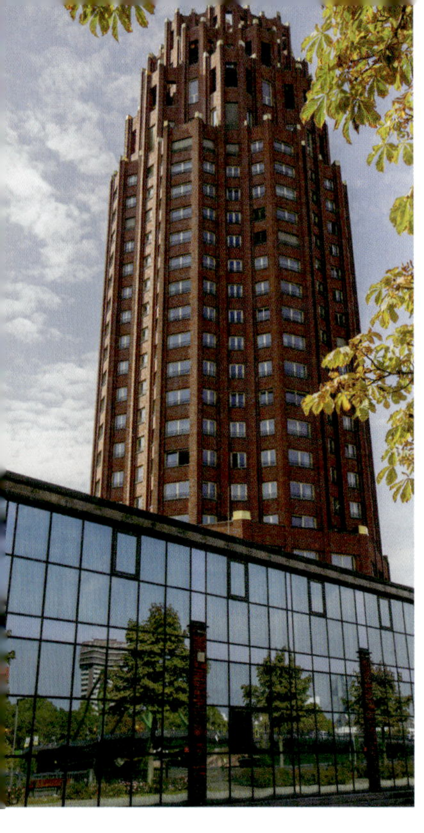

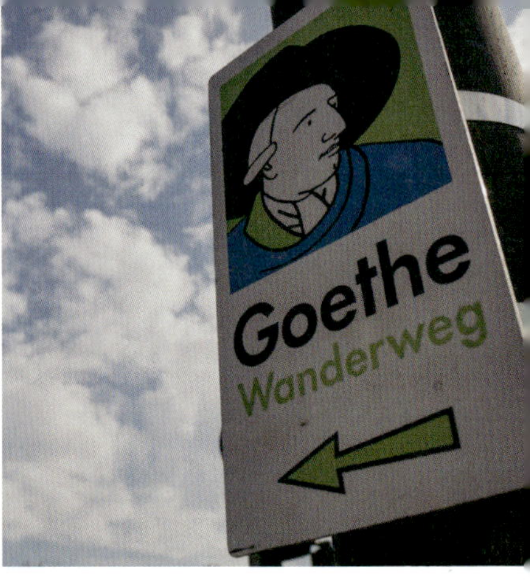

FRANKFURT

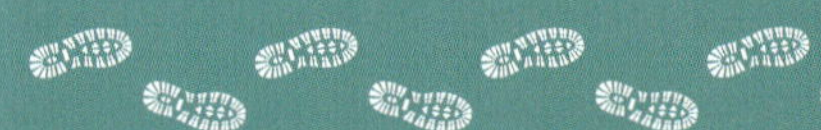

Vom Bub zum Genie – auf dem Goetheweg durch Mainhattan

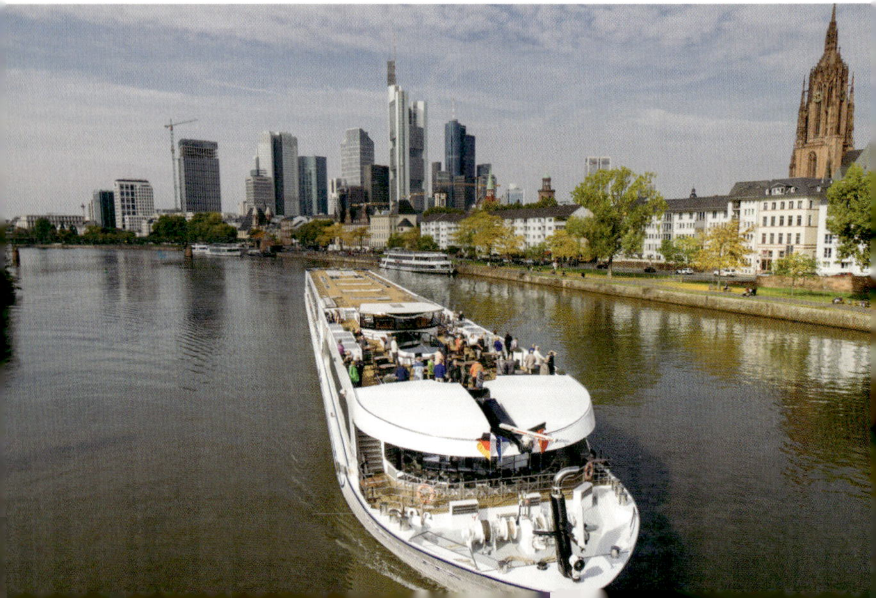

TOUR 01

02:55 h 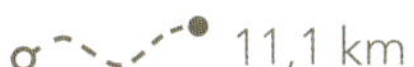

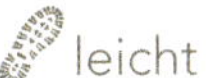

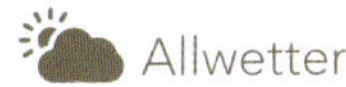

Leichte Wanderung. Gut begehbare Wege, frei von steilerem Auf und Ab.

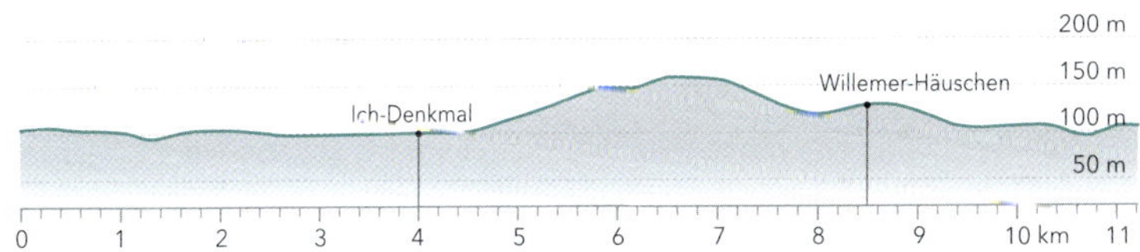

Anfahrt

Auto: Über einen der stadteinwärts führenden Zubringer wie A648 oder A66 in Richtung Zentrum fahren, passend zur Tour im Parkhaus „Goetheplatz" (Goetheplatz 2a) den Wagen abstellen und rund 280 Meter zum Goethehaus gehen. **ÖPNV:** Wer mit der Bahn kommt, steigt am besten am Frankfurter Hauptbahnhof auf die U4 um und am Willy-Brandt-Platz aus. Von hier läuft man etwa 300 Meter bis zum Startpunkt.

Highlights

Goethehaus (www.goethehaus-frankfurt.de), Paulskirche (www.frankfurt-tourismus.de), Römerberg, Neue Altstadt, Kaiserdom, Alte Brücke, Ich-Denkmal, Stadtwald, Goetheturm, Willemer-Häuschen, Eiserner Steg.

Einkehrmöglichkeiten

Gerbermühle (www.gerbermuehle.de), Ausflugslokal am Goetheturm (www.goetheruh.de).

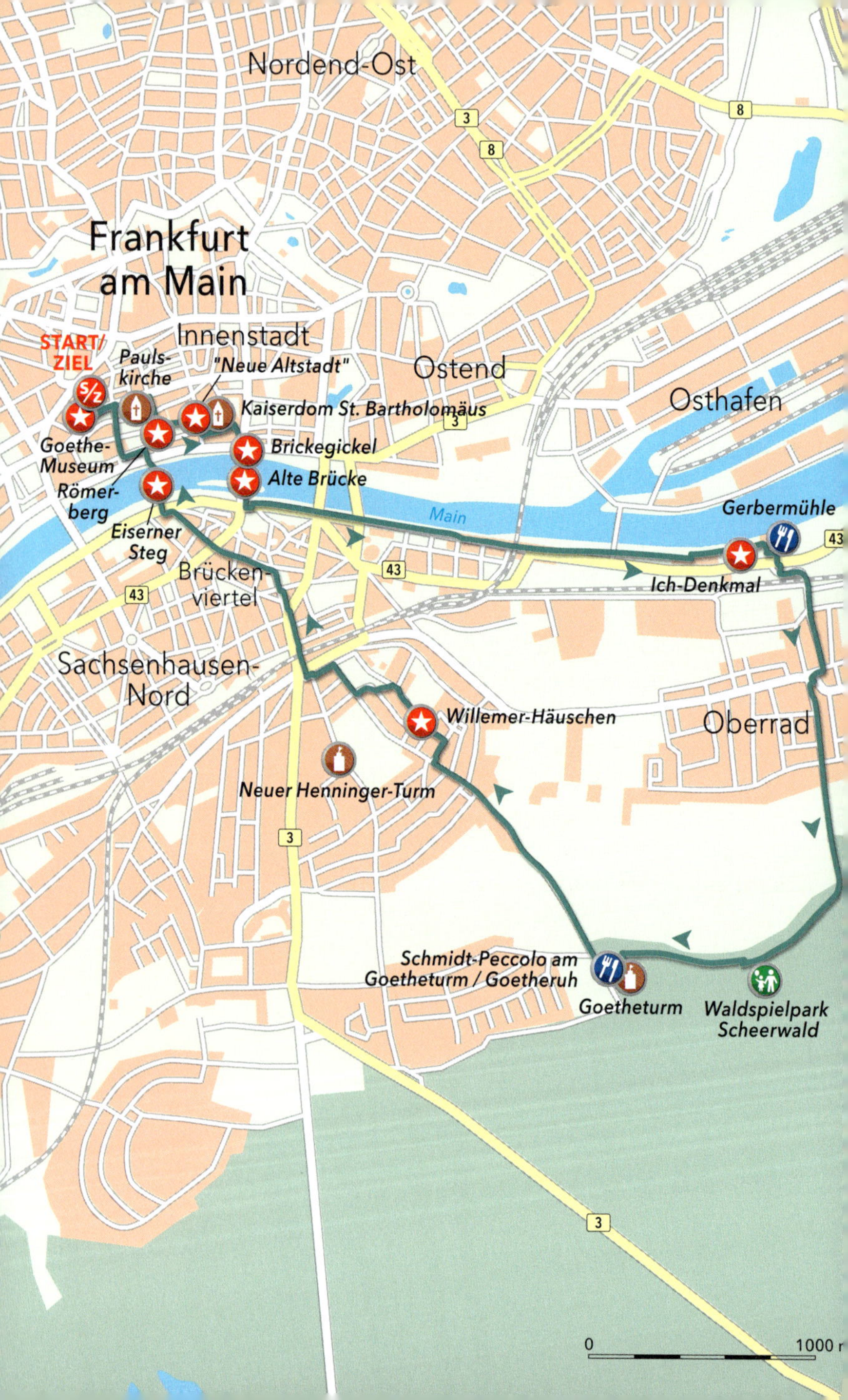

Nordend-Ost
Frankfurt am Main
Innenstadt
START/ ZIEL
Pauls-kirche
"Neue Altstadt"
Ostend
Osthafen
Kaiserdom St. Bartholomäus
Goethe-Museum
Brickegickel
Alte Brücke
Römer-berg
Eiserner Steg
Main
Gerbermühle
Ich-Denkmal
Brücken-viertel
Sachsenhausen-Nord
Willemer-Häuschen
Oberrad
Neuer Henninger-Turm
Schmidt-Peccolo am Goetheturm / Goetheruh
Goetheturm
Waldspielpark Scheerwald
3
8
43
0
1000 m

FRANKFURT

Vom Bub zum Genie – auf dem Goetheweg durch Mainhattan

Da können sich die Leute in Weimar noch so sehr ins Zeug legen, ihrem Herrn Geheimrat Lorbeeren in die Hand drücken, ein „von" in den Namen drängen, ihren Klassiker ehren und feiern. Am Ende wird Johann Wolfgang Goethe doch immer eines bleiben: ein Frankfurter Bub.

Und weil das so ist, und weil das so bleibt, hat ihm „seine" Stadt auch einen Wanderweg gewidmet, der auf Goethes Spur mitten durch Frankfurt führt. Der perfekte Startpunkt für diese Spurensuche befindet sich im Großen Hirschgraben 23 – 25, am **Goethehaus**. „Wo auch sonst?" werden jetzt echte Lokalpatrioten und Goethe-Kenner einwerfen. Schließlich hat der angehende Genius hier am 28. August 1749 das Licht der Welt erblickt. „Mit dem Glockenschlag zwölf", darauf legte der zum Dichterfürsten herangereifte Goethe in späteren Jahren doch großen Wert. Er war eben schon immer etwas Besonderes.

Was im Übrigen auch für das Wanderzeichen gilt, das uns auf den folgenden Kilometern durch Mainhattan lenken wird.

DAS GOETHEHAUS: Wenn man heute sagen würde, dass das Goethehaus nicht mehr das ist, was es einmal war, dann ist das alles andere als abwertend gemeint. Es ist schlichtweg so, dass das eigentliche Stammhaus der Familie in den Wirren des Zweiten Weltkriegs – so wie große Teile der Frankfurter Altstadt – zerstört wurde. Wir haben es also mit einer möglichst originalgetreuen Rekonstruktion des Hauses zu tun, in dem der kleine Johann Wolfgang zum Bestsellerautoren heranreifte. Im Verbund mit dem benachbarten Museum bietet das Goethehaus heute wichtige Einblicke in das Leben und Werk des Klassikers.

Es zeigt das Konterfei des Genies mit Schlapphut und Umhang, so wie schon der Maler Tischbein den wortgewaltigen Meister 1787 in Szene gesetzt hatte.

Allerdings können wir zunächst getrost darauf verzichten, uns von Zeichen zu Zeichen voranzuarbeiten. Vom Hirschgraben aus biegen wir einfach nach links in die Berliner Straße ein und dann heißt es: Immer den Reisegruppen nach. Oder sehr frei nach Faustens Gretchen: Zum Römer drängt, am Römer hängt doch alles.

Dass wir dabei die Paulskirche, den altehrwürdigen Sitz der ersten Nationalversammlung von 1848, rechts liegen lassen, wäre aus Goethes Sicht der Dinge sicher vollkommen in Ordnung gewesen. Als er nämlich in seiner Jugend die Stadt durchstreifte, war der mächtige Sandsteinbau noch gar nicht da. In den frühen 1770er Jahren stand hier noch die Barfüßerkirche.

Mit dem Frankfurter Römer, dem nächsten Zwischenstopp auf unserer Wanderung, dürfte der junge Goethe dagegen bestens vertraut gewesen sein. Immerhin war sein Großvater mütterlicherseits, Johann Wolfgang Textor, sogar Bürgermeister der Freien Reichsstadt. Von deren einstigem Glanz zeugt die prächtige Kulisse des

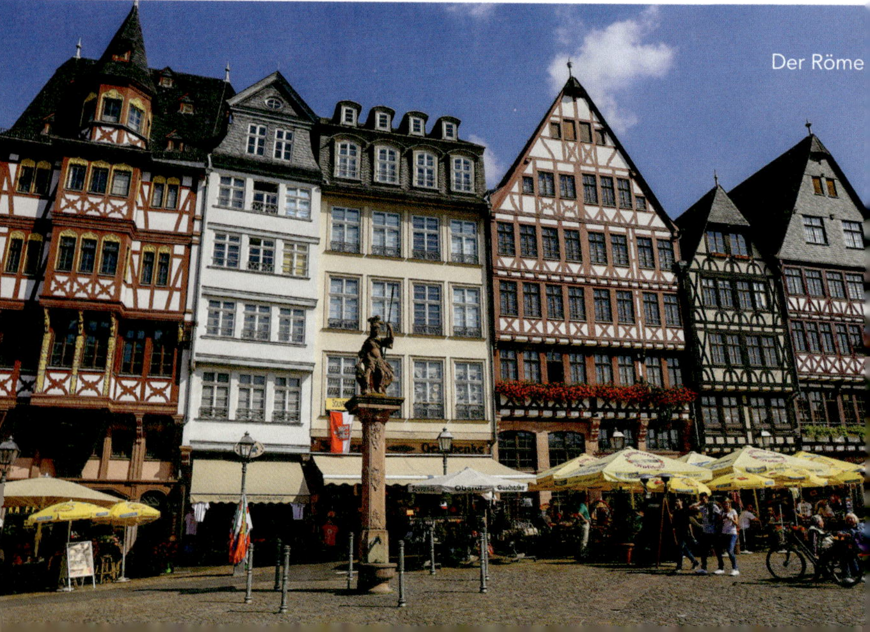

Der Röme

Römerberges noch heute. Ganz so, als hätte es den März 1944 nie gegeben.

Mehrere schwere Bombenangriffe der Alliierten zerstörten im März 1944 die gesamte mittelalterliche Alt- und Neustadt Frankfurts. Über 5.500 Menschen verloren ihr Leben und die Stadt neben ihren über 1.800 Fachwerkhäusern auch alle zentralen Kulturdenkmäler, darunter weite Teile des Römers. Einzig die Sandsteinfassade blieb stehen. Das meiste, was heute darüber hinaus noch an Goethes Frankfurt erinnert, wurde nach dem Krieg rekonstruiert. Jüngstes Beispiel: die gerade fertiggestellte neue „Altstadt“.

Könnten wir auf unserer Wanderung vom Römer in Richtung des Doms auch gleich noch durch die Zeit reisen, sollten wir unbedingt am Ende des 18. Jahrhunderts Halt machen und in der Altstadt bei Goethes Tante Johanna Maria Melber vorbeischauen. Sie nämlich wohnte mit ihrer Familie im Haus zum Esslinger, das im Zuge des **Dom-Römer-Projekts** wieder aufgebaut wurde.

Wenn wir uns beim anschließenden Gang durch die neue „Altstadt“ mitunter irgendwie majestätisch fühlen, dann mag das der Unterlage geschuldet sein: Wir spazieren nämlich auf dem **Krönungsweg** in Richtung des Doms.

Ein kurzer Besuch im Kaiserdom ist auf jeden Fall zu empfehlen. Auch wenn wir für diese leichte Tour sicher keine Stoßgebete gen Himmel schicken müssen. Allerdings sollten Liebhaber mittelalterlicher Megabauten ihre Erwartungen doch etwas dämpfen.

DAS DOM-RÖMER-PROJEKT:
Soll und vor allem darf man die Frankfurter Altstadt zwischen Römer und Dom wieder aufbauen? Die Frage wurde über Jahre intensiv wie kontrovers diskutiert. Am Ende setzten sich die Befürworter durch, und so entstanden auf dem 7.000 Quadratmeter großen Areal insgesamt 35 Häuser. 15 davon – darunter das Haus von Tante Melber – wurden rekonstruiert, 20 Domizile wurden neu gebaut und mit Stilelementen der Frankfurter Altstadt versehen.

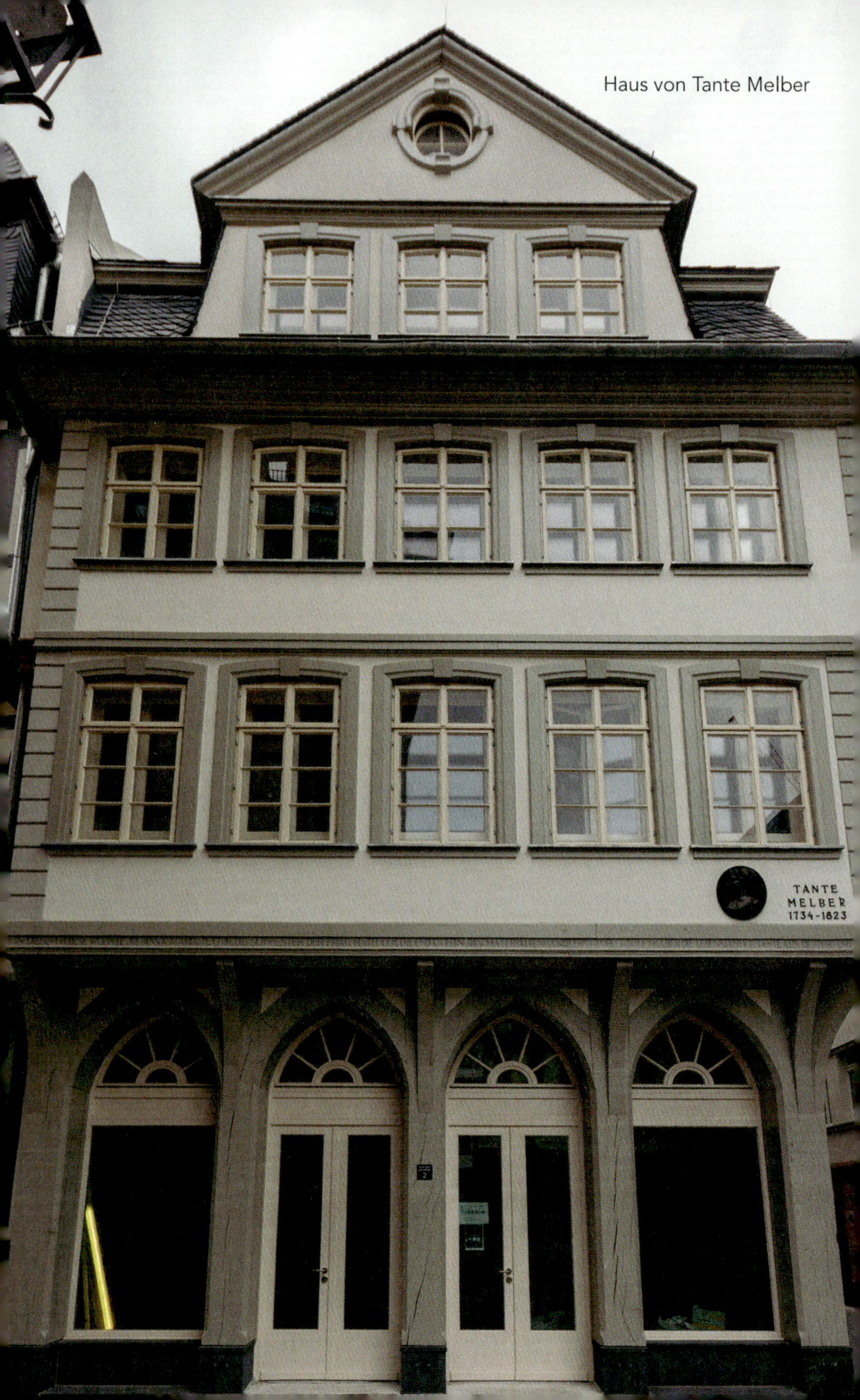

Haus von Tante Melber

DER KRÖNUNGSWEG: Insgesamt zehn deutsche Könige und Kaiser haben diesen Weg in Richtung Römer beschritten, nachdem sie zuvor im Kaiserdom gekrönt worden waren. Den Anfang hatte 1562 Maximilian II. mit seiner Königskrönung gemacht, das Ende 1792 Kaiser Franz II. Es gibt übrigens auch einen lesenswerten Augenzeugenbericht von der Krönung Josephs II. im Jahr 1764. Der Autor war damals zwar gerade erst 15 Jahre alt. Als er jedoch über 40 Jahre später seine Memoiren verfasste, hatte er das „halb majestätische, halb gespenstische Welttheater" natürlich noch genau vor Augen. Immerhin war sein Name Johann Wolfgang Goethe.

Im Vergleich zu seinen „großen Brüdern" in Mainz, Speyer oder Köln ist St. Bartholomäus doch etwas überschaubarer.

„Am Weckmarkt" unterhalb des Doms hat sich derweil schon ein Elch in Position gebracht, um uns – nein, nicht zu knutschen – zum Lachen zu bringen. Der humorige Skandinavier im Trenchcoat lädt uns ein, das Caricatura Museum, ein echtes Frankfurter Unikat, zu besuchen. Obschon wir natürlich keine Spaßbremsen sind, sollten wir den Besuch doch auf ein anderes Mal verschieben. Unser genialer Wegbegleiter im Wanderzeichen-Format wartet schließlich schon darauf, uns noch mehr von seiner Stadt zu zeigen. Und jetzt folgen wir ihm auch bereitwillig.

Es geht nach rechts hinein in die Fahrgasse und hinunter zum Ufer des Mains, wo der **„Brickegickel"** schon nach uns Ausschau hält.

BRICKEGICKEL: Der Frankfurter Brickegickel ist schon ein besonderes Tierchen. Sein Plaisierchen ist es seit über 600 Jahren, den Schiffern auf dem Main die Stelle anzuzeigen, an der der Fluss am tiefsten und die Strömung am stärksten ist. Dazu steht er in der Mitte der Alten Brücke. Und das bereits in der siebten Generation. Auch Goethe hat ihn beschrieben.

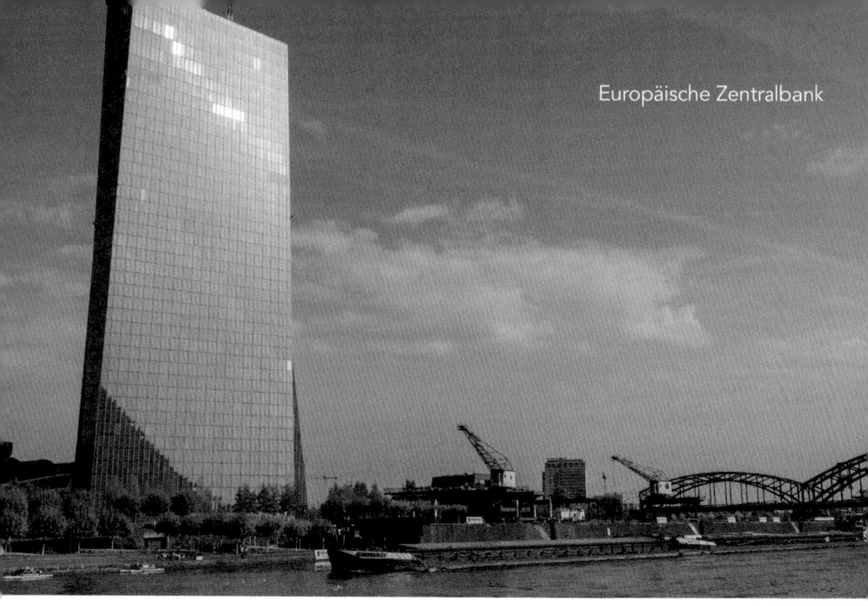
Europäische Zentralbank

Über die Alte Brücke hinüber erreichen wir Sachsenhausen. Wir sind also, wie man hier sagt, nicht mehr „hibb de Bach“, sondern „dribb de Bach“ und damit im Herzen der Frankfurter Apfelweinkultur. Uns aber zieht es erst einmal nicht zum „Stöffche“, sondern „de Bach“ (den Main) stromaufwärts.

Wir spazieren am Deutschherrnufer entlang und erkennen schnell, dass sich das schmuddelige Image, das jahrelang mit dem Main mitschwamm, längst gewandelt hat. Der Fluss zieht heute wieder Wassersportler, Sonnenhungrige, Radler, Jogger und auch Wanderer in Scharen an.

Jenseits des Mains blinkt und schimmert die gläserne Fassade des wohl größten Geldspeichers Europas im Sonnenlicht. Der 2015 eingeweihte und 185 Meter hohe Neubau der Europäischen Zentralbank soll 1,4 Milliarden Euro gekostet haben. Was für ein Kontrast zu unserer Seite des Ufers. Schrebergärten, Holzhütten, Vereinsheime – hier ist Mainhattan mit seiner Finanzwelt ein Dorf. Und hier können wir uns selbst ein Denkmal setzen. Raus mit dem Handy, rauf aufs Podest und das „Ich“ gekonnt selbst darstellen. Das hätte sicher auch dem in Ehren ergrauten Goethe gefallen. Als alter

Herr war er 1815 häufiger in der Gegend – vor allem wegen einer jungen Frau, Marianne Willemer. Sie verbrachte mit ihrem Mann in der nahen Gerbermühle die Sommer und Goethe war ihr Gast.

Zwar ist auch die heutige Gerbermühle ein Nachbau. Eine Einkehr lohnt sich dennoch. Nicht nur um dem Dichter und seiner Muse irgendwie nahe zu sein, sondern vor allem auch, um sich in dem beliebten Ausflugslokal für den weiteren Weg zu stärken. Der wird jetzt nämlich erst einmal prosaisch. Wir drehen dem Main den Rücken zu, überqueren die Gerbermühlstraße und nehmen über Wehr- und Wasserhofstraße Kurs auf das Zentrum von Oberrad. Von dort aus ist es die Buchrainstraße, die uns wieder hinaus aus dem Stadtteil und hinein in ein ganz besonderes Stück Frankfurt führt: den **Stadtwald**.

Während wir im Schutz der Bäume den Sachsenhäuser Landwehrweg entlang spazieren, fällt es schwer, sich vorzustellen, dass wir noch vor etwa eineinhalb Stunden mit beiden Beinen im Schatten der Frank-

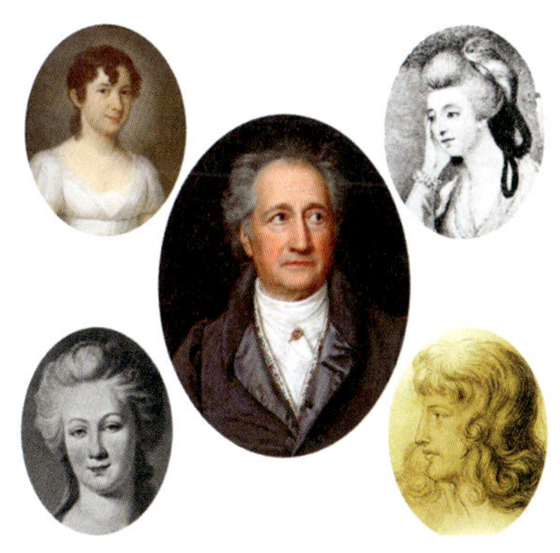

GOETHE UND DIE FRAUEN: Weiberheld, Schürzenjäger oder doch eher verklemmter Spätentwickler – was hat die Forschung nicht schon alles über Goethe und die Frauen geschrieben. Dass der Dichter auch im fortgeschrittenen Alter immer noch ein Faible für das schöne Geschlecht hatte, ist wohl genauso unbestritten wie der Umstand, dass der „Star" aus Weimar stets eine gewisse Wirkung auf die Damenwelt hatte. Die Tatsache allerdings, dass der alte Herr Geheimrat die jungen Damen meist traf, wenn er gerade wieder zur Kur weilte, um seine vielen Wehwehchen zu pflegen, lässt dann doch vermuten, dass Platon Regie bei diesen Romanzen führte.

DER STADTWALD: Mit fast 4.000 Hektar Fläche ist der Wald im Süden der Mainmetropole grüne Lunge, Naherholungsgebiet und Herzensangelegenheit für viele Frankfurter. Der Wäldchestag an Pfingsten, eine Art Nationalfeiertag für die Menschen vom Main, wurde schon zu Goethes Zeiten gefeiert. Ob der Altmeister mitgefeiert hat? Gesichert ist, dass er 1814 das Oberforsthaus im Stadtwald besucht hat.

furter Bankentürme standen. Diese Natur, diese Ruhe – zumindest in den raren Momenten, in denen nicht gerade eine Maschine über uns hinweg zur Landung auf dem Frankfurter Flughafen ansetzt.

Vorbei am Waldspielpark Scheerwald nähern wir uns dem Turm, der den echten Frankfurtern weit mehr am Herzen liegt als jeder moderne High-End-Tower.

Die Rede ist natürlich vom **Goetheturm**.

Wer nach dem Aufstieg eine Erfrischung braucht, dem – und nicht nur dem – empfiehlt sich ein Einkehrschwung im Gasthaus „Goetheruh“, bevor es wieder zurück in Richtung Stadtmitte geht. Auf dem Wendelsweg passieren wir zunächst noch Schrebergärten, kommen an einer Pferdekoppel mit Blick auf den neuen Henninger Turm vorbei und merken dann doch mit jedem Schritt,

DER GOETHETURM: Wie „Grie Soß“ und „Geripptes“ ist der 1932 eingeweihte Ausguck eine feste Größe in der Main-Metropole. Entsprechend groß war das Entsetzen von Sachsenhausen bis Bonames und darüber hinaus, als der hölzerne Gigant im Oktober 2017 in Folge von Brandstiftung in Flammen aufging. 2,4 Millionen Euro haben die Frankfurter sich den fast originalgetreuen Wiederaufbau ihres 43,3 Meter hohen Wahrzeichens kosten lassen. Eingeweiht wurde er im Spätsommer 2021. 175 Stufen führen vom 1. April bis zum 31. Oktober zu einer der schönsten Aussichten auf Mainhattan.

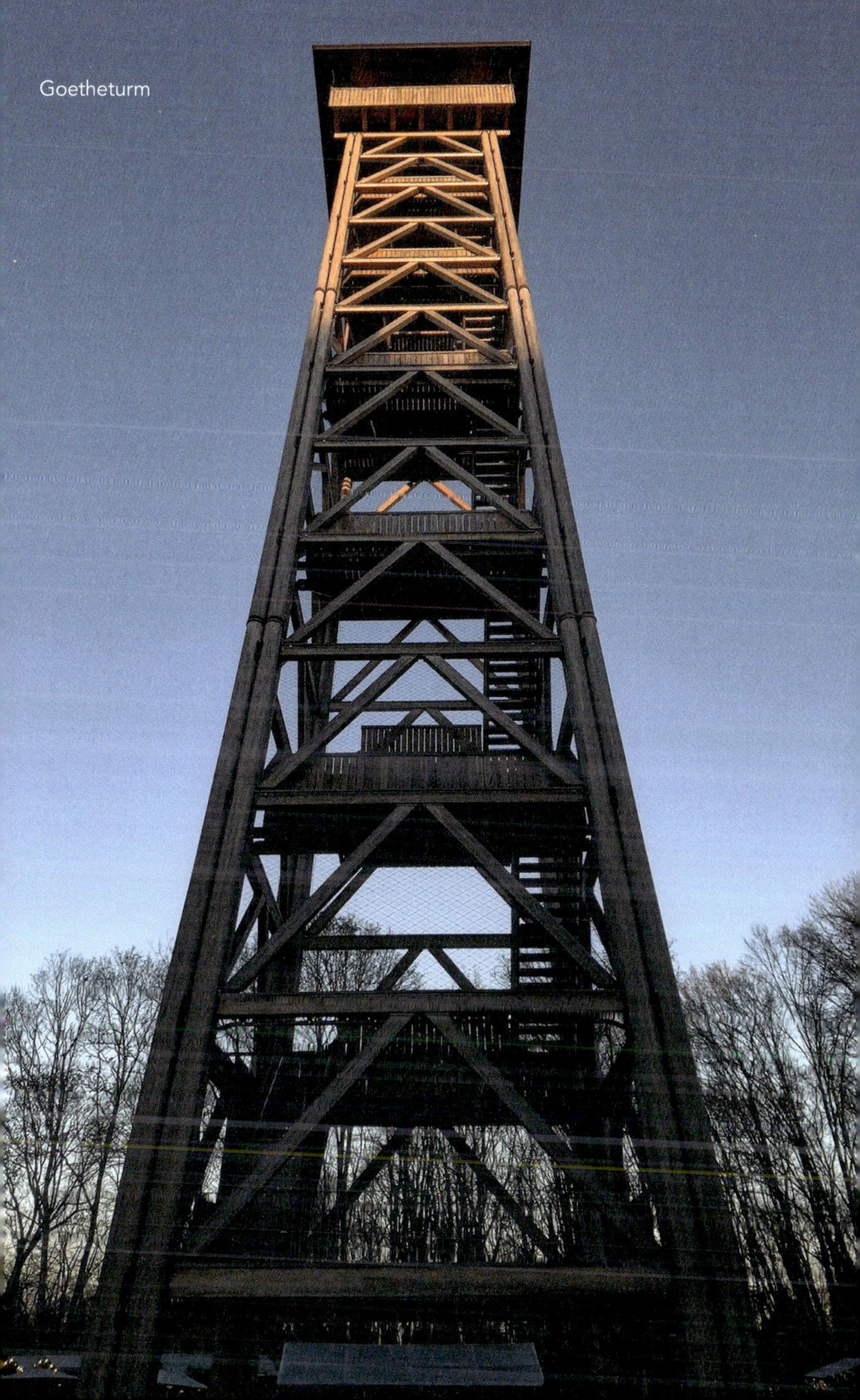

Goetheturm

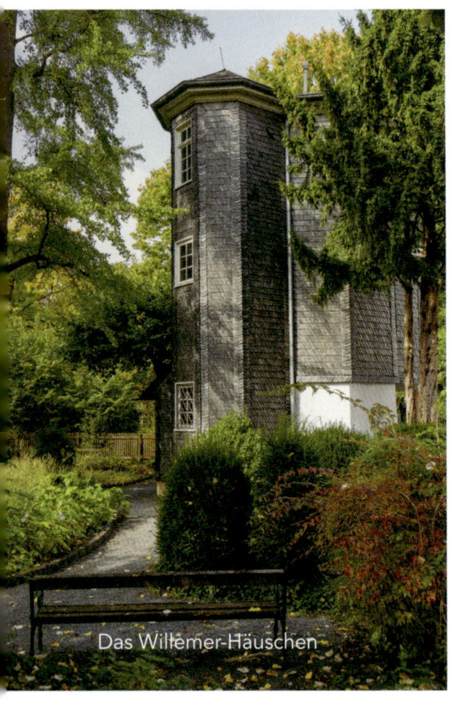
Das Willemer-Häuschen

wie Frankfurt wieder urbaner wird.

Bevor wir allerdings in den Großstadttrubel eintreten, wird es noch einmal romantisch. Wir nehmen den ausgeschilderten „Umweg“, biegen nach rechts in die Steinhausenstraße und dann bald schon wieder nach links in den Hühnerweg ein, um letztlich vor einer ganz besonderen „Liebeslaube“ zu stehen: dem **Willemer-Häuschen**.

Heute mitten im Wohngebiet gelegen, wuchs zu Goethes Zeiten noch Wein rund um das turmartige Häuschen, von dem aus man bis in den Taunus schauen konnte. Wie so vieles andere wurde

DAS WILLEMER-HÄUSCHEN: Auch über Goethes Grad der Bindung zu Marianne Willemer wird immer mal wieder spekuliert. Er selbst schwärmte von Liebe. Doch betrachten wir uns die Fakten: Als sich beide 1814 zum ersten Mal in Wiesbaden begegneten, trennten sie rund 35 Jahre und zwei Eheringe. Goethe war 65 und mit Christiane Vulpius verheiratet, Marianne 29 und die Frau des Frankfurter Bankiers Johann Jakob von Willemer. Und der war noch dazu ein Freund Goethes. Gehen wir also im Sinne beider davon aus, dass es die Liebe zur Dichtkunst war, die Johann Wolfgang und Marianne verband. Auf jeden Fall hatte die Beziehung maßgeblichen Einfluss auf Goethes „West-Östlichen Diwan“, an dem er im Willemer-Häuschen arbeitete.

auch dieses Haus im Zweiten Weltkrieg zerstört und später wieder aufgebaut.

Auf den letzten Kilometern bis zum Ziel halten wir zwar vergebens Ausschau nach Stätten von Goethes Leben und Lieben. Wir begegnen aber noch ein paar Mal seiner Familie – zumindest namentlich. So spazieren wir zunächst über den Hühnerweg nach links in den Johanna-Melber-Weg und steuern dann vom Wendelsplatz aus das Herz von Sachsenhausen an. Auf der Darmstädter Landstraße kreuzen wir am Lokalbahnhof zunächst noch die Textorstraße, die an Goethes Großvater erinnert, und biegen wenig später nach links ab.

Über Wallstraße und Schulstraße geht es zurück zum Mainufer und damit dem letzten Frankfurter Tourismus-Klassiker auf dieser Tour entgegen. Auch wenn der „größte Sohn der Stadt" nie seinen Fuß darauf gesetzt hat. Konnte er auch nicht: Der erste „Eiserne Steg" wurde erst 36 Jahre nach Goethes Tod gebaut. Heute ist es bereits Steg Nummer drei, der uns ans andere Mainufer und damit unserem Ziel ganz nahe bringt.

Jetzt direkt nach Hause oder doch noch ein wenig internationales Flair in Mainhattan schnuppern? Goethe wäre wohl bummeln gegangen. Wie schrieb er schon in „Dichtung und Wahrheit": „In einer Stadt wie Frankfurt befindet man sich in einer wunderlichen Lage; immer sich kreuzende Fremde deuten nach allen Weltgegenden hin und erwecken Reiselust."

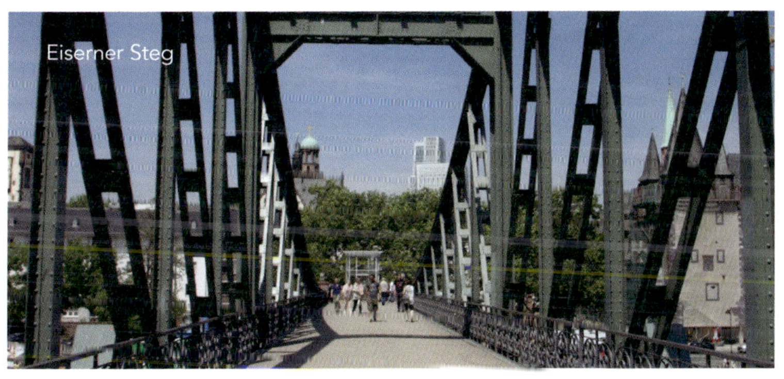
Eiserner Steg

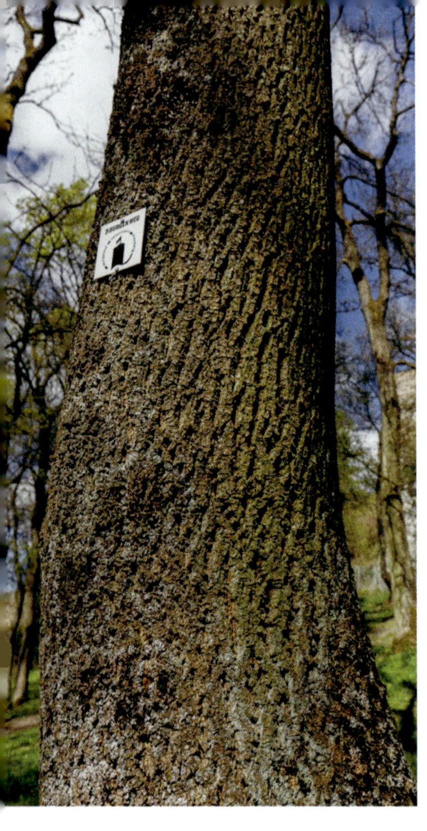

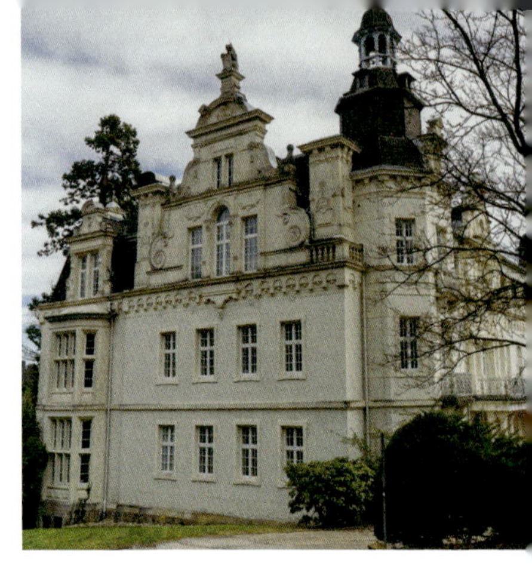

HOCHTAUNUS

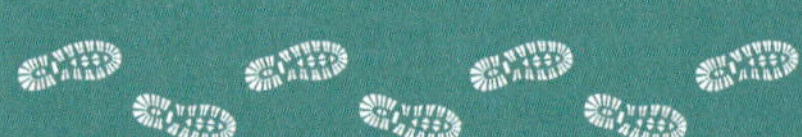

Der Taunus und
sein größtes Plus

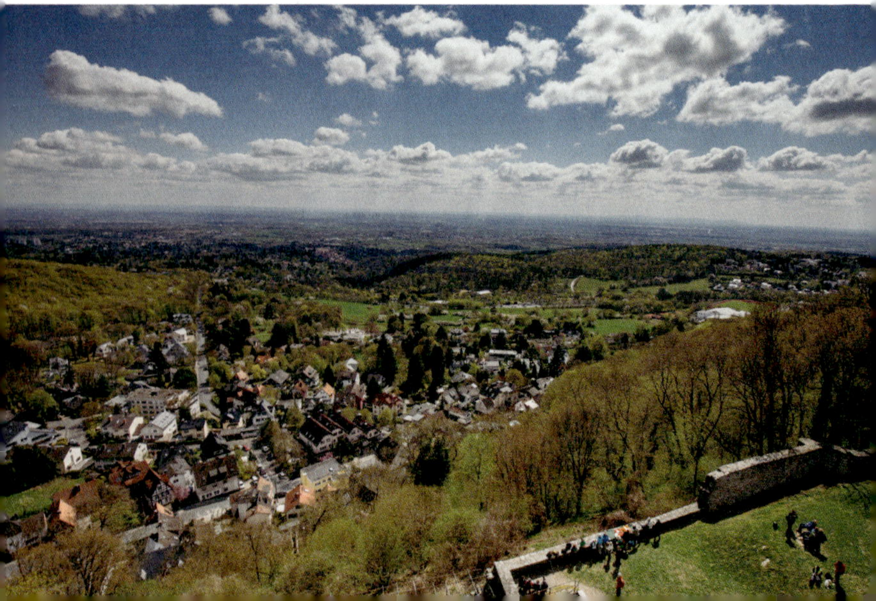

TOUR 02

03:00 h 10,9 km 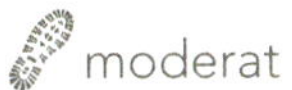 moderat 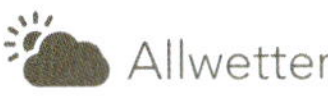 Allwetter

Mittelschwere Wanderung. Gute Grundkondition erforderlich. Leicht begehbare Wege.

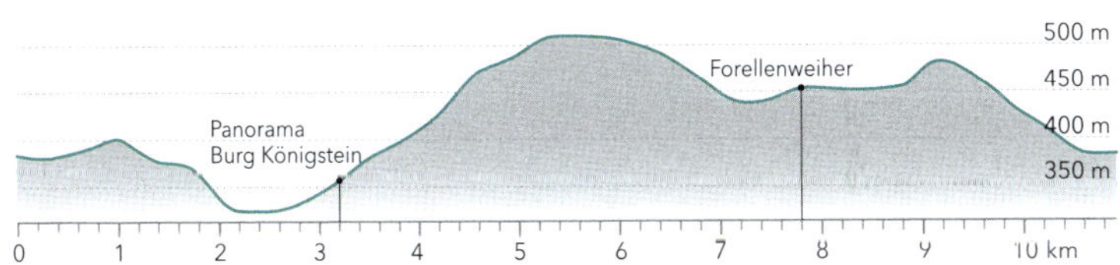

Anfahrt

Auto: Auf der B8 oder B455 nach Königstein. Richtung Stadtmitte fahren und das Auto in der Tiefgarage an der Klosterstraße abstellen. Von dort sind es nur wenige Meter bis zum Startpunkt. **ÖPNV:** Mit der Regionalbahn 12 zum Königsteiner Bahnhof. Von dort aus zu Fuß über Bahnstraße und Wiesbadener Straße hinauf in Richtung Stadtmitte.

Highlights

Kurpark Königstein, Luxemburgisches Schloss, Burg Königstein (www.koenigstein.de), Woogtal, Wasserfall am Romberg, Burg Falkenstein, Dettweiler Tempel.

Einkehrmöglichkeiten

In Königstein gibt es eine Vielzahl an Gaststätten. Entlang des Weges kann das Naturfreundehaus an der Billtalhöhe (www.naturfreundehaus-billtal.de) angesteuert werden.

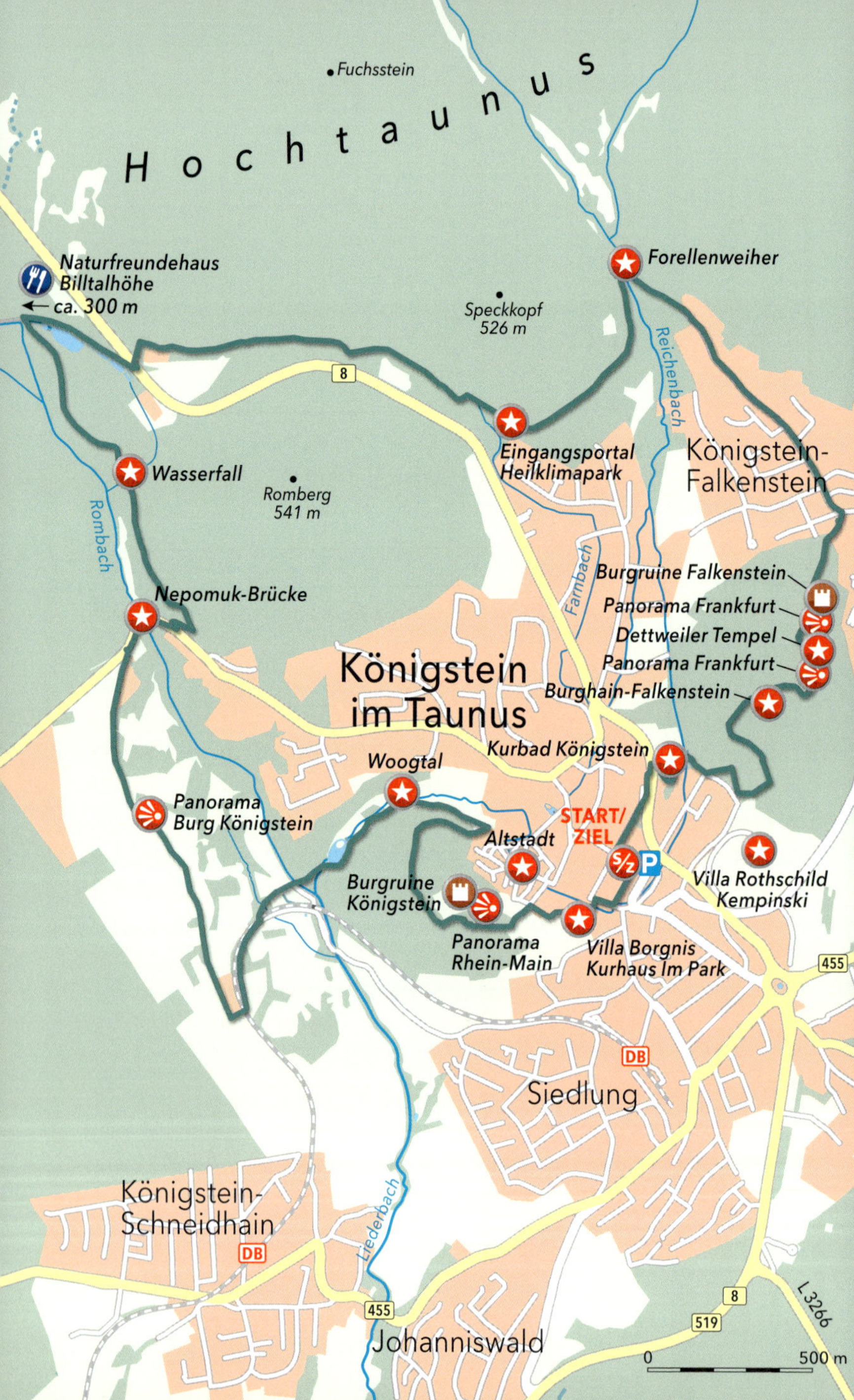

Hochtaunus
Fuchsstein
Naturfreundehaus Billtalhöhe
← ca. 300 m
Forellenweiher
Speckkopf 526 m
8
Reichenbach
Eingangsportal Heilklimapark
Königstein-Falkenstein
Wasserfall
Romberg 541 m
Rombach
Farnbach
Burgruine Falkenstein
Panorama Frankfurt
Dettweiler Tempel
Panorama Frankfurt
Nepomuk-Brücke
Königstein im Taunus
Burghain-Falkenstein
Kurbad Königstein
Woogtal
Panorama Burg Königstein
START/ZIEL
Altstadt
S/Z
P
Villa Rothschild Kempinski
Burgruine Königstein
Panorama Rhein-Main
Villa Borgnis Kurhaus Im Park
455
DB
Siedlung
Königstein-Schneidhain
DB
Liederbach
455
Johanniswald
8
519
L 3266
0
500 m

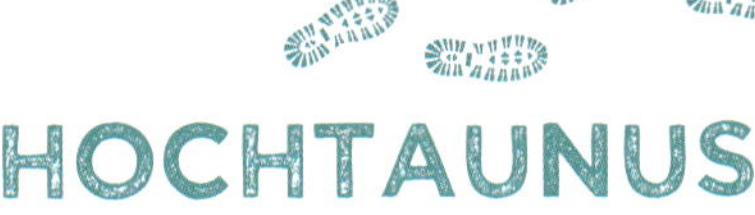

HOCHTAUNUS

Der Taunus und sein größtes Plus

Frankfurt ist die Stadt der Banken, Mainz die der Fastnacht – und Königstein? Ja klar, die der Millionäre. Keine Einkommensstatistik vergeht, in der nicht darauf hingewiesen wird, dass die Kleinstadt im bundesweiten Vergleich ganz weit vorne liegt, wenn es um den Wohlstand ihrer Einwohner geht. Und sofort sind sie dann auch schon da, die Bilder im Kopf von noblen Villen hinter hohen Mauern. Davor gibt es allerdings auch ein gehöriges Plus. Es ist ein Mehr an Kultur wie Natur, an Historie wie Heilklima. Und das teilen die Bewohner der Kurstadt durchaus bereitwillig mit ihren Besuchern. So wie auf der folgenden Wanderung.

Vom Start weg bewegen wir uns dabei auf geschichtsträchtigem Boden, stehen wir doch in der Stadtmitte und damit dort, wo bis 1803 ein Kapuzinerkloster stand. Durch die gegenüberliegende Kurparkpassage hindurch und an der Kur- und Stadtinformation vorbei betreten wir das grüne Herzstück des an Parks und Anlagen alles andere als armen Städtchens. Apropos „alles andere als arm" – das galt auch für Matthias Franz Borgnis, den einstigen Hausherren im heutigen **Kurhaus**.

Dass wir auch ohne Wanderzeichen die Villa aus voller Überzeugung links und das Rathaus rechts liegen lassen können, ist vor allem dem mäch-

DAS KURHAUS: Wer Mitte des 19. Jahrhunderts etwas auf sich hielt und das nötige Kleingeld hatte, der ließ sich im Taunus einen Sommersitz im Schweizer Stil errichten. So wie der Frankfurter Matthias Franz Borgnis. Nachdem der es in Frankfurt als Bankier und Juwelier zu Wohlstand gebracht hatte, setzte er sich nach 1860 in seiner „Villa Borgnis" zur Ruhe. Seit 1927 ist diese das Königsteiner Kurhaus und heute zudem Sitz des Standesamtes. Eine feine Adresse für Verliebte.

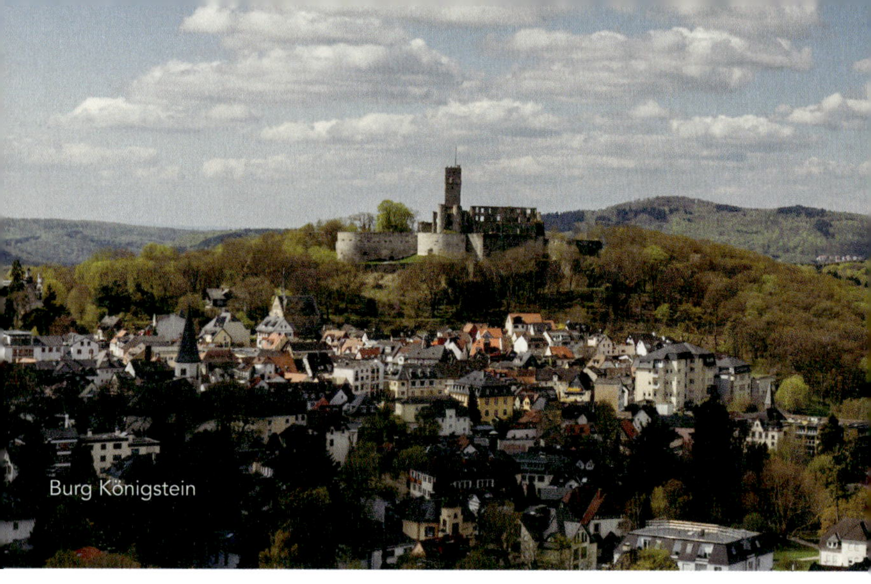
Burg Königstein

tigen Fixpunkt zu verdanken, der über Königstein thront. Die unübersehbare **Burgruine** zieht uns magisch an und den Hang hinauf.

Vorher aber machen wir noch einen kurzen Zwischenstopp bei den direkten Nachbarn der Familie Borgnis. Die waren im Vergleich zu den bürgerlichen Bankern noch einmal eine ganz andere Hausnummer. Sie waren Nassauer im besten Sinne und residierten in jenem weißen, kleinen Prachtbau, der linker Hand den Aufgang zur Burg flankiert. Wir passieren das **Luxemburgische Schloss**.

Weiter der heutigen Festungsruine entgegen, bekom-

DAS LUXEMBURGISCHE SCHLOSS: 1855 hatte Herzog Adolph von Nassau das Gebäude kaufen und so standesgemäß herrichten lassen, dass seine zweite Frau Adelheid-Marie samt Familie hier viele schöne Sommer und einige gute Jahre verbringen konnte. Zwar verlor Adolph 1866 seine Herzogswürde. Im hohen Alter jedoch avancierte er noch einmal zum Großherzog von Luxemburg und der Königsteiner Sommersitz damit zum Luxemburgischen Schloss. Heute ist es Sitz des Amtsgerichts.

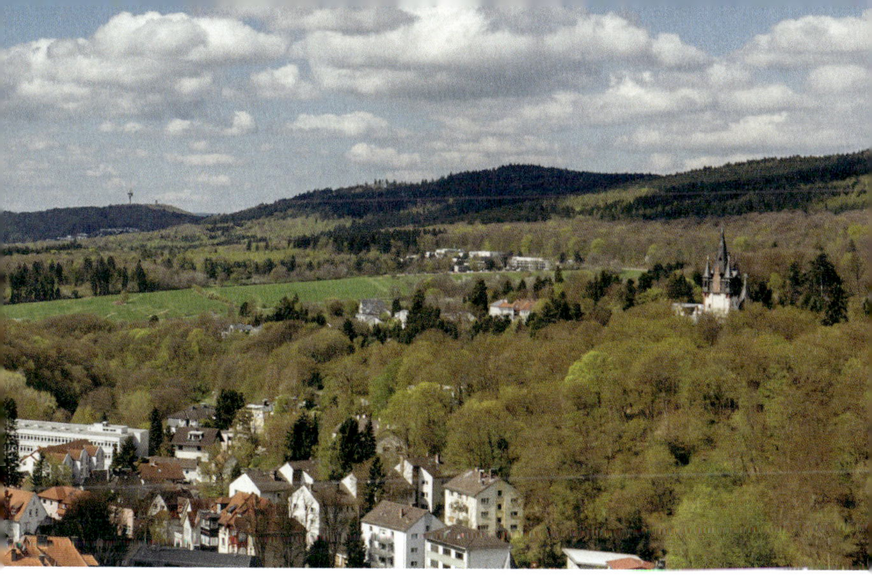

men wir einen ersten pulstreibenden Eindruck davon, warum sich gewiefte Strategen vor vielen hundert Jahren genau diese Erhebung ausgeguckt hatten, um darauf Türme und Mauern zu platzieren. Ein Besuch auf der Burg ist natürlich ein Muss. Zwar ist das Info-Angebot ähnlich überschaubar wie der Eintrittspreis. Die Aussicht jedoch ist enorm – und das umso mehr, wenn man den hohen Turm erklimmt.

BURG KÖNIGSTEIN: Als um das 12. Jahrhundert herum der Grundstein zur Burg gelegt wurde, war deren Aufgabenstellung klar: Es galt, von hier oben ein wachsames Auge auf die wichtige Handelsstraße zwischen Köln und Frankfurt zu haben. Französische Truppen waren es letztlich, die die Festung 1796 sprengten. Seit 2016 laufen Bemühungen, die Burg als Ort der deutschen Demokratie Geschichte im öffentlichen Bewusstsein zu verankern. Der Grund: 1793 wurden hier Männer und Frauen aus dem Umfeld der niedergeschlagenen Mainzer Republik gefangen gehalten. Darunter auch die spätere Muse der Romantik: Caroline Schlegel-Schelling, damals noch Caroline Böhmer.

Weiter geht die Tour im Schatten von Mauern und Bäumen, während wir durch den herrlichen Burghain bergab spazieren. Eine Felskanzel zur Linken gibt den Blick auf unser nächstes Etappenziel frei: Es geht dem Woogtal entgegen. Ein grünes Idyll am Rande der Kurstadt mit Bachlauf, Weiher und mächtigem Mühlrad. Daran vorbei und aus dem Tal hinaus, passieren wir zunächst das Freibad und überqueren dann die Gleise der Bahnlinie, die Königstein mit Frankfurt verbindet. Mangels einer Unterführung ist hier ein gewisses Maß an Vorsicht geboten.

Sicheren Schrittes auf der anderen Seite der Gleise angekommen, setzen wir die Wanderung auf asphaltierter Strecke fort. Sollten hier im Sommer vermehrt fragile Juwelen durch die Luft tanzen, dann ist das den Mitgliedern des entomologischen Vereins Apollo zu verdan-

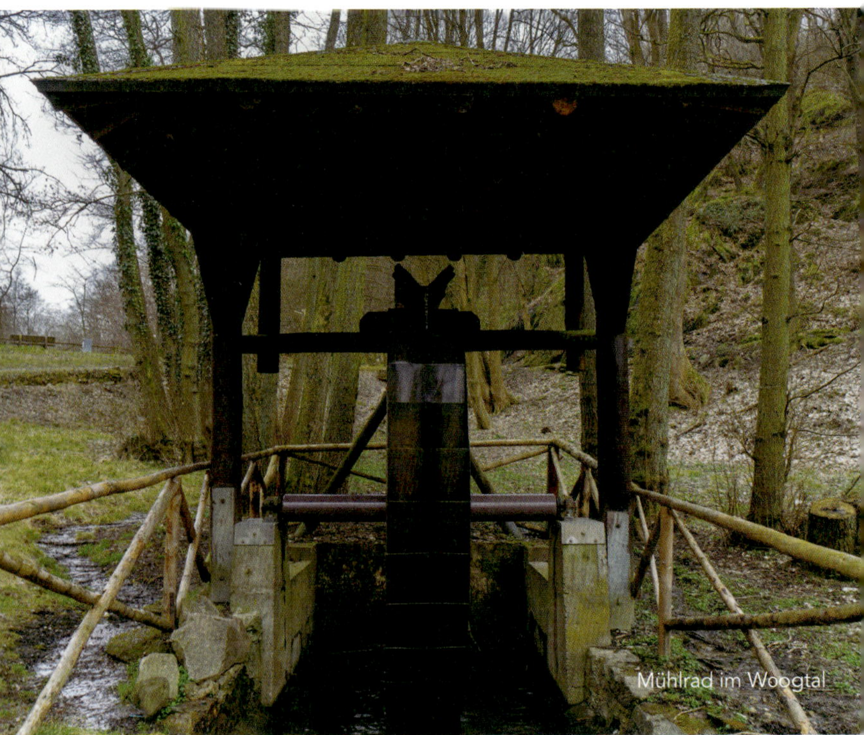

Mühlrad im Woogtal

ken. Die Insektenkundler haben am Wegesrand ihr Domizil und widmen sich besonders der Zucht von Schmetterlingen.

Noch einmal kreuzen wir die Bahngleise, stellen dann die Weichen nach rechts und wandern den Bangert hinauf. Auch wenn uns die Königsteiner Burg auf den kommenden 1,2 Kilometern ihre Kehrseite zeigt, so ist doch genau diese Perspektive mal etwas anderes und besonders reizvoll. Ausgangs des Bangerts erreichen wir die Bundesstraße 455, an deren Rand wir entlang und wieder ein kleines Stück zurück in Richtung Königsteiner Stadtgrenze gehen. Der Brückenheilige Nepomuk gibt uns dazu zwar gerne seinen Segen, das ist aber auch alles, was er an dieser Stelle tun kann. Heilsame Kräfte haben weder er noch das Wasser der nach ihm benannten Quelle gleich um die Ecke. Auch wenn das einige Zeitgenossen mit großen Plastikkanistern offensichtlich anders sehen. Wir sollten da doch lieber gleich zum kühlen Schluck aus der eigenen Flasche greifen, um unseren Durst zu lindern, und dann unsere Wanderung auf dem Pionierweg oberhalb der Quelle fortsetzen.

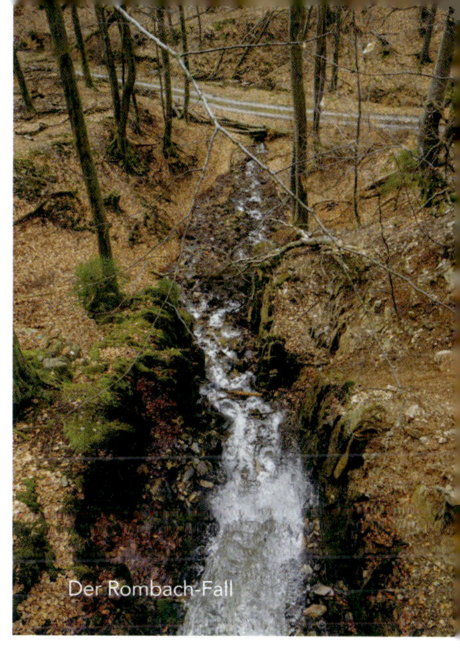
Der Rombach-Fall

Bereits nach 500 Metern erreichen wir eine rauschende Rarität im Taunus: einen kleinen Wasserfall. Schon der Frankfurter Mundart-Dichter und Schriftsteller Friedrich Stoltze fand bei seinen Kur-Aufenthalten in Königstein Mitte des 19. Jahrhunderts Gefallen an diesem Naturschauspiel. Noch heute erinnert das Stoltze-Plätzi unweit des Rombach-Falls daran.

Literarische Ehren ganz anderer Art hat das ein paar hundert Meter weiter oben gelegene Naturfreundehaus erlangt. Bestseller-Autorin Nele Neuhaus hat den ansonsten so friedlichen Campingplatz in einem ihrer millionenfach verkauften und mittlerweile auch verfilmten Taunus-Krimis zum Tatort gemacht.

Zwar liegt das Naturfreundehaus nicht ganz auf unserer Strecke, aber wen nach Erreichen der Billtalhöhe der Hunger packt, der sollte kurz nach links abbiegen, zum Einkehrschwung ansetzen und dann die Wanderung wieder in Richtung der Bundesstraße 8 aufnehmen.

Ob der vielen tausend Pendler, die hier täglich vorbeifahren, ist das Kreuzen der B8 eine Herausforderung. Da heißt es: Augen auf im Straßenverkehr – dann klappt die Überquerung ganz sicher. Am anderen Ufer des Verkehrsstroms setzen wir den „Wanderrichtungsanzeiger“ nach rechts und lassen uns auf dem sogenannten Butterweg rund 1,2 Kilometer wieder talwärts treiben. Schon erkennen wir den Ortsrand von Königstein, da reißt uns der Weg aber noch einmal nach links mit sich.

Jetzt gilt es, tief durchzuatmen. Nicht etwa, weil es anstrengend wird, sondern weil die Luft – und nicht nur die – hier so gut ist. Willkommen im **Heilklimapark** Hochtaunus.

Auf dem Kaiserin-Friedrich-Weg erreichen wir zunächst den Forellenweiher am Reichenbachtal, orientieren uns dann nach rechts und spazieren geradewegs nach Falkenstein hinein.

Dass der höchstgelegene Königsteiner Stadtteil der großen Schwester im Tal an Wohnwert in nichts nachsteht, lassen die stattlichen Eigenheime erkennen, die links und rechts den Reichenbachweg säumen. Wer das nötige Kleingeld hat, kann es sich hier heute im Grünen schon ziemlich behaglich einrichten.

HEILKLIMAPARK: Als er 2005 eröffnet wurde, war er bundesweit der erste Park seiner Art. Ausgehend von zwölf Einstiegsportalen ziehen sich Wanderwege durch das Mittelgebirge. Wegemarkierungen im Ampel-Design vermitteln dem Wanderer einen Eindruck davon, was ihn erwartet. Das reicht von „Grün", was eine geringe Beanspruchung für den Körper verspricht, über das moderate „Gelb" bis zu „Rot" und damit einer hohen Anforderung.

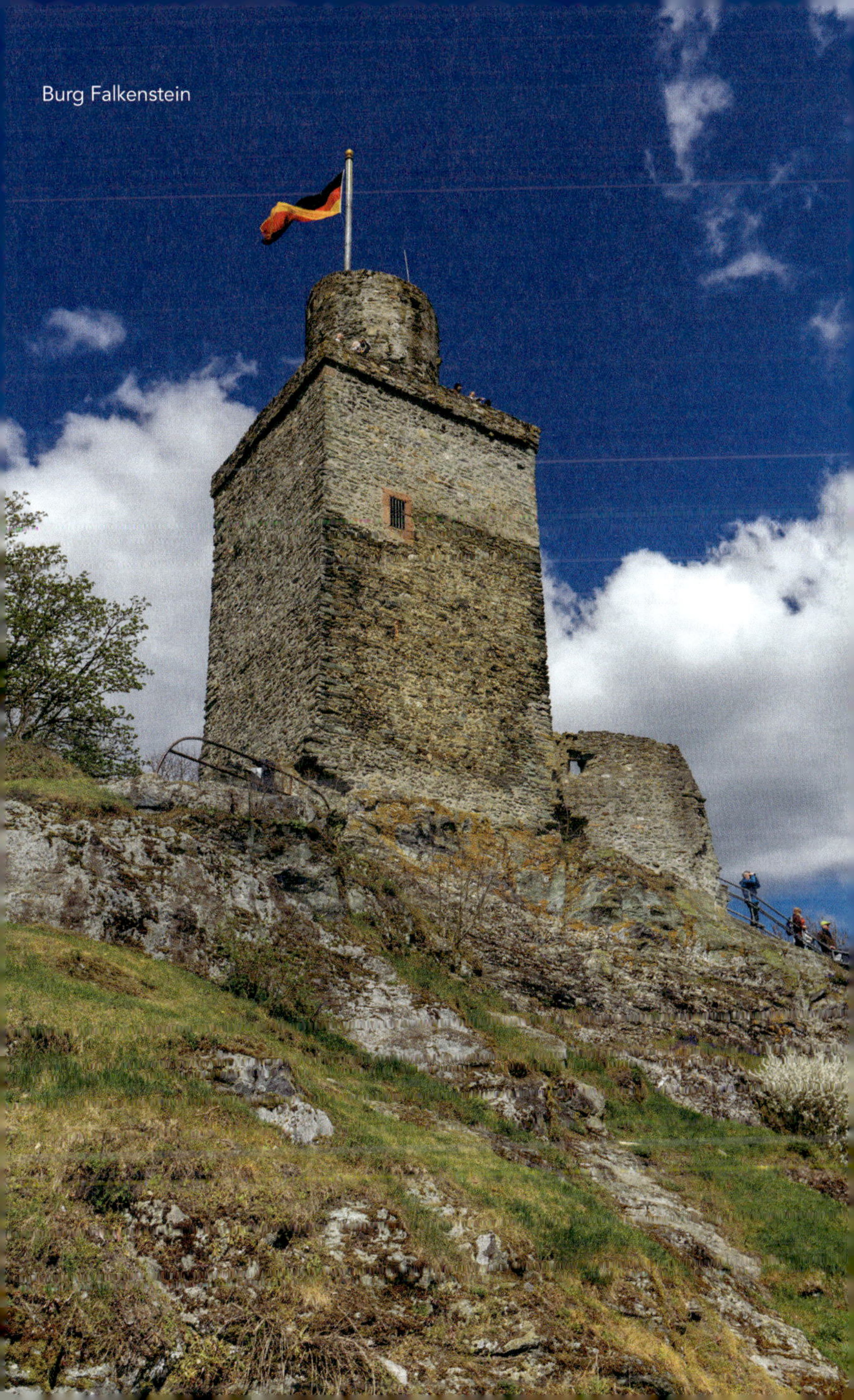
Burg Falkenstein

BURG FALKENSTEIN: Eigentlich muss man von einem steinernen Duo reden, wenn es um die Zeugnisse des Mittelalters in Falkenstein geht. Allein von der ersten Burg, die 1.000 n. Chr. hier errichtet wurde, ist nur noch die Bodenplatte vorhanden. Deutlich mehr ist da von Burg Nummer zwei übrig geblieben. Von den Herren von Bolanden-Falkenstein Mitte des 14. Jahrhunderts erbaut, ging auch diese Festung irgendwann den Weg alles Irdischen. Heute ist sie beliebter Ausflugsort und vor allem Aussichtspunkt.

Vor rund 900 Jahren war das noch anders. Da war Behaglichkeit sicher das Letzte, was die Grafen von Nüring hier oben suchten. Sie hielten Ausschau nach einem Platz für eine Festung. Fündig wurden sie keine 400 Meter von der Ecke entfernt, an der heute die katholische Kirche steht. Allein, die 400 Meter haben es in sich, wie unser Aufstieg zur **Burg Falkenstein** zeigt.

Wer sich am spektakulären Fernblick von hier oben gar nicht sattsehen kann, wird sich freuen, dass er auf dem Weg zum jetzt doch immer näher kommenden Ziel noch zwei weitere besondere Perspektiven geboten bekommt. Wenn wir uns dazu wieder vor das Festungstor begeben und die Tour nach links fortsetzen, geleiten uns die Zeichen des Drei-Burgen-Weges in kürzester Zeit zum **Dettweiler-Tempel**.

Von hier aus steigen wir den Falkensteiner Burgberg hinab. Kurz vor Erreichen des Königsteiner Stadtrands empfiehlt sich noch ein

DER DETTWEILER TEMPEL: Es ist eine gusseiserne Hommage mit phänomenaler Aussicht, die die Falkensteiner Ende des 19. Jahrhunderts zu Ehren von Dr. Peter Dettweiler auf einen Felsen gesetzt haben. Dettweiler war Leiter einer renommierten Lungenheilanstalt im Ort und erfand mit dem „Blauen Heinrich" (einer Spuckflasche) und einer besonderen Liege für Freiluftkuren sogar zwei medizinische Hilfsmittel, die Eingang in Thomas Manns „Zauberberg" gefunden haben.

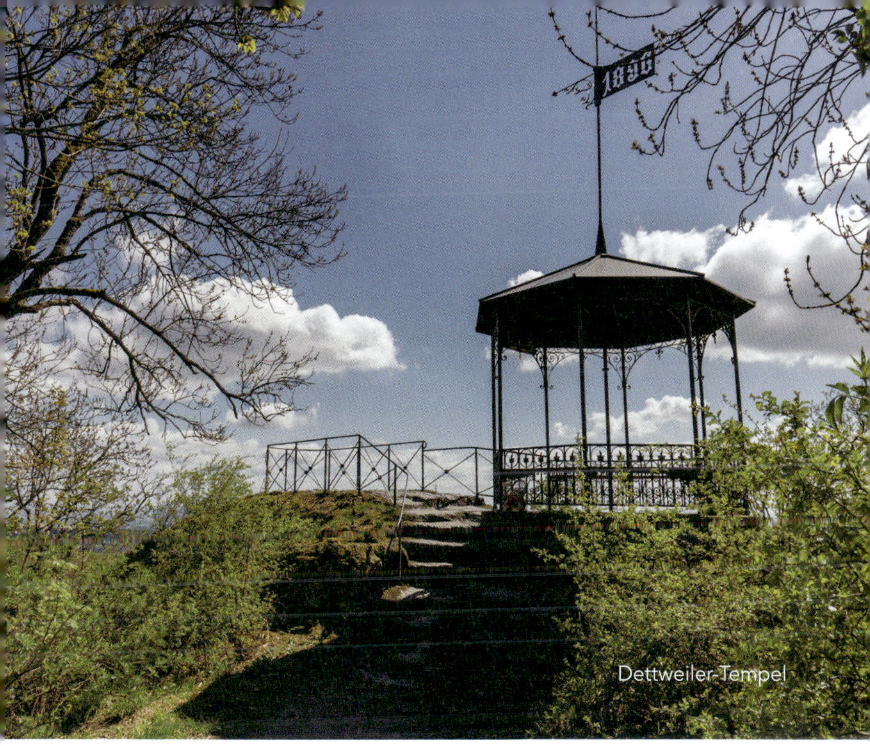

Dettweiler-Tempel

kurzer Abstecher nach rechts und zum sogenannten „Hildablick“. Seinen Namen verdankt der Platz Hilda Charlotte Wilhelmine von Nassau, einer Tochter Herzog Adolphs und späteren Großherzogin von Baden, die den Bürgern der Kurstadt die heimische Festungsruine 1922 zum Geschenk machte.

Und das ist immer noch nicht der letzte Hingucker auf dieser Wanderung. Mit dem Königsteiner Kurbad wartet der „knalligste“ von allen noch auf uns. Documenta-Künstler Otto Herbert Hajek war es, der Mitte der 1970er Jahre das orange-blaue Design für den Neubau des Bades ersann. Mittlerweile steht es unter Denkmalschutz. Und das Zeichen des Drei-Burgen-Wegs führt uns direkt dorthin.

Jetzt noch an der Ampel über die B8 und weiter gen Stadtmitte. So gelangen wir an das Ende der Tour – hoffentlich um einiges reicher. Und wenn es nur Erfahrungen sind.

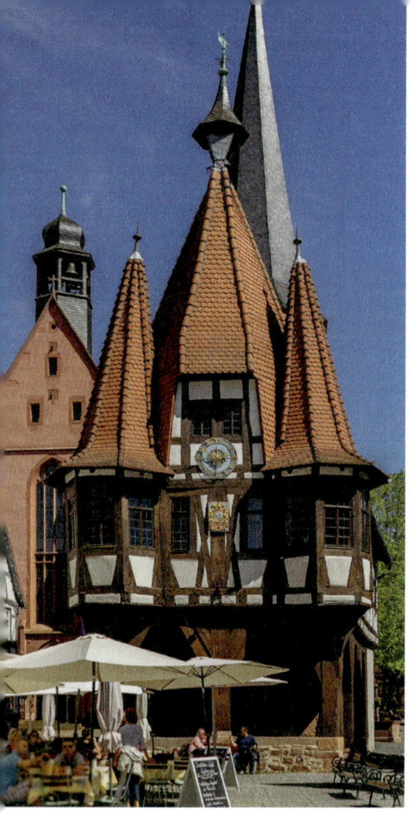

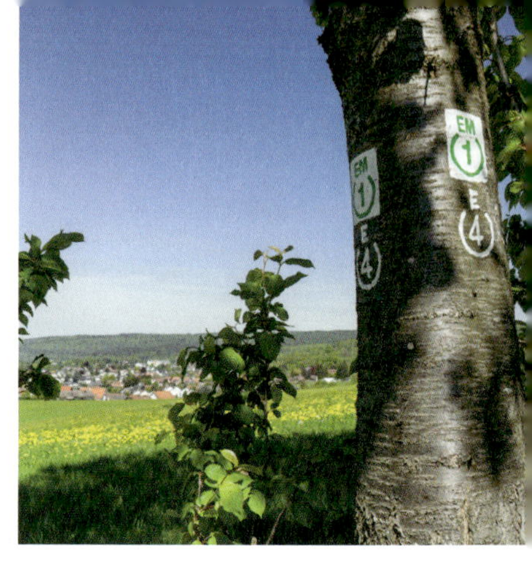

ODENWALD

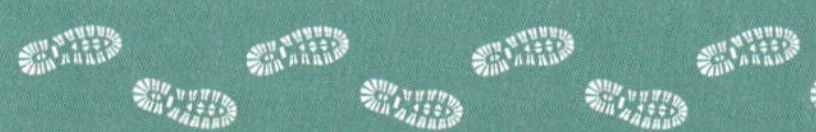

Auf Städtchentrip in den sonnigen Süden

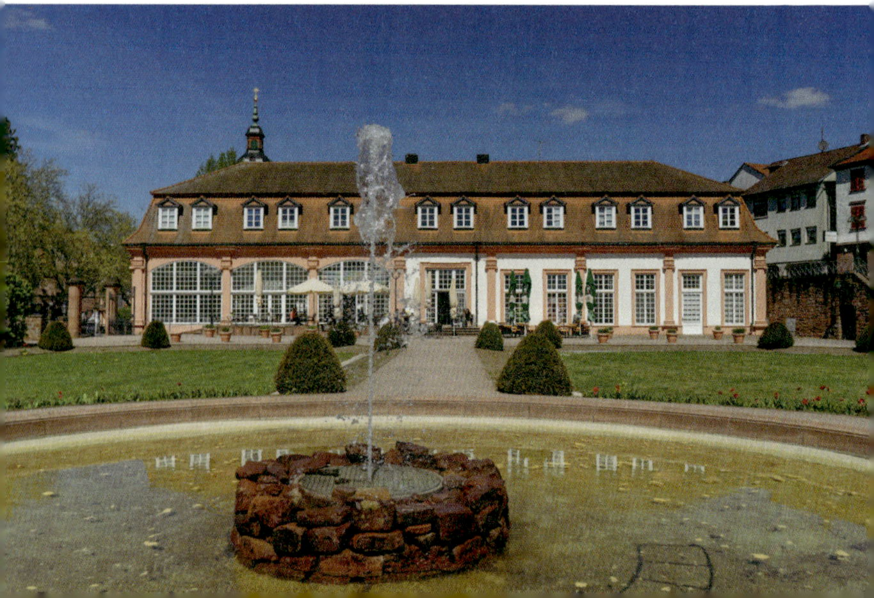

TOUR 03

03:50 h 13,5 km 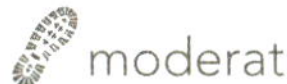 moderat 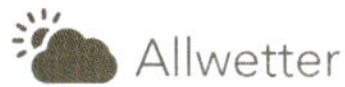 Allwetter

Moderate Wanderung. Wenige etwas anspruchsvollere An- und Abstiege, gut ausgebaute Wege.

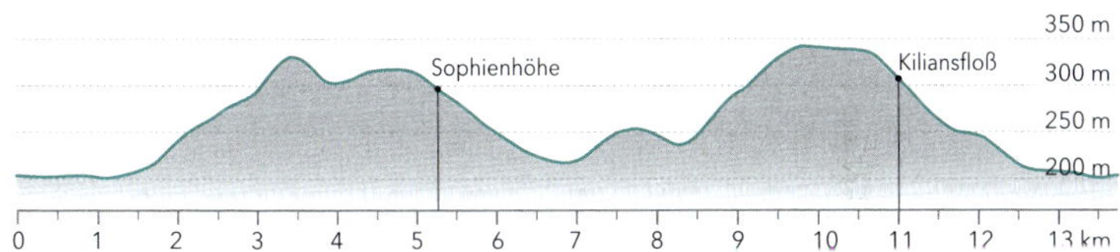

Anfahrt

Auto: Über die A3 nach Osten, an der Abfahrt 54 (Hanau) abfahren und auf der Bundesstraße 45 in Richtung Süden nach Michelstadt. Als Parkplatz empfehlen sich die Stellflächen am Bahnhof. **ÖPNV:** Von Frankfurt Hauptbahnhof fährt die Regionalbahn 82 in Richtung Michelstadt wie auch Erbach. Dies macht es möglich, die Tour bei Bedarf abzukürzen und mit der Bahn von Erbach zurück nach Michelstadt zu fahren.

Highlights

Schloss Fürstenau, Einhardsbasilika (www.schloesser-hessen.de), Sophienhöhe, Schloss Erbach (www.schloss-erbach.de), Lustgarten und Städtel (www.erbach.de), Altstadt Michelstadt (www.michelstadt.de)

Einkehrmöglichkeiten

„Roter Baron“ am Flugplatz Michelstadt.

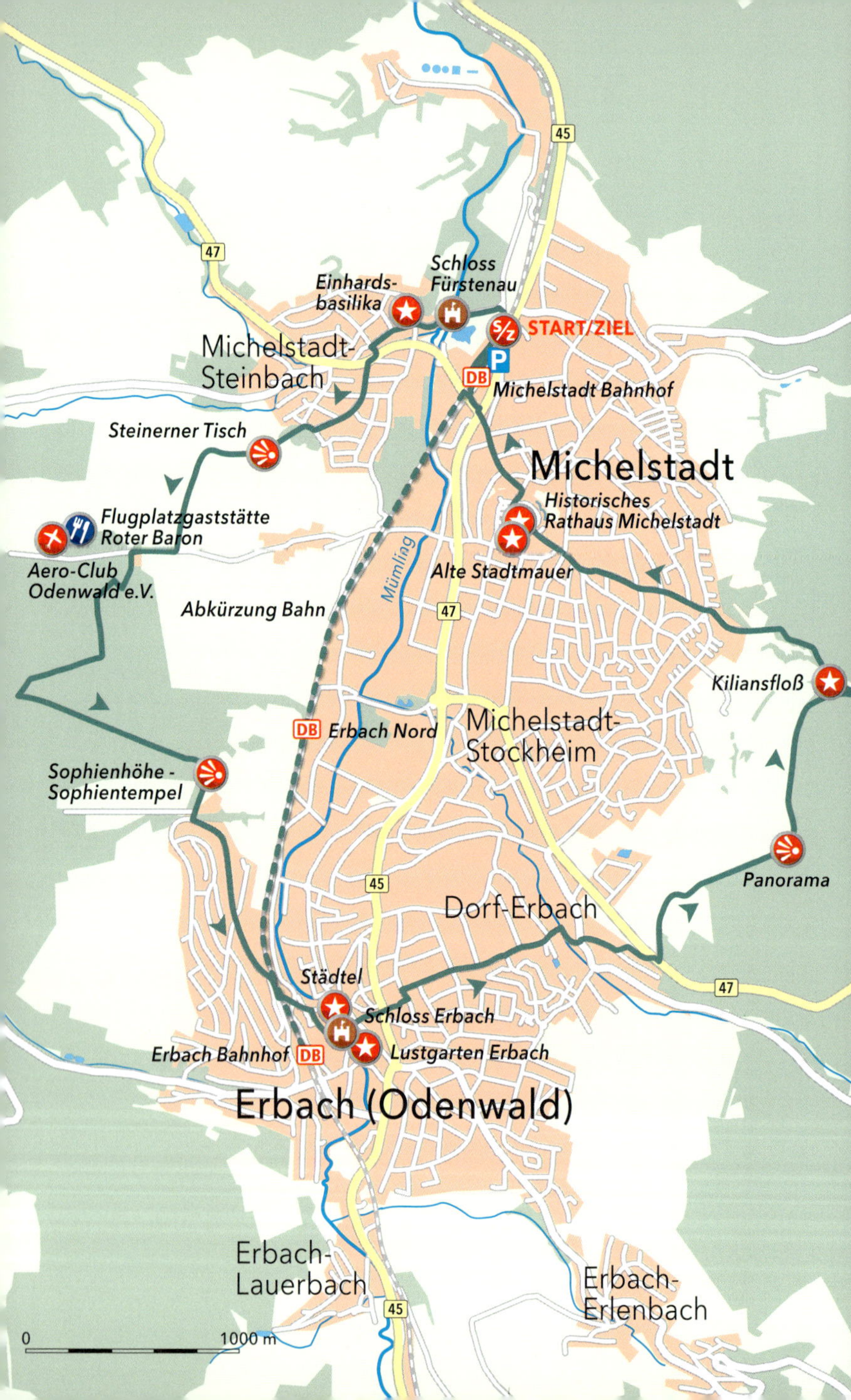

45
47
Schloss
Fürstenau
Einhards-
basilika
START/ZIEL
Michelstadt-
Steinbach
Michelstadt Bahnhof
Steinerner Tisch
Michelstadt
Historisches
Rathaus Michelstadt
Flugplatzgaststätte
Roter Baron
Aero-Club
Odenwald e.V.
Mümling
Alte Stadtmauer
47
Abkürzung Bahn
Kiliansfloß
Erbach Nord
Michelstadt-
Stockheim
Sophienhöhe -
Sophientempel
Panorama
45
Dorf-Erbach
47
Städtel
Schloss Erbach
Erbach Bahnhof
Lustgarten Erbach
Erbach (Odenwald)
Erbach-
Lauerbach
Erbach-
Erlenbach
45
0
1000 m

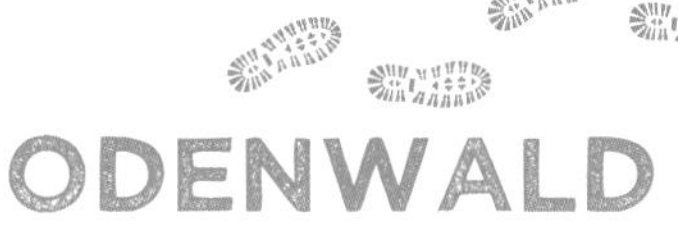

ODENWALD

Auf Städtchentrip in den sonnigen Süden

Rein in den Billigflieger, runter in den Süden und raus ins pralle Leben aus Kultur, Geschichte und Lebensart – Städtetrips sind im Trend. Und dagegen ist generell auch gar nichts zu sagen. Aber es muss ja nicht immer gleich Rom, Mailand oder Madrid sein. Wie wäre es denn mal mit einem Städtchentrip in den sonnigen Süden von Rhein-Main? Da gibt es auch viel zu sehen und man kommt noch dazu mit der Bahn hin – das schont den Geldbeutel und macht den CO_2-Fußabdruck merklich schlanker.

Passend dazu steigen wir am Bahnhof von Michelstadt in die Wanderung ein, nutzen die Fußgängerbrücke, um die Gleise zu passieren, steuern dann nach rechts auf den Stadtteil Steinbach zu und auch gleich den ersten Blickfang an. Am Ufer der Mümling haben sich die Grafen von Erbach ein wahres Kleinod errichtet, **Schloss Fürstenau**.

Bis heute ist die Grafenfamilie von Erbach-Fürstenau hier zu Hause. Dass sie ihren Schlosshof für Besucher öffnet, ist nicht selbstverständlich und sollte Verpflichtung genug sein, die eigene Neugier im Zaum zu halten und das Gastrecht nicht über Gebühr zu strapazieren. Wir verlassen deshalb den Hof auch

SCHLOSS FÜRSTENAU: Beim Blick auf den Prachtbogen von Schloss Fürstenau gehen dem Besucher die Augen über. 1588 hochgezogen, ist er inzwischen so etwas wie ein Zeitportal, das verschiedenste Epochen der Baugeschichte miteinander verbindet. Da ist auf der einen Seite der Teil, der noch auf jener Wasserburg fußt, die der Mainzer Kurfürst zu Beginn des 14. Jahrhunderts hatte bauen lassen. Und auf der anderen Seite sind da Gebäudeteile aus Renaissance, Barock und Klassik, die das Schloss zu einem eigentümlichen und doch irgendwie stimmigen Stil Mix machen.

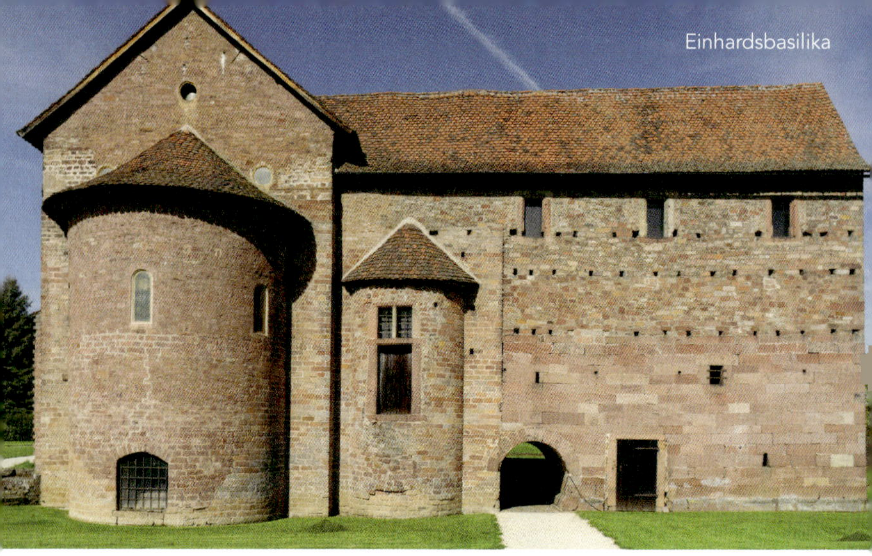

wieder, nachdem wir uns umgeschaut haben. Es gibt ja auch noch so viel zu sehen – sogar schon an der nächsten Ecke. Die Schlossstraße nur ein kleines Stück nach oben stehen wir bereits am nächsten Zeitportal. Und das führt uns noch sehr viel weiter in die Geschichte zurück. Wir stehen am Eingang zur **Einhardsbasilika**, einem Gotteshaus aus karolingischer Zeit.

Mit Verlassen der Basilika geht es zurück in die Gegenwart. Dabei hilft uns das gelbe L auf schwarzem Grund, das unseren Weg als

DIE EINHARDSBASILIKA: Der Grundstein zur Einhardsbasilika wurde schon gelegt, als die Karolinger über Westeuropa regierten. Einhard, Auftrag- und Namensgeber der Basilika, war Ratgeber Karls des Großen. Die Forschung geht heute davon aus, dass sich der Kaiserflüsterer die Kirche zwischen 815 und 827 als letzte Ruhestätte hatte erbauen lassen. Es kam dann aber doch anders. Einhard ruht heute in Seligenstadt. Michelstadt jedoch hat mit seiner Basilika eines der letzten Beispiele authentischer karolingischer Architektur in Deutschland erhalten.

Geolehrpfad ausweist. Über die Darmstädter Straße hinweg und in die Kurpfälzer Straße hinein geht es nach oben und dem Ortsrand entgegen. Je höher wir kommen, desto schöner ist der Blick auf die Stadt und die umliegenden Höhen des Odenwalds. An der Adalbertshöhe satteln wir in Sachen Wegzeichen noch schnell um auf das rote Dreieck des Odenwaldklubs. Denn von dem haben wir länger etwas. Unter seiner Führung biegen wir an der nächsten Gabelung nach links ab und spazieren tiefenentspannt an Wiesen und Weiden vorbei.

Wir genießen die Aussicht, lauschen den Vögeln und werden möglicherweise schon im nächsten Moment von einem ziemlich großen Vögelchen aus unserer ziemlich tiefen Entspannung herausgerissen. Wie aus dem Nichts brummen mitunter gar nicht so kleine Kleinflugzeuge von rechts über die Wiese hinweg. Sie weisen uns darauf hin, dass gleich hinter dem Hügel die Mitglieder des Aeroclubs Odenwald starten und landen.

Statt abzuheben oder gar in die Luft zu gehen, bleiben wir mit beiden Beinen auf dem Boden, biegen bei nächster Möglichkeit nach rechts ab, folgen der Mossauer Straße ein Stück bergan und verabschieden uns dann nach links in den Wald. Am Rande eines Friedwalds kommen wir und Mutter Natur wieder zur Ruhe.

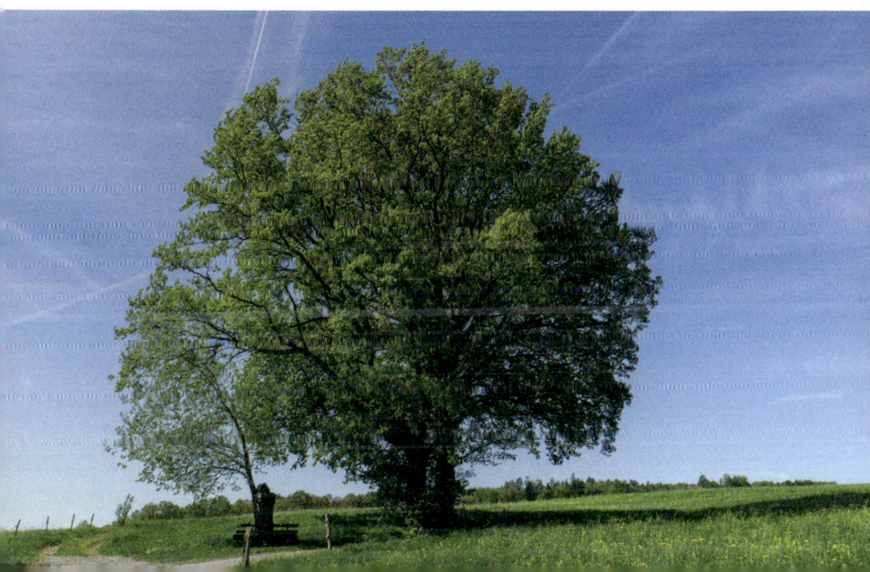

SOPHIENHÖHE: Mit dem Bau des kleinen klassizistischen Tempels wollten die Erbacher 1844 ihre Gräfin Anna Sophie gewürdigt wissen. Um die Fernsicht auf den Ort freizumachen, wurde damals eigens das im Wege stehende Waldstück gerodet.

Nicht nur in großen Lettern wird uns der Weg nach Erbach gewiesen, sondern auch mit einer Vielzahl an Wanderzeichen. Da ist und bleibt natürlich unser rotes Dreieck. Und dazu stößt dann noch der EM1. Als Zeichen des Panoramawegs macht der seinem Namen auch erst mal alle Ehre, führt er uns doch durch den Wald zu einem wirklich noblen Aussichtspunkt, der **Sophienhöhe**.

Auf dem Weg über die Sophienstraße hinunter nach Erbach erkennen wir schnell, dass das Panorama noch heute sehr gefragt ist. Und einige Häuslebauer lassen sich den feinen Platz an der Sonne offensichtlich auch ganz schön was kosten. Unter einer Bahnunterführung hindurch und in das historische Herzstück hinein zeigt uns die alte Residenz- und heutige Kreisstadt, aus welch traditionsbewusstem Holz sie doch geschnitzt ist. Die Drechselstuben am Rande

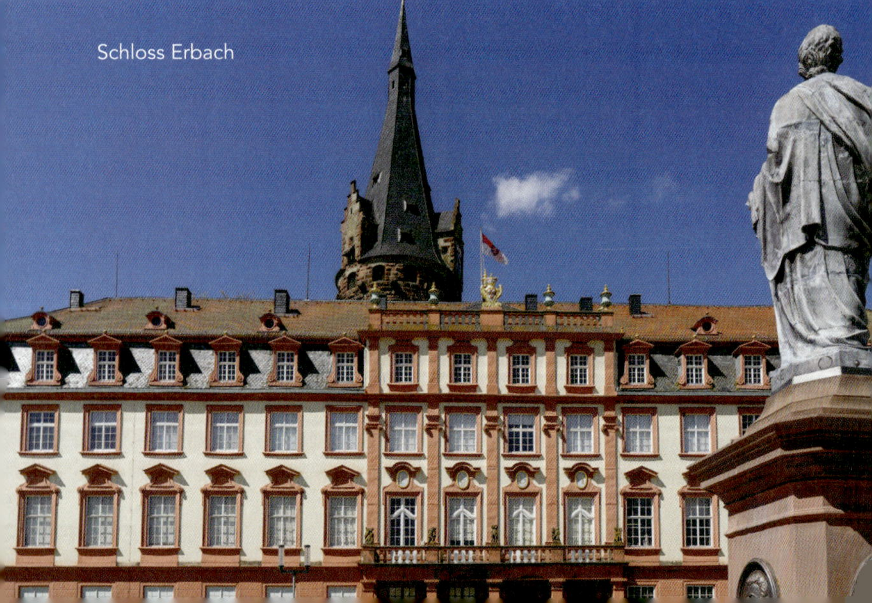

Schloss Erbach

der Straße „Am Schlossgraben“ halten noch heute die Handwerkskunst vergangener Tage hoch.

Holz ist allerdings nicht das einzige Material, für dessen Verarbeitung die heimischen Handwerker ein besonders feines Händchen haben. Weltberühmt war und ist die Odenwald-Gemeinde noch immer für das detailverliebte Schnitzen und Ritzen auf Elfenbein. Doch keine Sorge: Dafür muss heute kein Dickhäuter mehr sterben. Die Künstler fühlen fast nur noch perma-gefrosteten Mammuts auf den Zahn. Wie das funktioniert, darüber gibt das deutschlandweit einzige Elfenbeinmuseum Auskunft. Und das befindet sich, wie es der Zufall will, gleich gegenüber im **Erbacher Schloss**.

SCHLOSS ERBACH: Graf Franz I. – der letzte aus der noblen Familie derer von Erbach, der auch noch Regieren durfte – war nicht nur passionierter Jäger, sondern auch Sammler. Davon zeugen heute noch die Jagdtrophäen, antiken Büsten und mittelalterlichen Rüstungen, die der Herr Graf in seinem über acht Jahrhunderte gewachsenen und stetig umgebauten Schloss zusammentrug. Übrigens: Franz I. war es auch, der im 18. Jahrhundert die Kunst des Elfenbeinschnitzens in den Odenwald brachte.

Wie wäre es mit einer Tasse Kaffee im einstmaligen Lustgarten der Erbacher Grafen, einer Einkehr in einem der vielen Restaurants am Marktplatz oder einem Spaziergang durch den mittelalterlichen Stadtkern, das „Städtel“? Wir haben auf jeden Fall die Zeit und wir sollten sie uns auch nehmen, um die alte Residenzstadt ein wenig auf uns wirken zu lassen. So können wir auch den körpereigenen Akku wieder für das aufladen, was jetzt kommt.

Am anderen Ufer der Mümling erwartet uns ein Treppenaufgang, den wir so doch eher aus dem 70er-Jahre Serienklassiker „Die Straßen von San Francisco“ kennen. Schön ist anders, angenehm zu gehen auch. Aber letztlich bringen uns die Stufen dorthin, wo wir hin wollen – nach oben.

Als neuer Weggefährte schließt sich uns der „E4" an. Noch ein Stück hinauf und dann auf der Friedhofstraße weiter überschreiten wir die Grenze, an der die Stadt zum Dorf wird. Wir durchwandern den im Tal des Erdbachs gelegenen Stadtteil Dorf-Erbach, überqueren die Dreisetalstraße und steigen auf der anderen Seite den Mühlberg wieder nach oben. Es ist der letzte größere Anstieg auf dieser Tour, gefolgt von dem letzten größeren Hindernis. Ausgangs des Weges gilt es, die Bundesstraße 47 mit Bedacht zu passieren. Ist das geschafft, können wir es rollen lassen.

Vorbei an Feldern und Weiden bietet sich ein herrlicher Blick auf die beiden „Schwestern" Erbach und Michelstadt, die über die Jahrhunderte immer enger zusammengerückt sind. Während das augenscheinlich ist, überrascht doch die Tatsache, dass wir geradewegs an einem „Minen-Feld" vorbeilaufen. Zum Glück klären Info-Tafeln über die einstige Bergbau-Tradition in der Umgebung auf. Heute zeugen davon nur noch kleine Wölbungen im Wiesenteppich.

Eben noch gemütlich am Waldsaum entlang, bringt uns ein scharfer Linksschwenk oberhalb des **Kiliansfloss'** auf Kurs Richtung Michelstadt. Zuvor aber erreichen wir noch einen Ort, der für die Menschen in der Region von besonderer Bedeutung gewesen sein muss. Daran erinnern heute noch die „Stockheimer Eiche" und die Überreste der Heilig-Kreuz-Kapelle aus dem frühen 16. Jahrhundert.

Über Kapellen- und Wingertsweg am Ortsrand von Michelstadt angekommen, sind sie mit einem Mal wieder alle da – die Wanderzeichen von E über L bis M. Jetzt aber brauchen wir sie dann auch nicht mehr. Es geht topographisch nur noch bergab, aber mit Blick auf die Sehens-

KILIANSFLOSS UND KAPELLE: Der Heilige Kilian soll an der nach ihm benannten Quelle oberhalb von Michelstadt im 7. Jahrhundert die ersten Odenwälder Christen getauft haben. Um das Jahr 690 starb er den Märtyrer-Tod. In Erinnerung an ihn soll an dieser Stelle später eine Andachtsstätte gebaut worden sein, die später durch die Heilig-Kreuz-Kapelle ersetzt wurde.

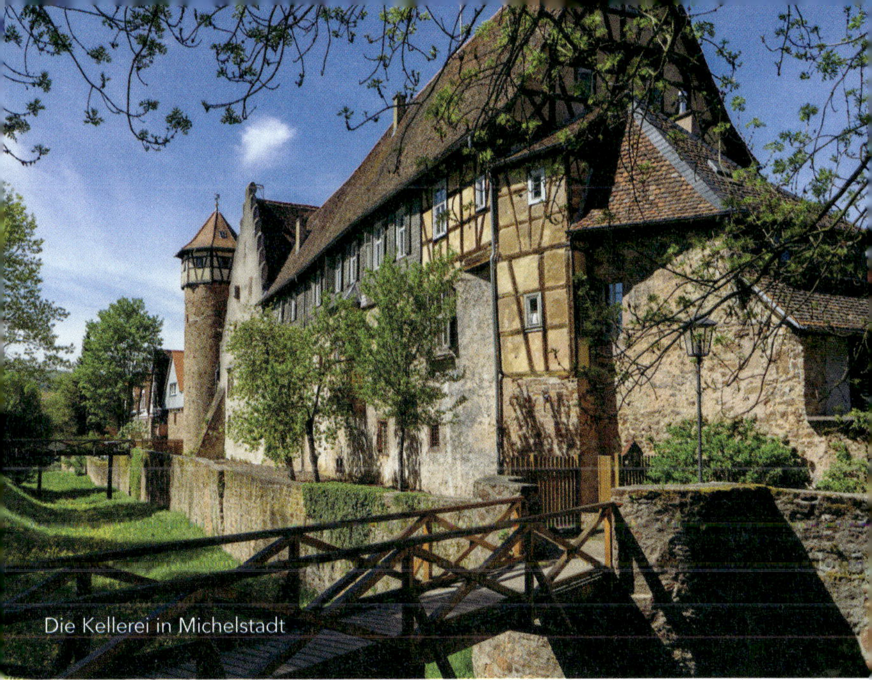
Die Kellerei in Michelstadt

würdigkeiten links und rechts des Weges noch einmal steil nach oben. Die Altstadt von **Michelstadt** ist ein aus Holz, Stein und Mörtel geschaffener Traum, den man mit offenen Augen träumen muss.

Danach noch zurück zum Bahnhof, wo der Städtchentrip in den Süden endet, ohne die Koffer packen und Kerosin nachtanken zu müssen.

MICHELSTADT: Natürlich ist das alte Rathaus aus dem Jahr 1484 die Kirsche auf der Sahne auf dem architektonischen Augenschmaus, den Michelstadt seinen Gästen servieren kann. Aber auch das, was sich unter dem Sahnehäubchen verbirgt, ist es wert, in aller Ruhe ausgekostet zu werden. Da ist die Kellerei aus dem 16. Jahrhundert, die alte Synagoge, da sind die vielen liebevoll restaurierten Fachwerkhäuser – und das alles wird zusammengehalten von der noch in Teilen erhaltenen Stadtmauer. Ein Genuss.

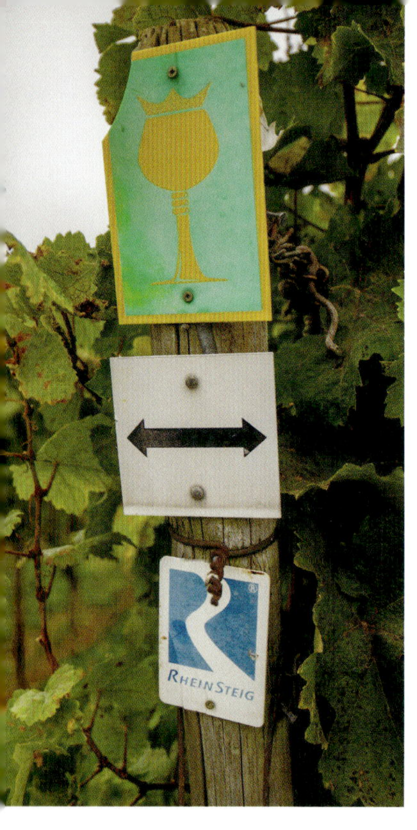

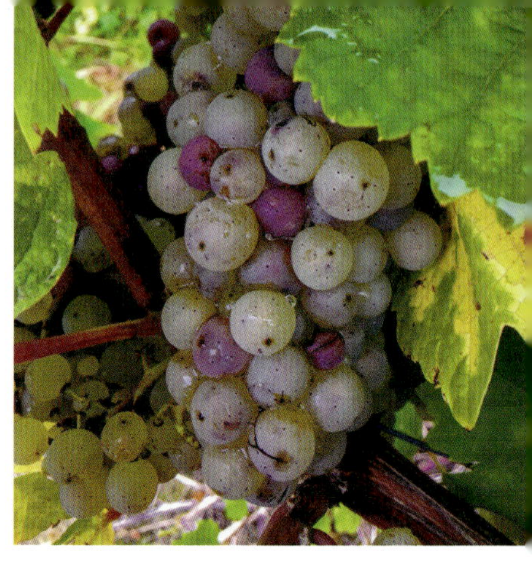

WIESBADEN

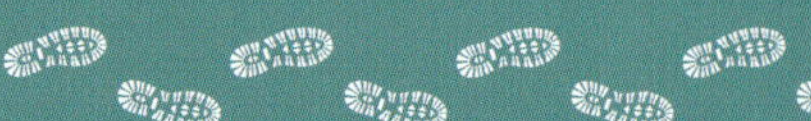

Hier blüht die Kapitale auf

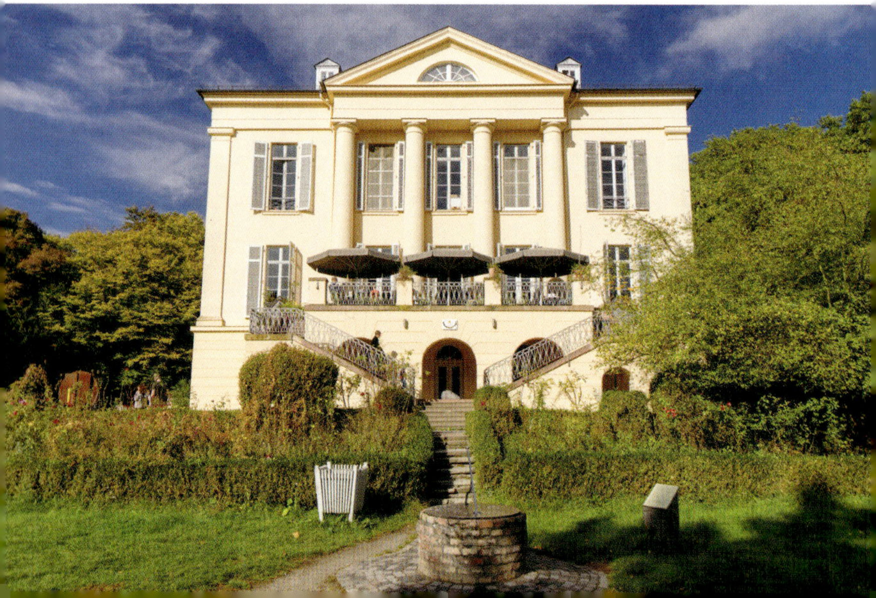

TOUR 04

02:30 h 8,7 km  Moderat Allwetter

Zwei anspruchsvolle Anstiege bringen die Tour um ein „leicht". Überwiegend gut ausgebaute Wege.

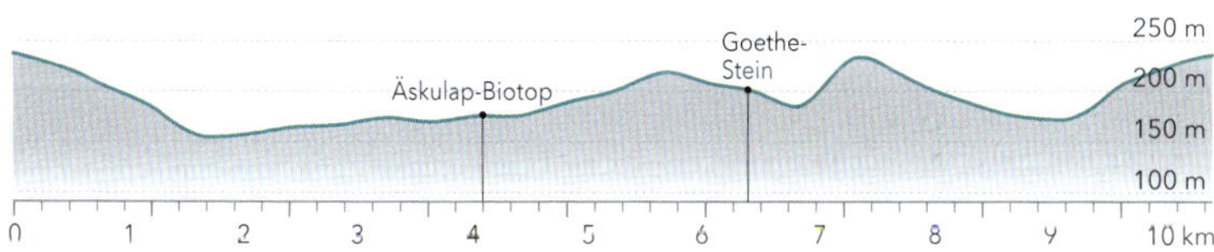

Anfahrt

Auto: Auf der A66 nach Wiesbaden. Am Schiersteiner Kreuz abfahren und Kurs auf den Stadtteil Dotzheim nehmen. „Horst-Schmidt-Klinik" (HSK) und „Schloss Freudenberg" sind von hieran ausgeschildert. **ÖPNV:** Mit der Regionalbahn 10 zum Bahnhof Schierstein. Dort die Bushaltestelle in der Vogesenstraße ansteuern und den Bus 23 in Richtung „Wiesbaden-Dotzheim Märchenland" nehmen. Von dieser Haltestelle sind es drei Minuten zu Fuß bis zum Startpunkt.

Highlights

Schloss Freudenberg (www.schlossfreudenberg.de), Äskulap-Biotop, Burg Frauenstein, Aussichtsturm und Goethestein.

Einkehrmöglichkeiten

In Frauenstein gibt es eine reiche Auswahl an Weinstuben und Gaststätten (www.weindorf-frauenstein.de), auf dem Weg liegen die Apfelweinstube im Himmelreich (www.apfelweinstube-im-himmelreich.de) und der Hof Nürnberg (www.hof-nuernberg.de).

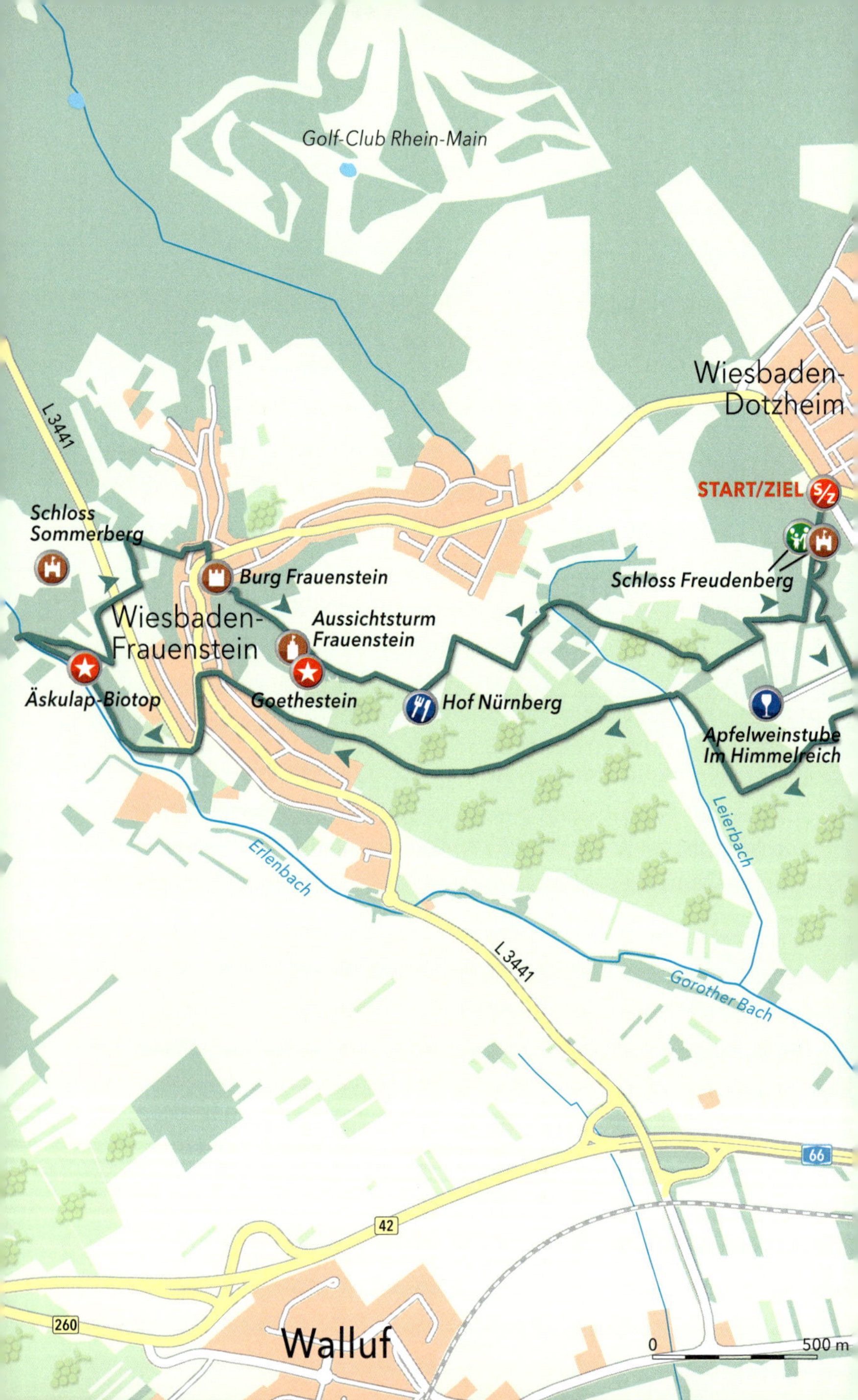
Golf-Club Rhein-Main
Wiesbaden-
Dotzheim
START/ZIEL
Schloss
Sommerberg
L 3441
Burg Frauenstein
Schloss Freudenberg
Wiesbaden-
Frauenstein
Aussichtsturm
Frauenstein
Äskulap-Biotop
Goethestein
Hof Nürnberg
Apfelweinstube
Im Himmelreich
Leierbach
Erlenbach
L 3441
Gorother Bach
66
42
260
Walluf
0
500 m

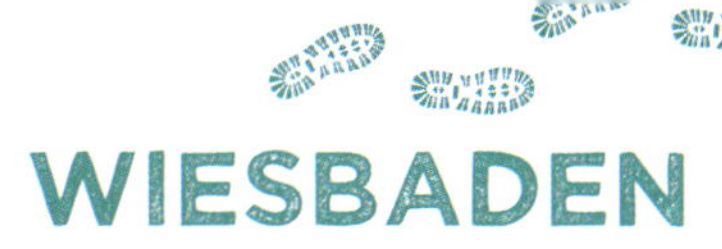

WIESBADEN

Hier blüht die Kapitale auf

Der herrschaftliche Park ein Spielplatz, das schicke Schlösschen ein einziges, großes Kinderzimmer mit Kältekammer, Dunkelbar und Klangraum: Obwohl mit reichlich Kreativität begabt, hätte sich James Pitcairn Knowles vor über hundert Jahren wohl nicht in seinen kühnsten Träumen ausmalen können, dass sein **„Schloss Freudenberg“** am Wiesbadener Stadtrand einmal so enden würde.

Aber was heißt hier eigentlich „enden würde“? Erst der Einzug der Kinder hat dem Haus wieder Leben eingehaucht und dieser Tour ein besonderes Eingangsportal gesichert.

Von der Ludwig-Erhard-Straße kommend, geht es nämlich schnurstracks durch das große Tor, die Auffahrt entlang, an der Villa vorbei und durch den Schlosspark hindurch. Es versteht sich von selbst, dass alle, die die Angebote des Schlosses nutzen wollen, der Bitte des Fördervereins um finanzielle Unterstützung des Projekts

SCHLOSS FREUDENBERG: James Pitcairn Knowles, ein in Wiesbaden aufgewachsener Spross eines reichen schottischen Wollhändlers, war nie dafür zu begeistern, in die Fußstapfen seines Vaters zu treten. Er studierte an der Wende vom 19. zum 20. Jahrhundert Kunst, reiste, malte, verkehrte in Künstlerkreisen und führte – gestützt auf das väterliche Vermögen – ein privilegiertes Leben. Das erlaubte ihm 1904 auch den Bau von „Schloss Freudenberg“. Keine fünf Jahre nach der Fertigstellung ging das Schloss jedoch bei seiner Scheidung „drauf“. Nach wechselvollen Jahrzehnten und zuletzt Jahren des Niedergangs war es die „Gesellschaft Natur und Kunst“, die auf recht unorthodoxe Art in den 1990er Jahren Besitz von der maroden Villa ergriff und hier ein „Erfahrungsfeld zur Entfaltung der Sinne und des Denkens“ einrichtete.

nachkommen. Für uns allerdings geht es erst einmal ans Wandern. Denn auch auf den kommenden Kilometern gibt es einiges, was mit allen Sinnen erfahren und genossen werden will.

Auf der gegenüberliegenden Seite des Parks angelangt, wählen wir den linken Pfad, folgen ihm hangabwärts und lernen eine ganz andere Seite Wiesbadens kennen. Mit jedem Schritt, der jetzt folgt, wird die hessische Landeshauptstadt mehr zum Dorf, das noble Pflaster zum Feldweg. Wir betreten den Vorgarten der mondänen Kurstadt. Je nach Saison ist der Obstkorb hier gut gefüllt mit Äpfeln, Kirschen und vor allem Weintrauben. Die Rebstöcke, an denen es vorbeigeht, scheinen Spalier zu stehen, um den Wanderer im Rheingau willkommen zu heißen. Die Lagen heißen hier „Homberg", „Marshall" oder „Herrnberg", tragen Weißburgunder oder Riesling und werden möglichst umweltschonend bewirtschaftet. So verheißen es zumindest Info-Tafeln entlang des Weges.

Dass der Wanderer die Gelegenheit hat, sie quasi im Vorübergehen zu lesen, wird dadurch begünstigt, dass man sich kaum verlaufen kann. Zwar sind die **Weinberge** von einer Vielzahl von Wegen durchzogen, die Hanglage gibt allerdings ausreichend Gelegenheit, das erste Etappenziel – den Wiesbadener Stadtteil Frauenstein – im Blick zu behalten und auf Kurs zu bleiben.

Bergab durchschreiten wir das „Himmelreich", was kein Euphemismus ist, sondern der Name der Flur und des hier ansässigen Apfelweinlokals. So erreichen wir das Tal des Lippbachs. Hier hindurch und auf der gegenüberliegenden Seite gleich wieder bergan begegnen wir einem noch vergleichsweise

WEINBAU-TRADITION: Eine gute Bienenweide versteckt sich hinter dem Namen „Homberg", hier wuchsen einst viele Blumen, die Bienen anlockten. Während die summenden Blütenstaub-Fänger auch heute noch sehr willkommen sind, bereitet ein anderes Insekt den Winzern Kopfzerbrechen. Der Traubenwickler schadet den Reben immens. Um ihm den Garaus zu machen, versuchen die Weinbauern, ihm mit Hilfe von Lockstoffen den Kopf zu verdrehen.

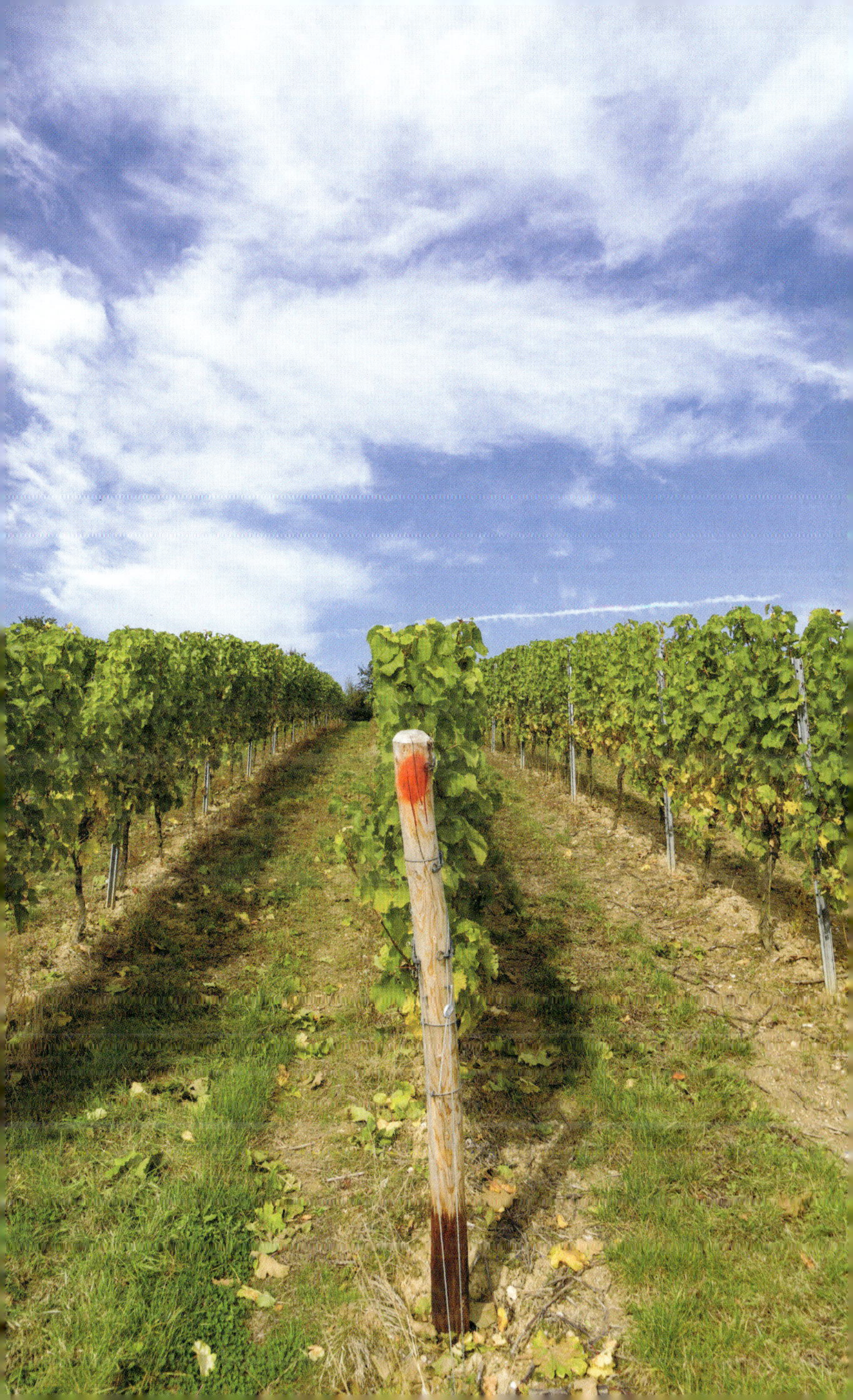

jungen Wanderwegeklassiker. Der Rheinsteig rauscht von links heran und reißt uns mit nach rechts. Wir reiten die auffällig markierte Welle des weißen Flusses auf tiefblauem Grund allerdings nur für ein paar hundert Schritte.

An der nächsten Weggabelung nämlich blitzt ein sattes Goldgelb im Augenwinkel auf. Es ist der Rheingauer Rieslingpfad, der um einiges ältere, aber kleinere Bruder des Rheinsteigs, der uns seinen gelben Weinkelch auf grünem Tablett entgegenstreckt und nach links lockt. Wir erliegen dem Lockruf und passieren das Hofgut Nürnberg, dessen Sonnenterrasse bei Ausflüglern sehr beliebt ist. Zwar sind wir zu weit weg, um gleich die Sitzprobe zu machen. Aber keine Sorge, wir kommen auf dem Rückweg noch einmal vorbei.

Wir nähern uns derweil dem Wiesbadener Obstgarten. Denn genau das ist der Stadtteil Frauenstein. Auf einem Schiefer-Lehm-Mix gegründet und vom Klima besonders begünstigt, wächst und gedeiht hier übers Jahr fast alles, was süß und gesund ist: Weintrauben, Äpfel, Birnen, Zwetschgen, Mirabellen, Erdbeeren und natürlich die **Kirschen**. Die genießen hier Legendenstatus.

Wer noch unschlüssig ist, ob er gleich bei der Ankunft in Frauenstein einen Einkehrschwung nimmt und sich von der Qualität der heimischen Produkte einen Eindruck verschafft, dem sei auch hier gesagt: Wir kommen noch mal zurück. Zunächst aber wollen wir uns auf die Spur einer weiteren sonnenverliebten Besonderheit hier im Westen von Wiesbaden begeben.

Über die Herrnbergstraße geht es hinunter und hinein in den Ort und über die Georgenborner Straße auch gleich wieder hinauf und hinaus. In einer Kurve steigen wir in die eigent-

FRAUENSTEINER KIRSCHEN:
In der hessischen Landeshauptstadt und weit darüber hinaus sind sie zur Erntezeit in aller Munde – die Kirschen aus Frauenstein. Was im Frühjahr mit einem Blütenmeer beginnt, wächst sich bis in den Sommer zu dem Exportschlager des Stadtteils aus. Kein Wunder, stehen doch auf den Wiesen rund um den Ort etwa 50.000 Kirschbäume.

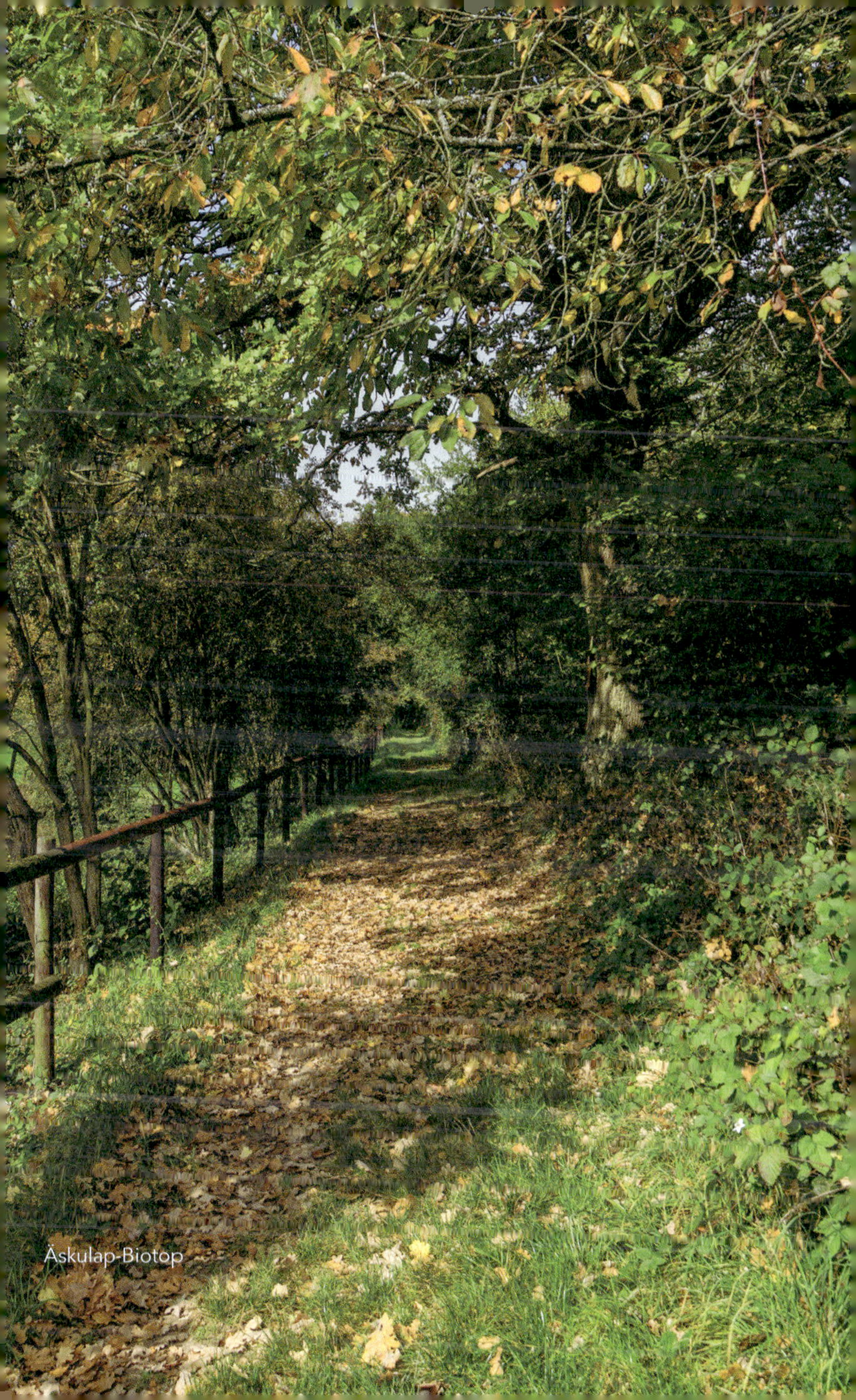
Äskulap-Biotop

liche Spurensuche ein und erfahren auch gleich, wem wir da nachspüren: der Äskulapnatter.

Die Frauensteiner wissen sehr genau, was sie an ihrer schlängelnden Rarität haben. Damit das auch Besucher erfahren, wurde eigens ein „Schlangenpfad" im idyllischen Tal des Lindenbaches angelegt. Hier gibt es reichlich Informationen über die Natter. Und wer weiß, vielleicht sehen wir ja sogar eines der scheuen wie schönen Exemplare, wie es sich auf einer der Trockenmauern entlang des Weges sonnt.

Sollten wir das Glück haben, ist klar, was zu tun ist: Wir halten Abstand, bewundern das absolut ungefährliche, aber hierzulande stark gefährdete Geschöpf und gehen dann unseres Weges. Der führt am Ende des Pfades wieder nach rechts und hinaus aus dem Tal. Vorbei an der Einfriedung von Schloss Sommerberg erreichen wir die Georgenborner Straße, überqueren diese, passieren Streuobstwiesen und Schrebergärten und erreichen zum zweiten Mal die Frauensteiner Ortsmitte. Und das an geschichtsträchtiger Stelle. Wir stehen vor den Resten der einst stolzen **Burg**.

Gleich neben der Burg wird der Weg mit einem Mal doch um einiges anspruchsvoller als erwartet. Es geht den 254 Meter hohen „Spitzen Stein", den Frauensteiner Hausberg, hinauf. Treppen erleichtern den Einstieg in eine kurze, aber knackige Bergetappe mit einer Steigung von bis zu 19 Prozent. Ist die geschafft, wird man mit einem prächtigen Ausblick auf den Rhein und hinüber nach Mainz belohnt.

BURG FRAUENSTEIN: Ein Heinrich Bodo von Idstein soll 1184 den Grundstein zur Burg gelegt haben. Ihr seit 1221 belegter Name „Vrouwensteyn" könnte darauf hindeuten, dass man die Jungfrau Maria zur Patronin gewählt hatte. Eine These. Fakt ist, dass die Burg im 14. Jahrhundert Stück für Stück an die Mainzer Erzbischöfe fiel. Die nutzten sie als vorgeschobene Bastion gegen ihre Nachbarn und vor allem Konkurrenten, die Nassauer. Seit 1996 ist die Burg im Besitz eines Fördervereins, der sich um den Erhalt kümmert und von Ostern bis Ende Oktober sonntags die Burg für Besucher öffnet.

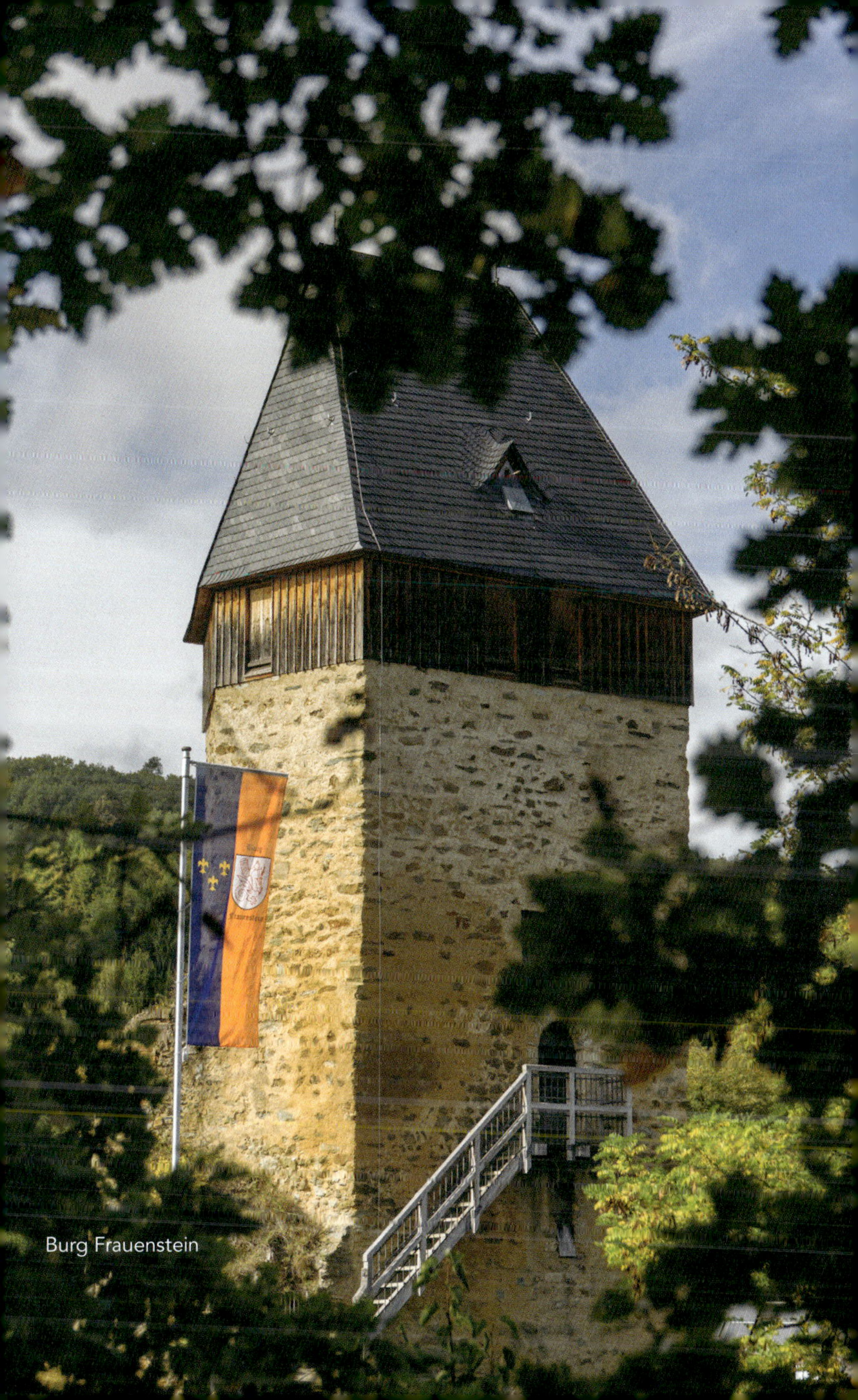

Burg Frauenstein

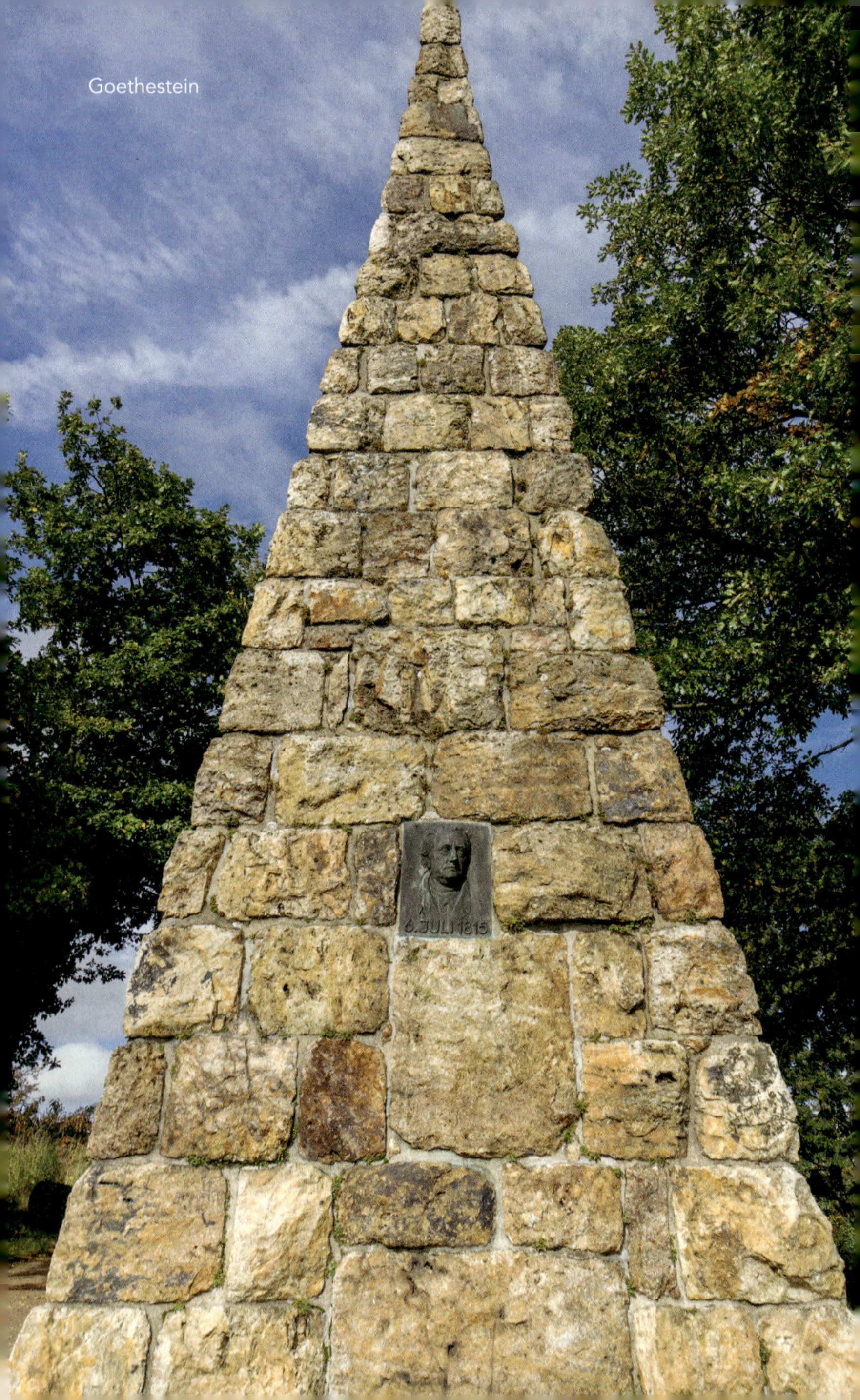

Goethestein

GOETHESTEIN: Johann Wolfgang von Goethe hatte zeitlebens nicht nur eine Vorliebe für großes Drama, sondern auch ein Faible für die Damenwelt. Das nahm im Alter nicht ab, das Alter der Damen allerdings schon. Süße 18 Jahre soll Philippine Lade jung gewesen sein, als sie 1815 den damals schon über 65 Jahre alten und in Wiesbaden kurenden Herrn Geheimrat nach Frauenstein begleitete. Daran, dass Goethe hier die Aussicht, Philippines Gesellschaft und sicher nicht mehr genoss, erinnert seit 1932 eine Pyramide.

Wir können zunächst den Aussichtsturm hinaufsteigen und den Blick auch noch hinauf in Richtung der Taunuswälder kreisen lassen oder gehen sofort zum Klassiker hinüber: dem **Goethestein**.

Kein Drama, sondern ein Gedicht ist nach dem markigen Aufstieg der weitere Weg. Wir kehren zurück in die Weinberge, kommen noch einmal, wie versprochen, am Hofgut vorbei und nehmen dann Kurs auf Freudenberg. So schön, so grün, so idyllisch – diese Nachricht geht raus an alle Mainzer: Auch das kann Wiesbaden sein.

Gerade hat man sie noch umschwärmt, da kehrt die Landeshauptstadt uns doch noch einmal ihren Rücken zu. Ein letzter Anstieg will bewältigt werden, dann findet eine malerische Tour ihr passendes Ende – im Park des Lebenskünstlers James Pitcairn Knowles.

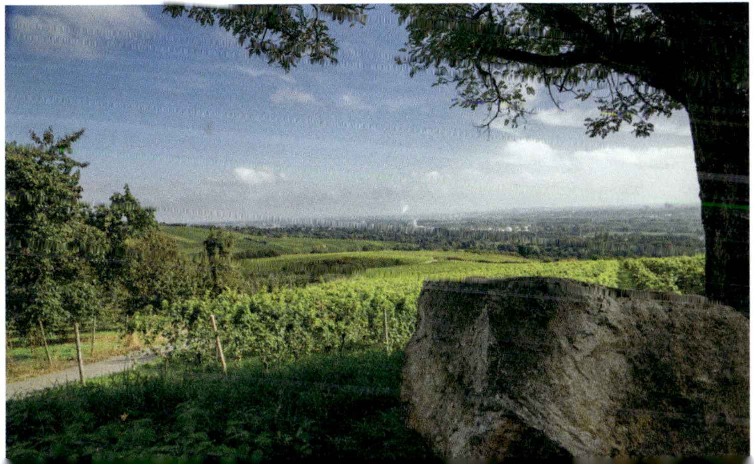

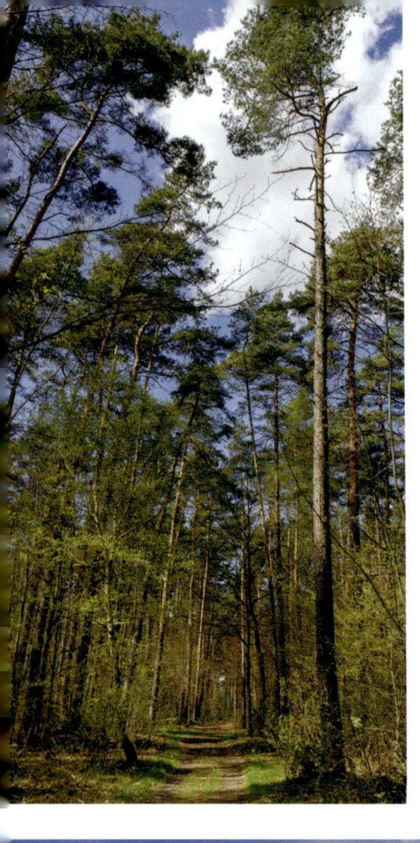

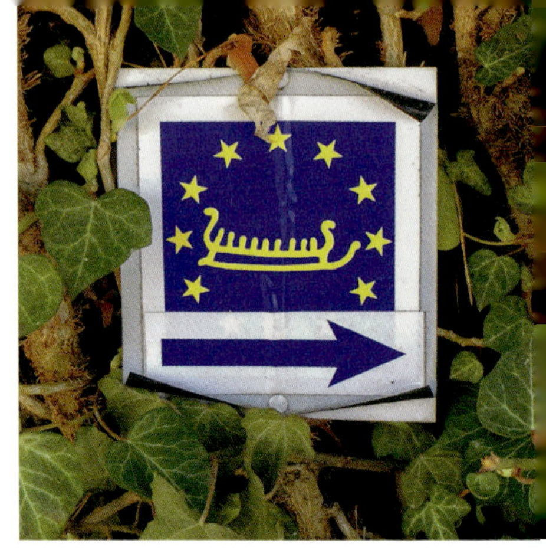

SPESSART

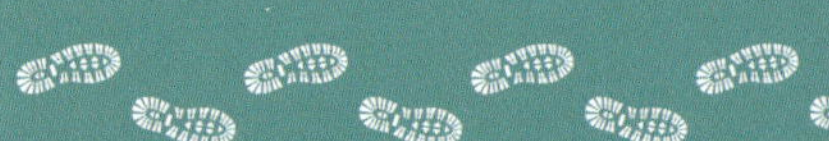

Grie Soß unter weiß-blauem Himmel

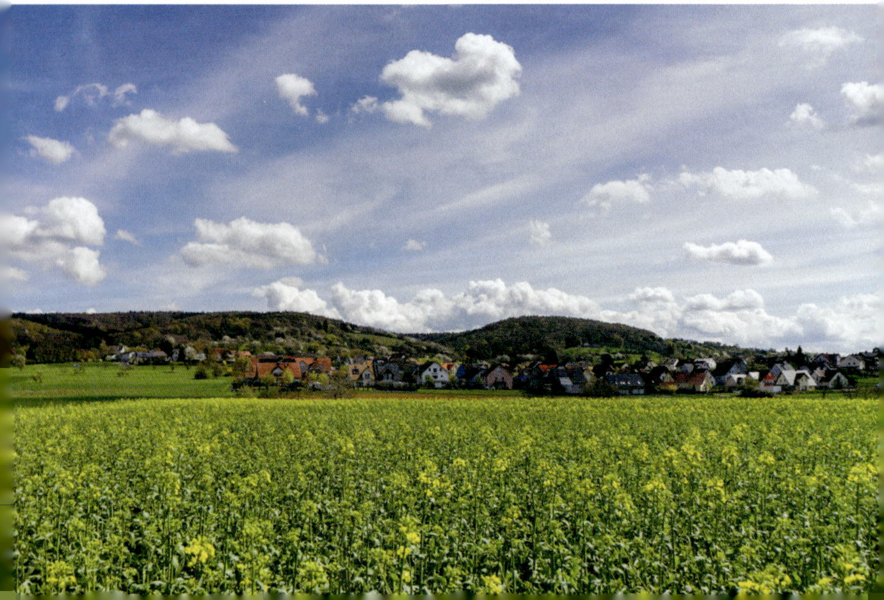

TOUR 05

04:15 h 15,4 km moderat 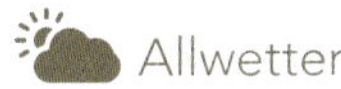 Allwetter

Moderate Wanderung auf gut ausgebauten Wegen.

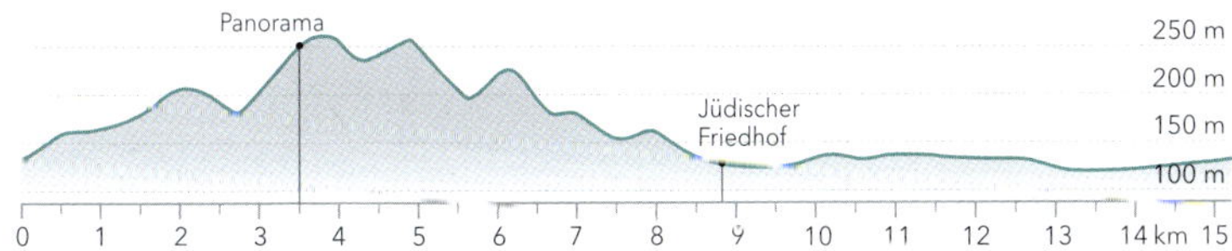

Anfahrt

Auto: Auf der A66 nach Osten. Am Hanauer Kreuz Wechsel auf die A45 und weiter bis zur Anschlussstelle Alzenau Mitte. Auf der Hanauer Straße in Richtung Zentrum. Parken auf dem großen Stellplatz unterhalb der Burg (Am Burgsteg 10). **ÖPNV:** Vom Frankfurter Hauptbahnhof aus mit dem Regionalexpress 55 nach Kahl am Main. Von dort aus mit der Regionalbahn 56 zum Bahnhof Alzenau.

Highlights

Burg Alzenau (www.alzenau.de), Denkmal Ludovica des Bordes, Fernsicht auf Frankfurt, Jüdischer Friedhof Hörstein und Alzenauer Sande.

Einkehrmöglichkeiten

In Wasserlos wie auch in Hörstein gibt es einige Weinlokale.

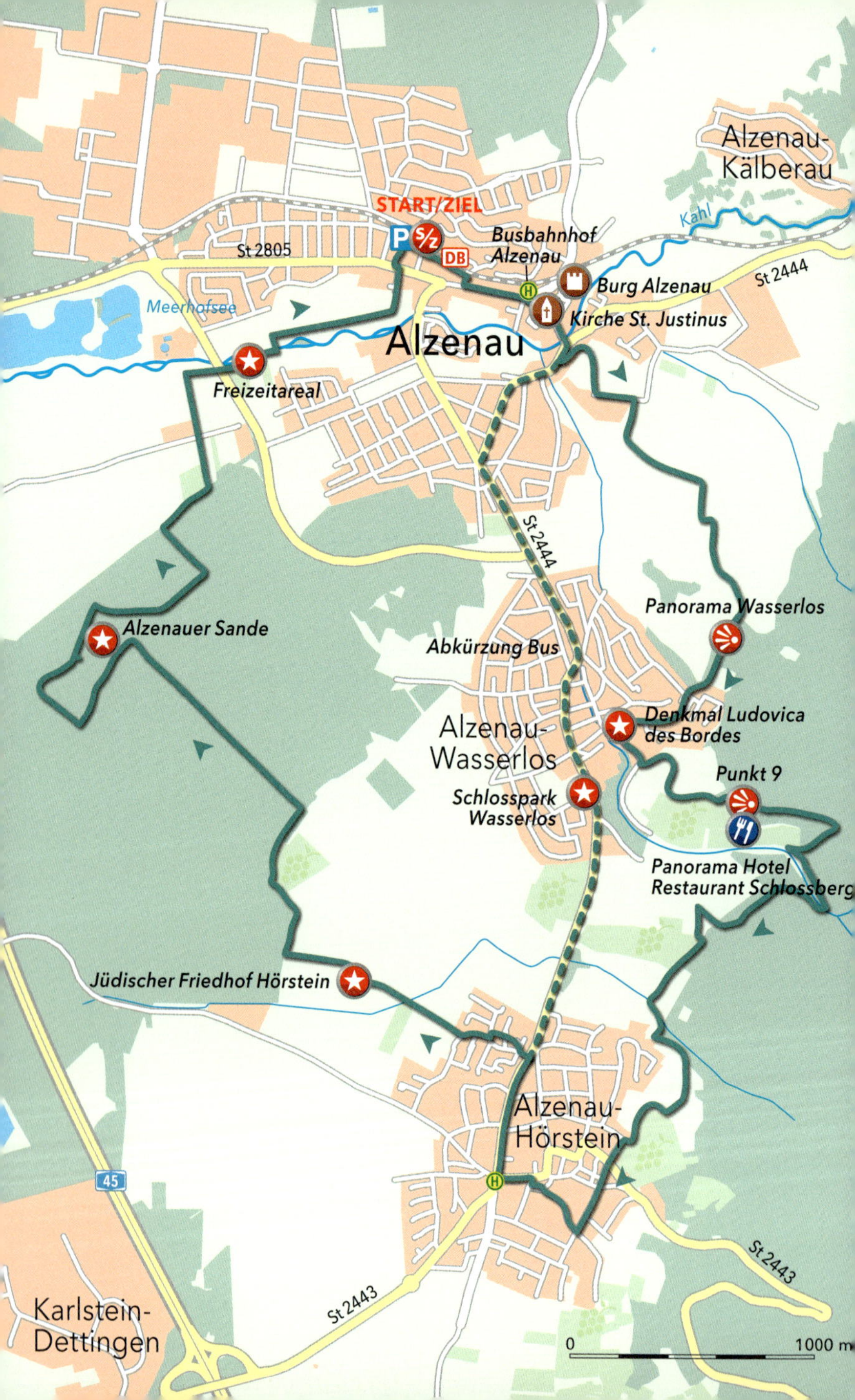

START/ZIEL
St 2805
Busbahnhof Alzenau
Burg Alzenau
Kirche St. Justinus
Alzenau-Kälberau
Kahl
St 2444
Meerhofsee
Alzenau
Freizeitareal
St 2444
Panorama Wasserlos
Alzenauer Sande
Abkürzung Bus
Denkmal Ludovica des Bordes
Alzenau-Wasserlos
Punkt 9
Schlosspark Wasserlos
Panorama Hotel Restaurant Schlossberg
Jüdischer Friedhof Hörstein
Alzenau-Hörstein
45
St 2443
St 2443
Karlstein-Dettingen
0
1000 m

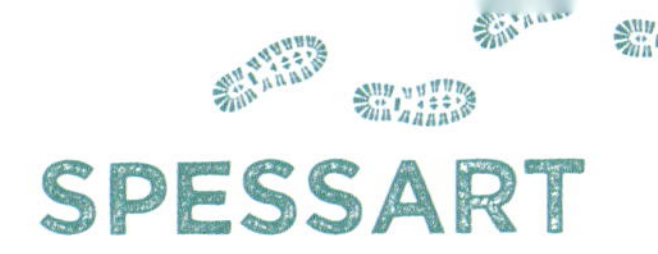

SPESSART

Grie Soß unter weiß-blauem Himmel

Mit beiden Beinen fest in Bayern stehen und dennoch die Frankfurter Skyline im Blick behalten – geht nicht? Geht schon. Man muss nur wissen, wo und wie. Um den Beweis anzutreten, zieht es uns in den vermutlich hessischsten Zipfel des Freistaats: nach **Alzenau**. Natürlich werden die eingefleischten Lokalpatrioten unter den gut 19.000 Einwohnern des Städtchens mit Fug und Recht darauf hinweisen, dass sie „Franggen", genauer gesagt „Underfranggen", sind.

Das weißblaue Rauten-Banner vor dem Rathaus und der regierende CSU-Bürgermeister darin (Stand Januar 2022) sprechen allerdings für sich und dafür, dass uns diese Tour durchs befreundete „Ausland" führt.

Nun, da wir schon mal vor dem Rathaus gleich gegenüber der barocken Justinuskirche stehen, machen wir uns doch gleich von hier aus auf den Weg durch altes Kulturland am Fuße des Spessart. Wir folgen dazu zunächst der Kaiser-Ruprecht-Straße und überqueren die Kahl, die den Ort quasi in zwei Teile teilt.

Anschließend nach rechts und ein kurzes Stück die Wasserloser Straße entlang, zieht es uns schon bald hinauf und hinaus aus Alzenau. Dazu biegen wir nach rechts in die Straße Am Kirchberg ein, passieren bergauf den Friedhof der Kreis-

ALZENAU: Das Rad im Wappen der Stadt Alzenau lässt noch heute erkennen, dass der Mainzer Erzbischof hier über Jahrhunderte hinweg ein gewichtiges Wörtchen mitzureden hatte. Er musste sich aber meist mit hessischen Granden arrangieren, die mitreden wollten und durften. Am Ende waren es zwar die Hessen-Darmstädter, die 1806 den alleinigen Zuschlag erhielten. Zehn Jahre später jedoch traten die Alzenau bereits wieder an Bayern ab. Und dabei blieb es für die Unterfranken dann auch.

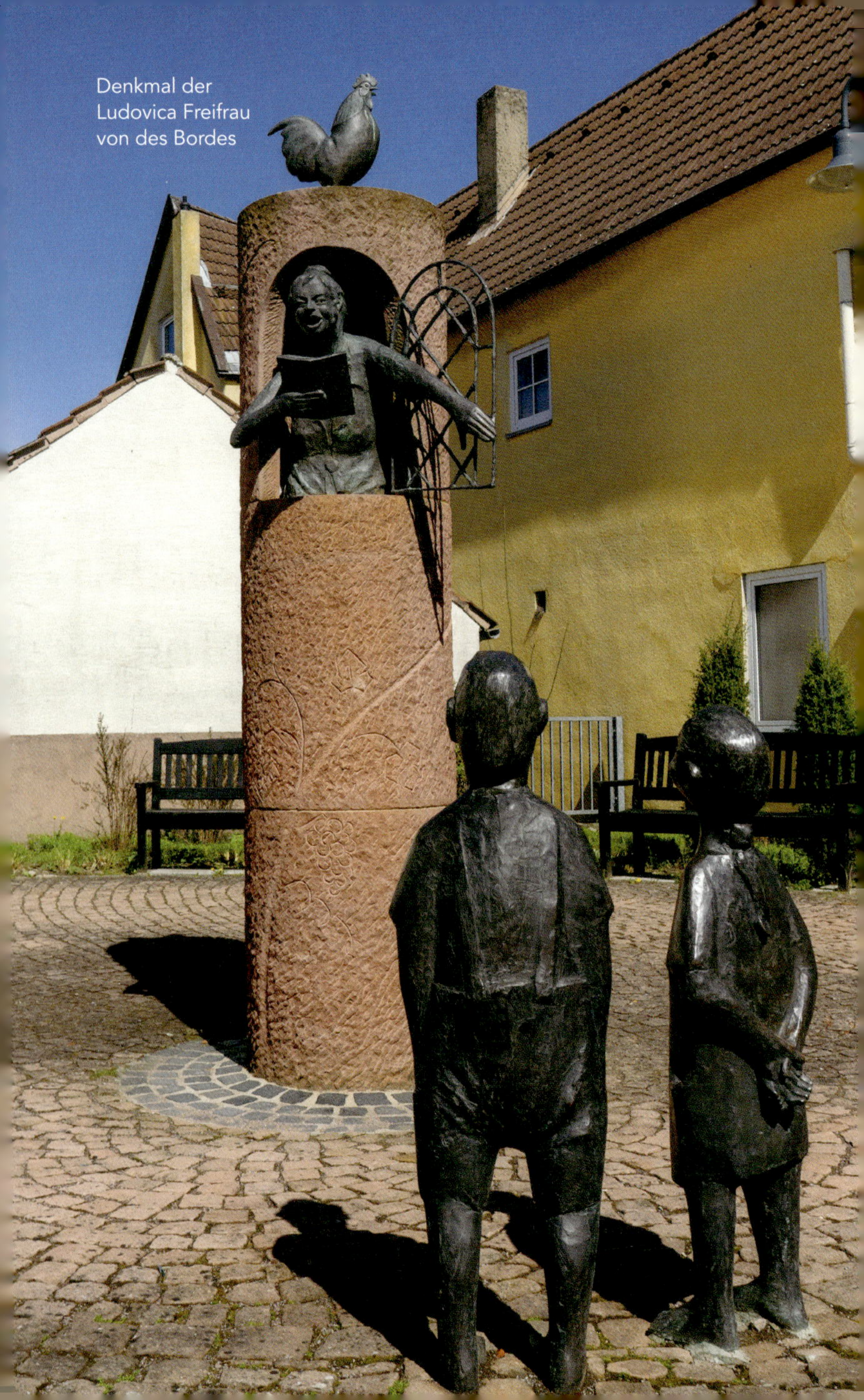
Denkmal der
Ludovica Freifrau
von des Bordes

stadt und entdecken bald auch ein Wegzeichen, das für uns auf den kommenden Kilometern zumindest zeitweise interessant werden sollte: Das bronzezeitliche von Sternen eingerahmte Schiff auf blauem Grund weist den vor uns liegenden Abschnitt als Teil des spessartweiten Kulturwegenetzes aus.

Allein rund um Alzenau gibt es drei dieser Kulturrundwege. Wir werden auf unserer Tour vorrangig mit dem in Kontakt kommen, der sich „Wein und Herrschaft“ widmet. Allerdings sparen wir uns den Aufstieg zu den Resten der Rannenburg, denn viel zu sehen gibt es da nicht mehr.

Lieber genießen wir die schöne Aus- und Fernsicht, die sich uns bietet, während wir durch die Felder in Richtung Wasserlos spazieren. Der Alzenauer Stadtteil ist nach etwa dreieinhalb Kilometern erreicht. Über die Hahnenkammstraße treten wir in den Ort ein, wo uns bereits eine edle Dame erwartet. Mit einem Buch in der Hand schaut sie aus einem Türmchen heraus – doch keine Sorge, Ludovica Freifrau von des Bordes will uns nicht die Levi-

KULTURWEG: Überall im Spessart trifft man auf das Zeichen des Kulturwegs. Ziel des in einen europäischen Rahmen eingebetteten Projekts ist es, ein immer dichteres Netz von Wegen zu weben, um so die Bedeutung und Entwicklung der Kulturlandschaft zu verdeutlichen.

DIE MÄRCHENERZÄHLERIN: Ludovica Freifrau von des Bordes war – auch wenn es nicht so klingen mag – eine waschechte Frankfurterin, noch dazu eine echte Brentano. Zwei ihrer Geschwister waren die berühmten Romantiker Clemens und Bettina. Und auch die 1787 geborene „Lulu“ hatte eine romantische Ader. Nach dem Tod ihres zweiten Mannes zog sie sich 1845 in ein Schloss in Wasserlos zurück und tat sich als Mäzenin hervor. Sie unterstützte unter anderem die Brüder Grimm finanziell bei der Arbeit an den „Kinder- und Hausmärchen“ und steuerte sogar ein eigenes Gedicht bei.

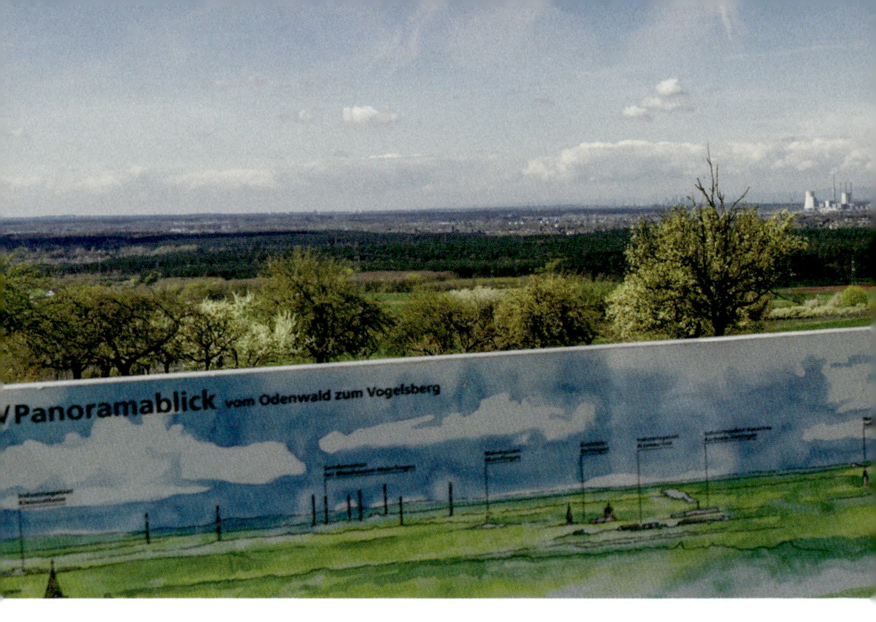

ten lesen. Sie will uns und den beiden Kindern, die gespannt zu ihr hinaufschauen, ein Märchen erzählen. Denn dafür hatte sie ein Faible.

Wir drehen eine kleine Runde durch den Ort und kommen dabei auch an Ludovicas Schlösschen vorbei. Heute ist es Teil einer Klinik, dient ihr verwunschener Park den Patienten, aber auch allen anderen Spaziergängern zur Erholung. Wer ob des Namens fürchtet, in Wasserlos auf dem Trockenen sitzen zu bleiben, der darf beruhigt sein: Die örtlichen Weinstuben, an denen wir auf der Schlossbergstraße vorbeikommen, sind schließlich dafür da, Durst und Hunger zu stillen – sogar mit Grüner Soße.

Einen merklich ansteigenden Pfad entlang und nach oben bekommen wir einen ersten Eindruck davon, wo die hiesigen Winzer die Trauben ziehen, die sie für ihren Frankenwein brauchen. Dem Auf schließt sich ein angenehmes Ab durch den Wald an, das uns in das Tal des Rückersbaches führt. An einer Spitzkehre biegen wir scharf nach links, passieren einen Rastplatz und schwenken dann über den Bachlauf nach rechts in Richtung Hörstein.

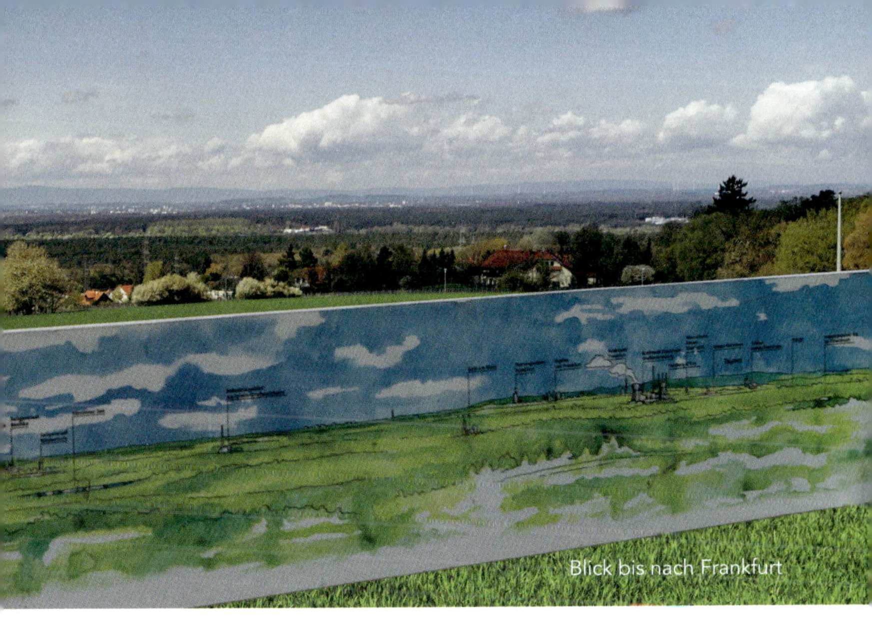

Blick bis nach Frankfurt

Auf dem Weg dorthin bietet sich uns dann auch der eingangs schon versprochene Blick auf die Frankfurter Skyline. Und das von einem Feld in Bayern aus.

Hier rauscht auch wieder das Schiffchen des Kulturwegs heran und lädt uns zum Zusteigen ein. Mit ihm lassen wir uns erst einmal treiben, erreichen auch schon bald den Ortsrand von Hörstein, treten aber erst einmal nicht ein. Stattdessen legen wir uns noch einmal richtig in die Ruder, schwenken am Eichbach erst nach links und dann am Ende des Wiesenpfades gleich wieder nach rechts, um den Ort noch einmal von oben in Augenschein zu nehmen. Der kurze Umweg lohnt sich durchaus, der verschmerzbare Anstieg auch.

Talwärts kommen wir an einer Gedenktafel vorbei, die so gar nicht zu dieser reizenden Landschaft und den hübschen Häuschen passen will. Und doch steht sie für ein dunkles Kapitel der hiesigen Geschichte. Zu Beginn des 17. Jahrhunderts stand hier der „Hexenthorn", in dem Männer und Frauen festgehalten wurden, die der Zauberei bezichtigt, gefoltert und ermordet wurden.

Wir überqueren die Hauptstraße, treten in die Kreuzgasse ein und folgen ihr bis zur Edelmannstraße, die uns nach rechts der ka-

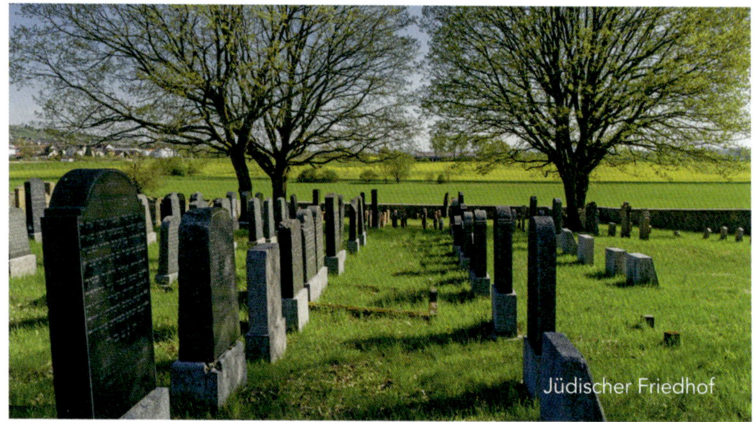
Jüdischer Friedhof

tholischen Kirche entgegenbringt. Für die überschaubare Weinbaugemeinde ist das Gotteshaus aus dem 15. Jahrhundert mit seinem wuchtigen Wehrturm schon ein deutliches Glaubensbekenntnis. Und doch war der Ort auch über 300 Jahre hinweg die Heimat für Menschen, die nicht christlichen Glaubens waren. Davon zeugt noch heute der alte jüdische Friedhof von Hörstein.

Der Weg dorthin führt über die Alzenauer Straße nach links in ein Neubaugebiet und weiter in die Felder.

Nur wenige hundert Meter weiter verändert nicht nur die Landschaft ihr Gesicht, sondern auch der Untergrund seine Konsistenz. Während sich vor uns ein Kiefernwald auftut, wird der Boden san-

ALZENAUER SANDE: Es ist Sand vom Main, auf dem wir hier spazieren gehen. Wie der hierher kommt? Im Fluge. Starke Winde trugen die Sandmassen nach der Eiszeit hierher und schufen so ein Gebiet, das heute eine echte Besonderheit und natürlich ein Naturschutzgebiet ist. Der Sandmagerrasen, der hier entstanden ist, bietet Lebensraum für Pflanzen und Insekten, die man sonst nur sehr selten an Rhein und Main findet. Viele Arten stehen auf der Roten Liste.

BURG ALZENAU: Hier habe ich das Sagen – nichts anderes wollte der Erzbischof von Mainz mit dem Bau der Burg Alzenau um das Jahr 1400 unterstreichen. Den Wilmundsheimern auf der anderen Seite der Kahl konnte das gar nicht gefallen. Nicht auszuschließen, dass sich der Name „Alzenau" davon ableitet, dass der Mainzer den Nachbarn „allzu nah" gekommen war. Heute dient die Burg den Alzenauern auf beiden Flussufern als Standesamt und Freilichtbühne.

dig – das hat schon mehr etwas von Ostsee denn von Unterfranken. Und so ganz trügt der Eindruck auch nicht. Wir wandern durch einen Teil der **Alzenauer Sande**.

Nach diesem Ausflug in die Dünen geht es durch den Wald zurück in Richtung Alzenau. Wir erreichen die Kahl, deren Ufer anlässlich der Bayerischen Gartenschau 2015 umgestaltet wurden, wenden uns nach rechts und können jetzt je nach Gusto entscheiden, auf welcher Seite des Flusslaufs wir die Stadtmitte ansteuern. Dort angekommen, blasen wir über die Entengasse zum abschließenden Sturm auf die **Alzenauer Burg**.

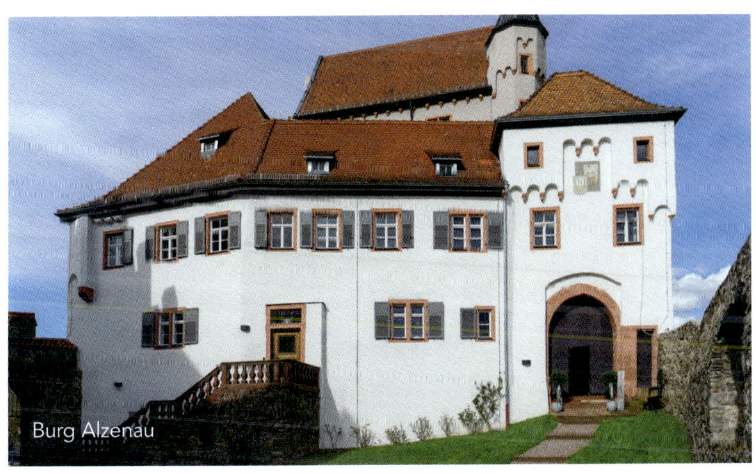

Burg Alzenau

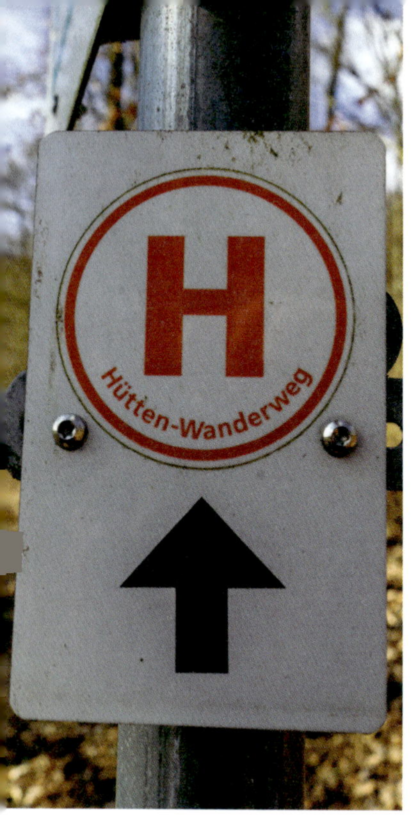

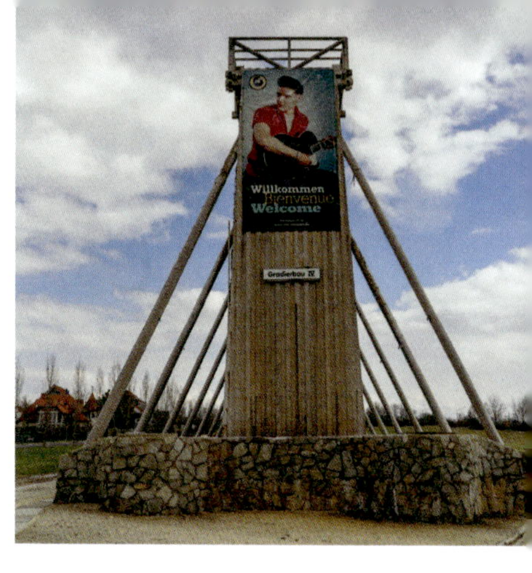

WETTERAU

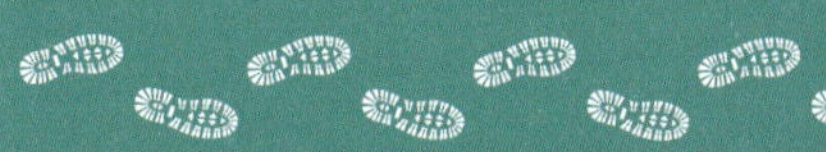

Hüttentour mit Rock und Sole – Bad Nauheim hat viele Stile

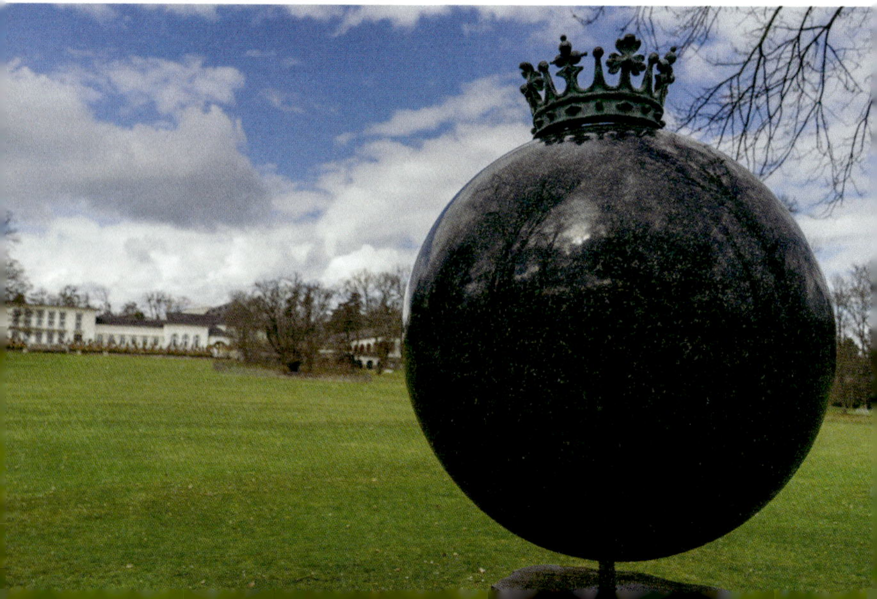

TOUR 06

02:50 h 10,3 km 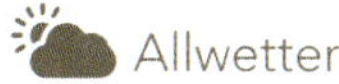 leicht Allwetter

Leichte Wanderung, obschon der Johannisberg erklommen werden will. Gut begehbare Wege.

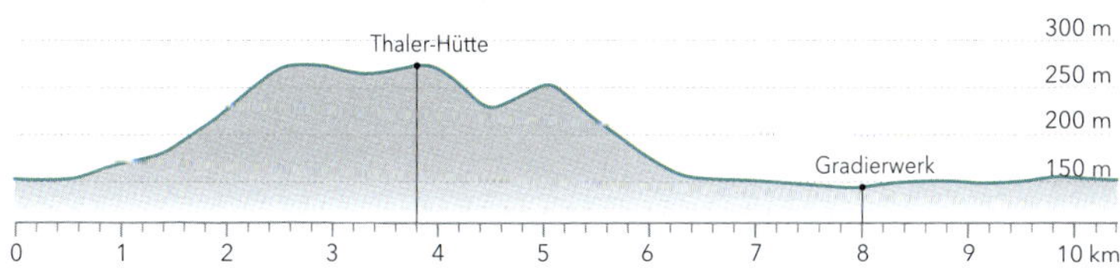

Anfahrt

Auto: Aus Richtung Frankfurt auf der A5 nach Norden. An der Anschlussstelle 14 nach Ober-Mörlen/Bad Nauheim abfahren, dann nach links und über Weingartenstraße und Frankfurter Straße zum Parkplatz am Großen Teich. **ÖPNV:** Mit der Regionalbahn 41 (fährt über Frankfurt Südbahnhof) zum Bahnhof Bad Nauheim. Von dort aus zu Fuß die Bahnhofsallee hinunter und zum Startpunkt am Kurpark.

Highlights

Schutzhütten entlang des Weges (www.bad-nauheim.de), Sternwarte Wetterau (www.sternwartewetterau.de), Skulpturenpark, Elvis-Stele (www.elvis-presley-verein.de), Trinkkuranlage, Gradierbauten, Sprudelhof.

Einkehrmöglichkeiten

In Bad Nauheim ist die Auswahl an Einkehrmöglichkeiten wenig überraschend groß.

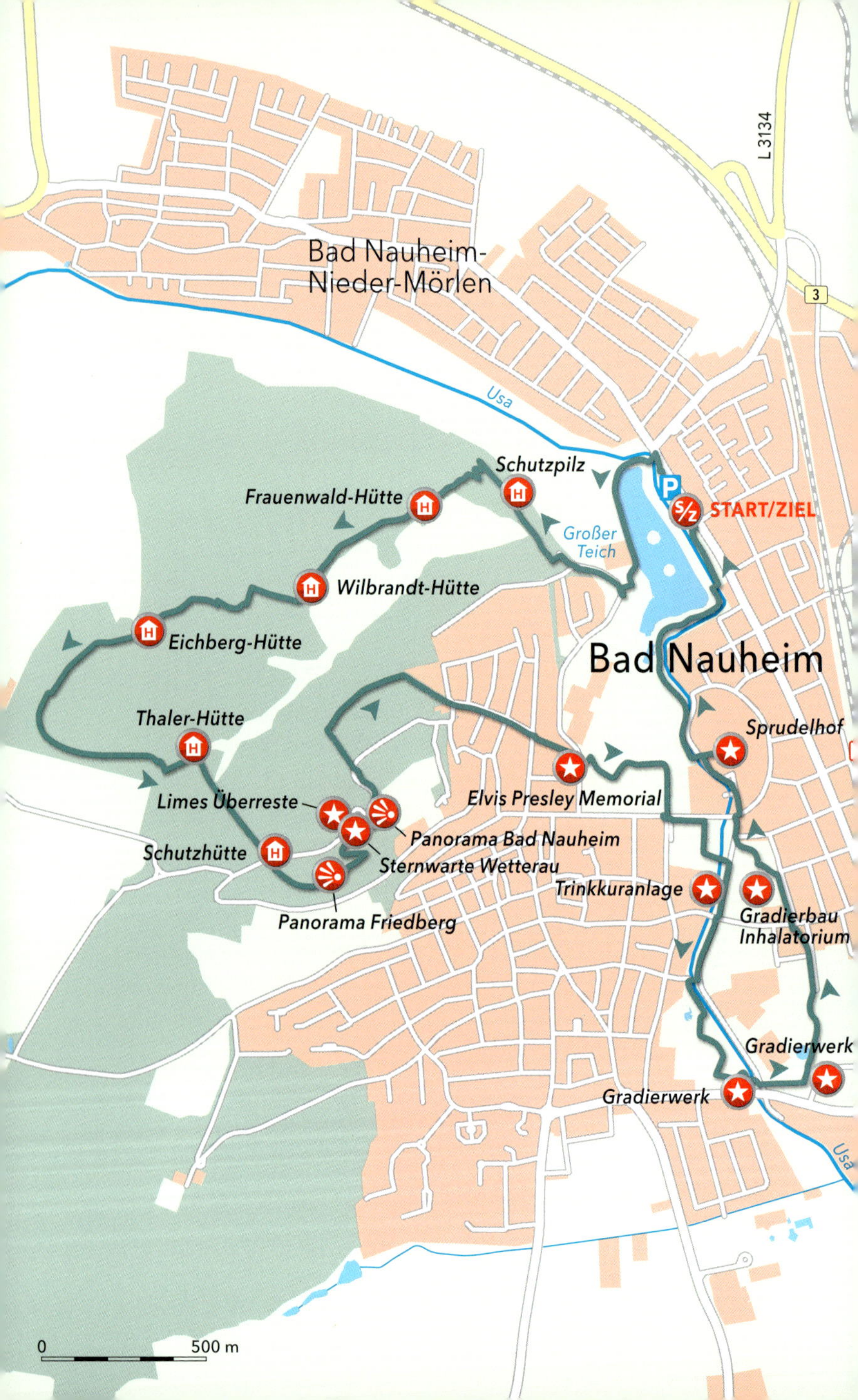

L 3134
3
Bad Nauheim-
Nieder-Mörlen
Usa
Schutzpilz
P
START/ZIEL
Frauenwald-Hütte
Großer
Teich
Wilbrandt-Hütte
Eichberg-Hütte
Bad Nauheim
Thaler-Hütte
Sprudelhof
Elvis Presley Memorial
Limes Überreste
Panorama Bad Nauheim
Schutzhütte
Sternwarte Wetterau
Trinkkuranlage
Gradierbau
Inhalatorium
Panorama Friedberg
Gradierwerk
Gradierwerk
Usa
0
500 m

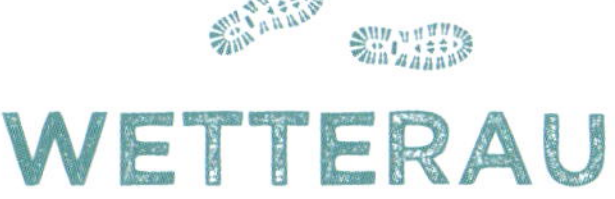

WETTERAU

Hüttentour mit Rock und Sole – Bad Nauheim hat viele Stile

Ein herzliches Grüß Gott zur Hüttenwanderung in Bad Nauheim. Bevor sich jetzt bei dem einen oder der anderen womöglich die Stirn in Falten legt: Ja, wir reden von dem mondänen Kurstädtchen in der topografisch an einen flachen Teller erinnernden Wetterau. Wie dieses Profil mit einer Hüttenwanderung zusammenpasst? Sehr gut!

Zwar ist der hiesige Johannisberg nicht der Watzmann. Deshalb werden wir auf den folgenden Kilometern auch auf Alpen-Panorama, Königs-Jodler und Kaiserschmarrn verzichten müssen. Schöne Aussichten bis hin zum Taunus werden sich uns aber dennoch bieten. Und ein König und eine Kaiserin spielen auch noch eine Rolle. Klingt doch schon mal ganz vielversprechend.

Startpunkt unserer Wanderung ist der große Parkplatz an der Frankfurter Straße. Denn der ist nur einen Brückenschlag vom Bad Nauheimer Kurpark entfernt. Also nach rechts, rüber über das Flüsschen Usa und rein in die Grünanlage. Wir machen einen Bogen um den großen Teich, schauen noch kurz am Sitz der „Roten Teufel" vom heimischen Eishockey-Club vorbei und gehen dann links neben dem Eisstadion nach oben.

Auf Höhe der Straße „Nördlicher Park" angekommen, schwenken wir nach rechts und nehmen Kurs auf den Hüttenwanderweg. Der setzt erstmals

DER WALDPARK: Großherzog Ernst Ludwig von Hessen und bei Rhein war es, der an der Wende vom 19. zum 20. Jahrhundert den Auftrag gab, den Waldpark anzulegen. Sein Ziel: Ernst Ludwig wollte seinen Kurbetrieb in Bad Nauheim zu einem für damalige Verhältnisse topmodernen Gesundheits-Mekka ausbauen. Dabei setzte er auf angesagte wie natürliche Medizintrends, wie zum Beispiel die Bewegung an der frischen Luft.

am Heinz-Geilfus-Stein ein Zeichen, ein rotes H um genau zu sein. Das sollten wir uns merken, ist es doch über weite Strecken der Tour richtungsweisend. An der nächsten Weggabelung folgen wir denn auch umgehend dem Geheiß, nehmen den linken Zinken der Gabel und betreten den Nauheimer **Waldpark**.

Am Rande der Frauenwaldwiese beginnen wir unseren Aufstieg zu den Nauheimer Hütten. Auch wenn die nicht auf Almen-Niveau liegen, spüren wir schon, dass es doch merklich bergauf geht – für Wetterauer Verhältnisse, versteht sich.

Nach etwa 1,5 Kilometern auf der Strecke ist mit der Frauenwaldhütte dann auch schon Etappenziel Nummer eins erreicht. Unser erster Eindruck: Mit Après-Ski und Hüttengaudi wird das hier nichts. Es ist ein schlichter, hölzerner Unterstand mit schönem Blick. Und mehr sollten die Nauheimer Hütten auch nie sein, obschon sie in ihren Anfangstagen sogar zu Aussichtstempeln hochstilisiert wurden.

Weiter den Hang hinauf entdecken wir zur Linken die Wilbrandthütte, die im Unterschied zur Kollegin am Frauenwald noch im Original freie Sicht auf die sogenannte Ski-Wiese bietet. Rechts der Hütte geht es noch ein kurzes Stück weiter hinauf und dann nach rechts auf einen schmalen Waldpfad. Ein naturnaher Kontrast zur sogenannten „großen Rundfahrt“, auf die wir nach wenigen hundert Metern stoßen.

Für uns ist die Rundfahrt vor allem eines: eine perfekte Richtschnur auf dem weiteren Weg. Denn parallel zu ihr führt uns ein Waldweg weiter nach links und hinauf. Vorbei an der Eichberghütte schwenken wir im großen Bogen nach links und entdecken rechter Hand den Flugplatz des Nauheimer Aeroclubs. Das ist zwar perspektivisch betrachtet alles ganz nett, aber es wird schon noch schöner. Dazu klinken wir uns aus der Rundfahrt aus, biegen nach links ab, machen noch einen kurzen Abstecher zur ein wenig abseits der Route gelegenen Thalerhütte und nehmen dann Kurs auf die eigentlichen Höhepunkte des Nauheimer Johannisbergs. Denn auf dessen Rücken ist schon einiges ausgetragen worden.

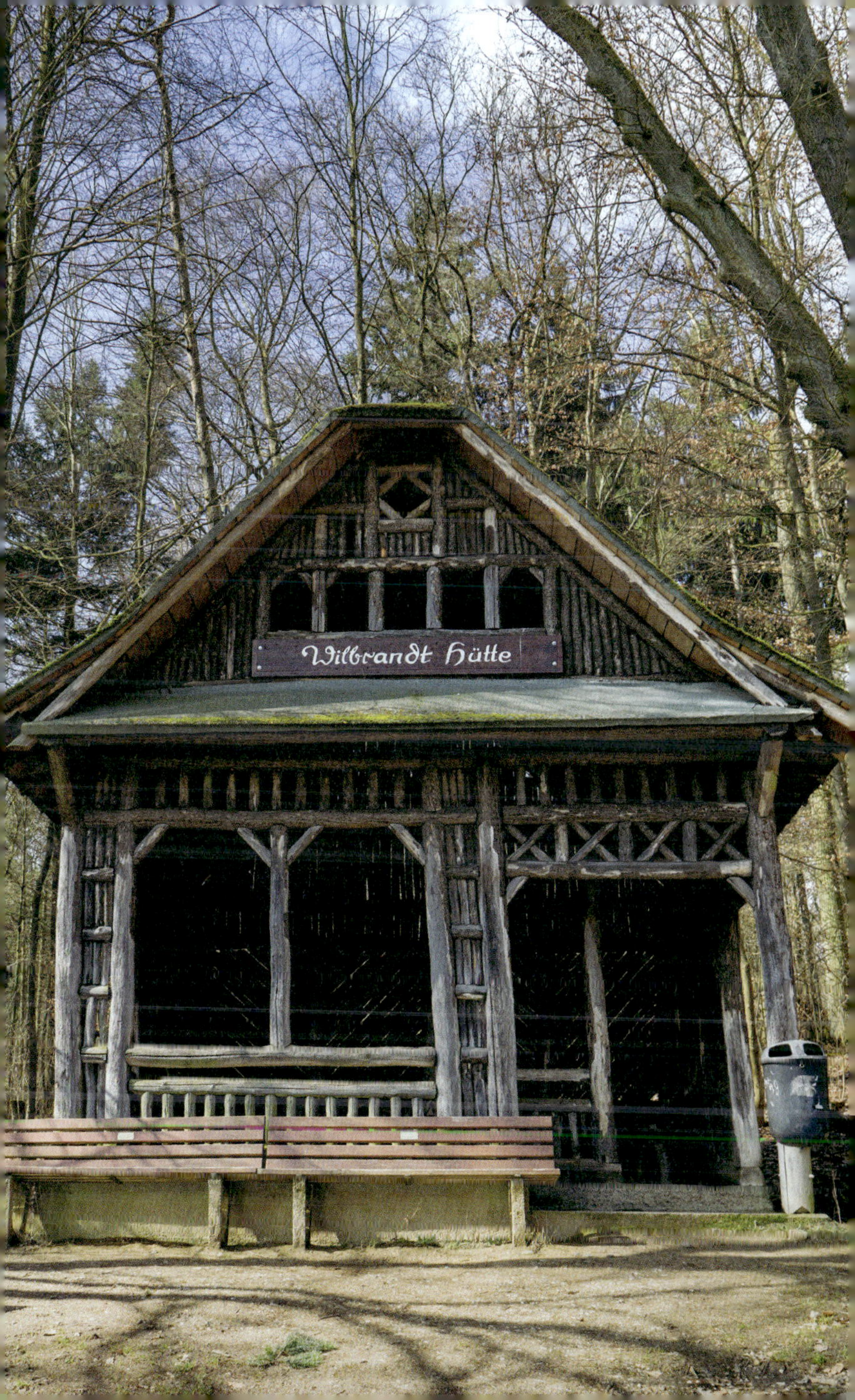
Wilbrandt Hütte

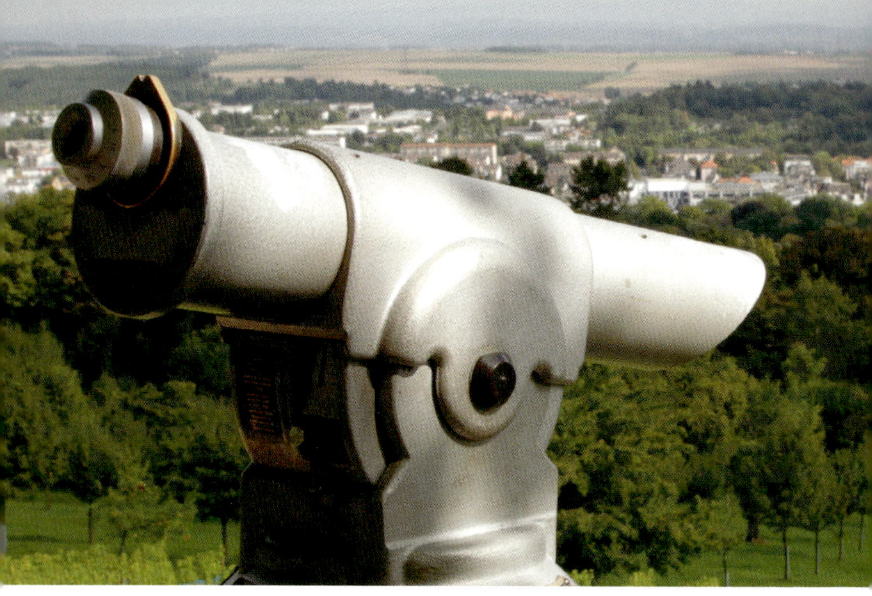

Das lassen noch heute die Reste einer Wallanlage am sogenannten Wolfsgraben erahnen, die im achten Jahrhundert eine fränkische Siedlung auf dem **Johannisberg** schützte. Und die Franken waren nicht die ersten und schon gar nicht die letzten, die sich auf der Höhe im strategischen Vorteil sahen.

Wir stehen am Wolfsgraben derweil vor der Frage, wie es weitergeht. Gleich nach links – da können wir nichts falsch machen. Denn dann bleiben wir auf dem Hüttenweg. Über die Wegkreuzung hin-

DER JOHANNISBERG: Mit seinen 268 Metern Höhe ist der Johannisberg zwar eher von überschaubarer Größe. Aus der Ebene der Wetterau betrachtet ist er jedoch durchaus eine große Nummer. Und diesen „Größenunterschied" wussten die Menschen schon seit der Steinzeit zu nutzen. Später kamen die Römer und errichteten hier einen Signalturm für ihre Truppen am Limes, dann die Franken. Sogar noch 1762 wurde im Siebenjährigen Krieg um den Johannisberg gekämpft.

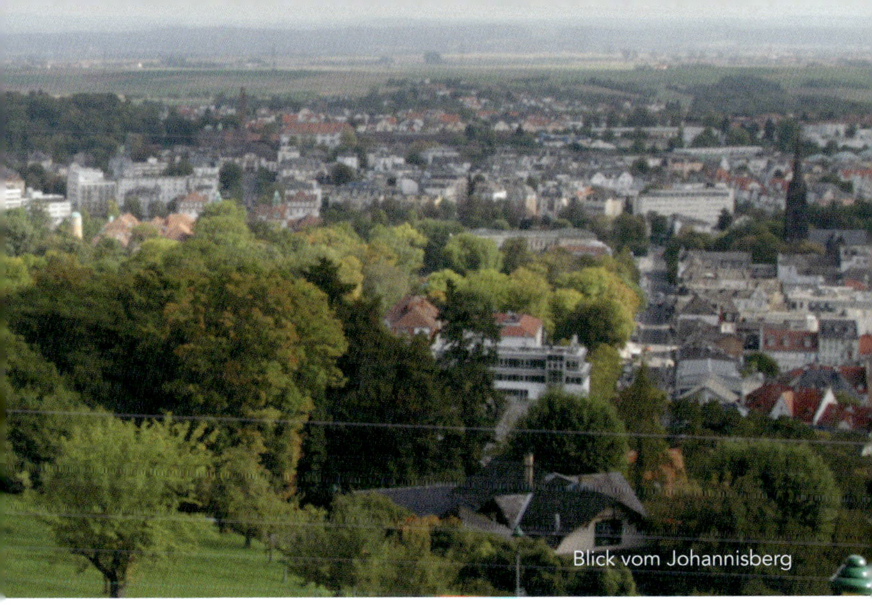

Blick vom Johannisberg

weg lockt allerdings das „P“ des Panoramawegs. Und dieses Wegzeichen verspricht uns einen besonderen Blick auf Friedberg. Wer den genießen möchte, muss sich allerdings im Klaren sein, dass er nur über einen relativ steilen Bergpfad wieder auf den Hüttenweg zurückkehren kann. Das sollte jeder mit sich und seiner Wanderlust ausmachen. Entscheidend ist, dass wir alle am Ende wieder auf dem Hüttenweg und am Fuß der **Volkssternwarte** stehen, die sich vor uns auftürmt.

VOLKSSTERNWARTE: Wer zu den Sternen will, hat in der Bad Nauheimer Volkssternwarte zumindest die Aussicht darauf, ihnen etwas näher zu kommen. Der standhaft gebliebene Glockenturm der längst vergangenen Bergkirche ist seit 1965 das Zuhause heimischer Hobby-Astronomen. Seit 1988 in einem Verein organisiert, lassen die auch Nichtmitglieder gerne durch die Teleskope blicken. Im Frühjahr 2019 soll die Sternwarte nach Sanierungsarbeiten wieder geöffnet werden.

SISI IN NAUHEIM: Kaiserin Elisabeth „Sisi" von Österreich war eine Frau von starkem wie eigenem Willen. Und der wurde mit fortschreitendem Alter auch immer eigenwilliger, was tragische Folgen hatte. Wie das? Sisi kurte im Sommer 1898 in Bad Nauheim, fühlte sich aber nur beim täglichen Mittagsmahl auf dem Johannisberg so richtig wohl. Darüber hinaus passte ihr nichts. Das Klima zu schlecht, die Menschen zu aufdringlich – da reiste die Kaiserin Knall auf Fall ab. Über Bad Homburg ging es nach Genf, wo sie am 10. September 1898 ihrem Mörder in die Arme lief.

Auf dem Johannisberg lohnt sich der Blick aber nicht nur nach oben, sondern auch nach vorn. Denn von hier aus hat man eine majestätische Aussicht auf Bad Nauheim. Das dachte sich 1898 wohl auch schon Kaiserin Elisabeth von Österreich. Genau: Unsere **Sisi**. Aber das Original, die mit dem einen „s".

Bevor der Abstieg vom Nauheimer Hausberg angetreten wird, lassen wir uns von einer Info-Tafel noch schnell darüber aufklären, was der Weinbau mit der Stadt des Heilwassers zu tun hat. Dann geht es nach links und an einer Streuobstwiese vorbei wieder hinunter in die Stadt. Dabei wandern wir direktemang durch ein Gesamtkunstwerk. Der Skulpturenpark des Bildhauers Gerhard Burk ist eine sehenswerte Open-Air-Galerie mitten im Grünen.

Unterhalb des Parks wird es dann wieder royal. Erst schließen wir uns dem Gefolge von Deutschlands letzter Kaiserin Auguste Viktoria an, spazieren die nach ihr benannte Straße hinunter und bekommen dann auch noch eine Audienz beim König, also besser gesagt beim „King".

Da von **Elvis** bekannt ist, dass er in seiner Nauheimer Zeit ein sehr volksnaher König war, dürfte es wahrscheinlich sein, dass wir auf seinen Spuren wandeln, wenn wir die Terrassenstraße überqueren und in den Kurpark eintreten.

Wer mag, kann die Wanderung an dieser Stelle selbstverständlich langsam auslaufen lassen und zum Ausgangspunkt zurückzukehren. Es empfiehlt sich aber doch, das besondere Nauheimer Flair noch

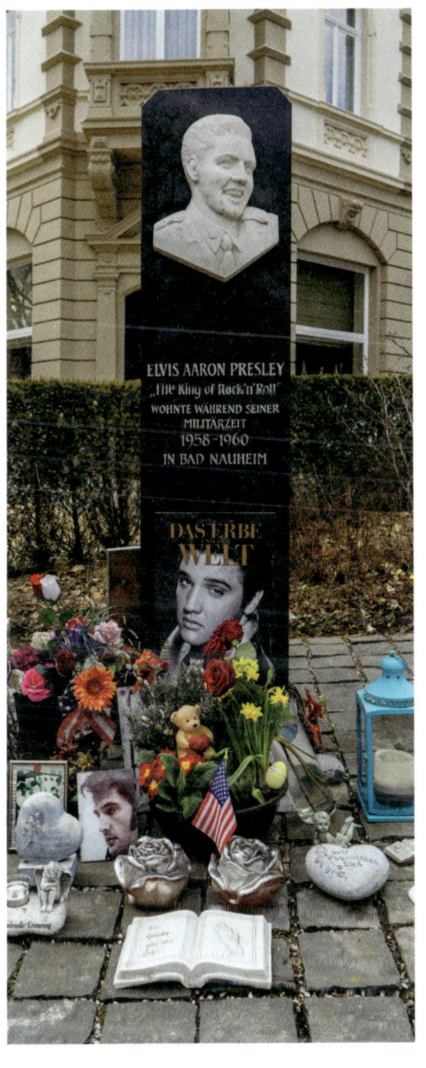

ELVIS IN NAUHEIM: Elvis lebt – zumindest in den Erinnerungen der Bad Nauheimer. Denn hier hat der King of Rock'n'Roll einen kleinen Teil seines Lebens verbracht. Im Oktober 1958 trat Elvis Presley seinen Dienst bei der US-Army in Friedberg an. Da er kein gewöhnlicher GI war, durfte „Private Presley" recht schnell in das Bad Nauheimer Hotel Villa Grunewald umziehen. Eine Stele vor dem Haus an der Ecke Auguste-Viktoria- und Terrassenstraße erinnert heute noch an den berühmten Hotelgast.

ein wenig auf sich wirken zu lassen und noch tiefer in die reiche Geschichte des Ortes und seiner Solequellen einzutauchen. Denn die waren schon vor 2.000 Jahren sehr gefragt.

Wir würzen unsere Bergtour also noch etwas nach, verlassen den Kurpark nach rechts und in Richtung der Kolonaden, passieren die Dankeskirche und spazieren der zwischen 1910 und 1912 errichteten, stilvollen Trinkkuranlage entgegen. Von hier aus nach links und dann am Ufer der Usa entlang nä-

SOLEQUELLEN: Es waren die Kelten, die als erste die Solequellen in der Gegend des heutigen Bad Nauheim zur Salzgewinnung nutzten. Auch im Mittelalter und bis in das 19. Jahrhundert hinein war das Salzsieden eine lukrative Einnahmequelle. In den 1820er Jahren jedoch setzte ein gesalzener Paradigmenwechsel ein. Nicht mehr die Würze, sondern die Heilkraft der Sole war gefragt. Die Kur löste die Salzproduktion als Wirtschaftsfaktor ab.

hern wir uns dem Südpark mit seinem Ludwigsbrunnen und seinem mächtigen Gradierbau.

Über Usa und Zanderstraße hinweg steuern wir leicht ansteigend schon den nächsten Gradierbau an, wenden uns aber kurz zuvor dann doch nach links und spazieren wieder in Richtung Innenstadt. Das große Becken linker Hand und der flache Kanal zu unserer Rechten, der gelbliches Wasser heranführt, waren früher essenzielle Bestandteile des Nauheimer Salinenbetriebs. Auf dem Weg zum Becken und weiter zu den Gradierbauten verdunstete ein Teil des Wassers bereits in dem kleinen Kanal und erhöhte so schon früh die Solekonzentration.

GRADIERBAU: Insgesamt gibt es noch fünf Gradierbauten im Stadtgebiet. Sie alle funktionieren nach dem gleichen Prinzip, das schon im 17. Jahrhundert zur Salzgewinnung genutzt wurde. Hierzu lässt man das Solewasser die bis zu 10 Meter hohen Wände aus Schwarzdornbündeln herunterrieseln. Da dabei immer wieder Wasser verdunstet, erhöht sich der Salzgehalt der Sole. Von diesem Verdunstungsprozess profitieren heute besonders Menschen, die Probleme mit den Atemwegen haben. Die salzhaltige Luft rund um die Gradierbauten wird häufig mit einer Meeresbrise verglichen.

Nachdem wir den Eleonorenring überquert haben, entdecken wir zur Rechten schnell den nächsten Gradierbau und gleich nebenan eine der wohl ansehnlichsten Stadtbüchereien der Region. Das 1901 errichtete Gebäude in Fachwerk-Op-

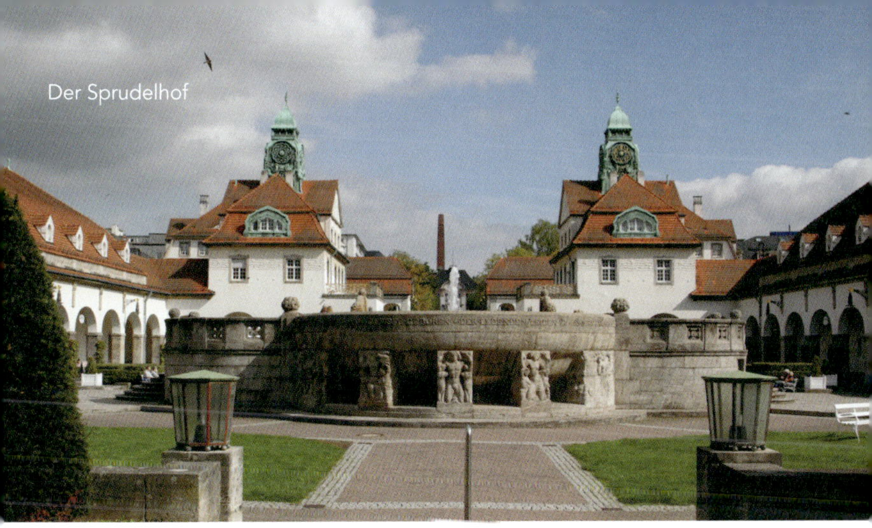
Der Sprudelhof

DER SPRUDELHOF: Die Bad Nauheimer von heute haben es einem Landesherrn von einst zu verdanken, dass in ihrer Stadt mit dem „Sprudelhof" das größte geschlossene Jugendstil-Ensemble Europas zu sehen ist. Der kunstsinnige wie vorausschauende Großherzog Ernst Ludwig war es, der seinen Regierungsbaumeister Wilhelm Jost 1905 damit beauftragte, die Kuranlagen der Stadt im damals angesagten Stil des Art Nouveau neu zu bauen. Das von Jost geschaffene Gesamtkunstwerk ist bis heute nicht nur schön anzuschauen, sondern auch fester Bestandteil des Kurbetriebs.

tik wurde ursprünglich als Inhalatorium genutzt und gibt uns einen kleinen Vorgeschmack auf das, was uns als abschließendes Schmuckstück erwartet. Die Rede ist vom Bad Nauheimer Sprudelhof, der nur zwei Kreuzungen weiter auf uns wartet.

Über die Brücke, die den Sprudelhof mit dem Kurpark verbindet, gehen wir die letzten Meter. Wir folgen der Usa zu unserer Rechten, passieren Minigolf- und Teichanlagen und erreichen unseren Ausgangspunkt in dem guten Gefühl, dass eine Hüttentour auch in der Ebene ihre Reize hat.

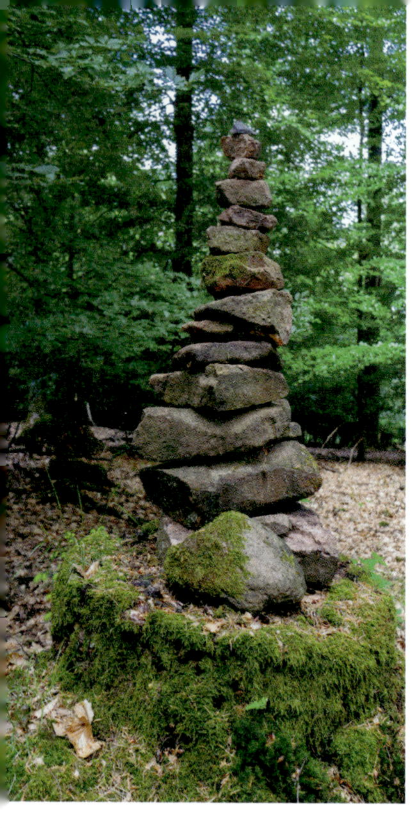

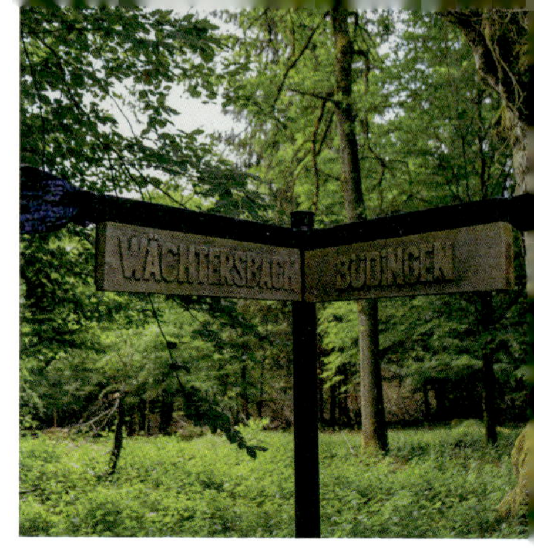

VOGELSBERG

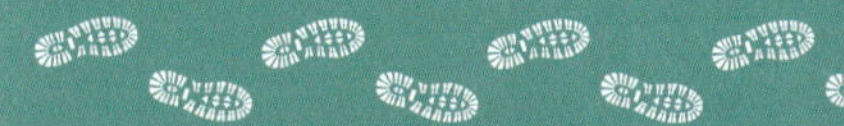

Durch Türchen, Tore und die Zeit

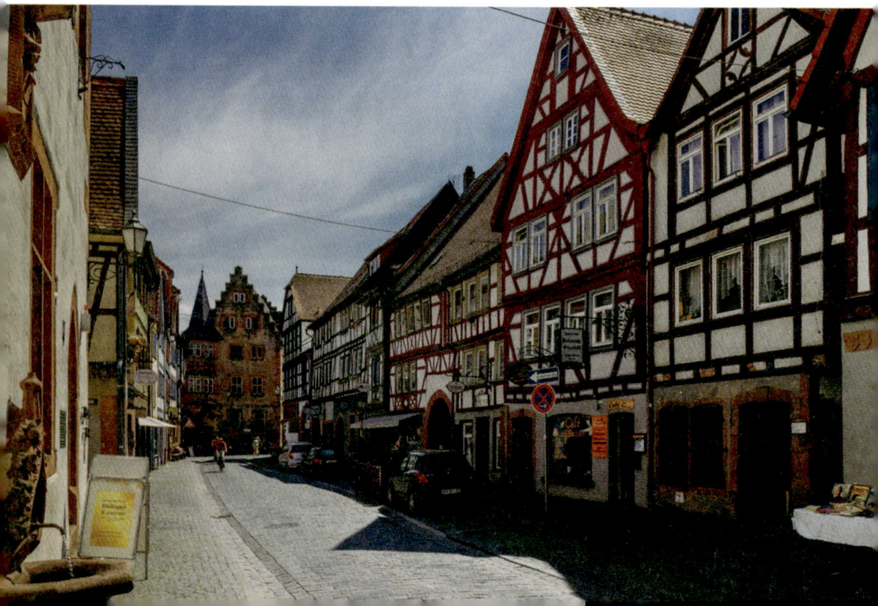

TOUR 07

05:00 h 18 km anspruchsvoll 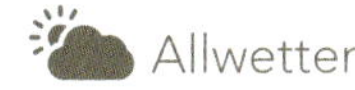

Anspruchsvolle Wanderung. Sehr gute Kondition erforderlich. Gut ausgebaute Wege.

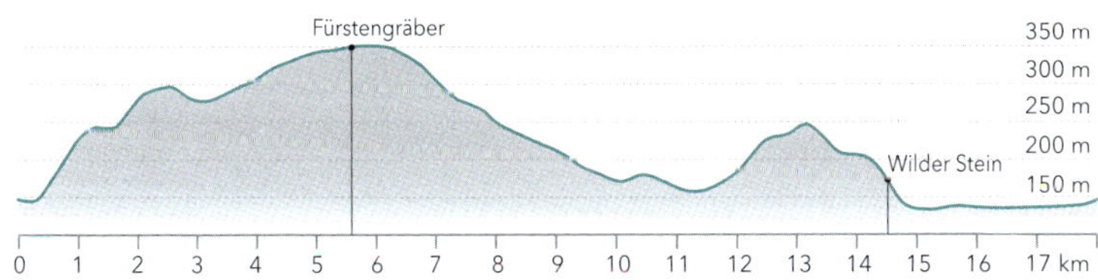

Anfahrt

Auto: Über die A66 nach Osten bis zur Abfahrt 42 (Gründau-Lieblos). Auf der B457 geht es nach Büdingen und weiter auf der Gymnasiumstraße, Mühltorstraße und L3010 zum Freibad. **ÖPNV:** Vom Hauptbahnhof Frankfurt mit der Regionalbahn 51 nach Gelnhausen. Hier Umstieg zur Regionalbahn 46 und Weiterfahrt zum Bahnhof Büdingen. Mit dem BusFB-24 geht es zum Startpunkt am Freibad.

Highlights

Fürstengräber, Wilder Stein, Altstadt Büdingen (www.buedingen.info), Schloss Büdingen (www.schloss-buedingen.de).

Einkehrmöglichkeiten

Auf der Strecke bleibt es bei der Rucksackverpflegung. In Büdingen ist die Auswahl an Einkehrmöglichkeiten groß.

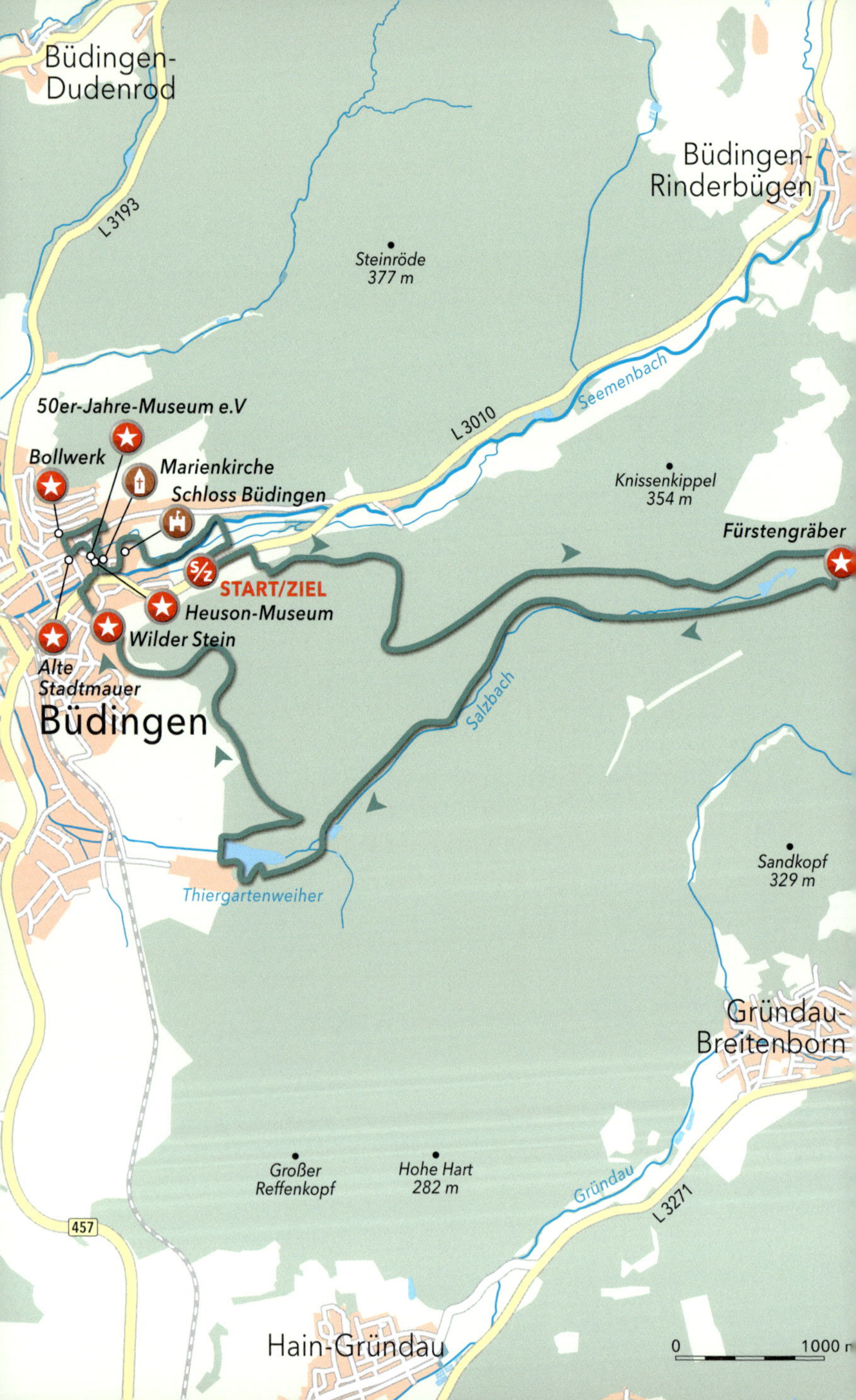
Büdingen-Dudenrod
L 3193
Steinröde
377 m
Büdingen-Rinderbügen
Seemenbach
L 3010
50er-Jahre-Museum e.V
Bollwerk
Marienkirche
Schloss Büdingen
Knissenkippel
354 m
Fürstengräber
START/ZIEL
Heuson-Museum
Wilder Stein
Alte Stadtmauer
Büdingen
Salzbach
Thiergartenweiher
Sandkopf
329 m
Gründau-Breitenborn
Großer Reffenkopf
Hohe Hart
282 m
Gründau
L 3271
457
Hain-Gründau
0
1000 m

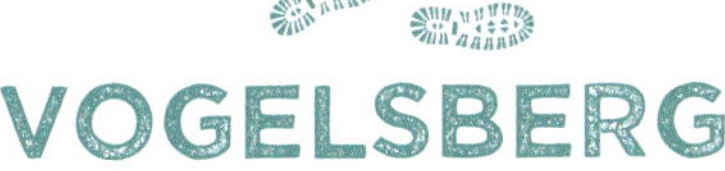

VOGELSBERG

Durch Türchen, Tore und die Zeit

Die Gegend um Büdingen ist in mehrfacher Hinsicht ein interessanter Grenzfall: Sie bildet den Übergang von den Ebenen der Wetterau zu den Höhen des Vogelsbergs. Sie trennt öffentliches Grün und privaten Wald, und sie öffnet das Tor von der Gegenwart ins Mittelalter. Drei reizvolle Gründe, um zum Grenzgänger zu werden.

Auch wenn wir die Tour auf dem Parkplatz des Büdinger Freibades an der L3010 starten, sind Wanderschuhe eine sehr viel bessere Wahl als Badelatschen. Denn erst einmal geht es bergauf und hinauf in die Ausläufer des Vogelsbergs.

Dazu spazieren wir zunächst nach links und etwa 300 Meter am Rand der Landesstraße entlang, bevor wir diese dann überqueren und über einen Feldweg leicht ansteigend dem Tor zu einer ganz eigenen Welt entgegentreten. Der **Wald** hier ist nämlich Privatsache.

Und wie man das in Deutschland nun mal so macht, um den Besitzanspruch auf das eigene Grün zu untermauern, wird ein Zaun darum gezogen. Aber keine Sorge – hier heißt es nicht: „Du kommst hier nicht rein." An vielen Stellen trifft der Wanderer auf kleine hölzerne Türchen, durch die er Zutritt findet. So auch gleich oberhalb der L3010.

Wenn wir allerdings gehalten sind, auf den vorgegebenen Wegen zu bleiben, dann hat das hier nicht nur etwas mit Respekt vor dem Gastrecht zu tun,

BÜDINGER WALD: Über Jahrhunderte hatten die Fürsten zu Ysenburg und Büdingen das Sagen und Jagen im rund 9.250 Hektar umfassenden Büdinger Wald. Und das war lange Zeit ein durchaus einträgliches Geschäft. 2005 jedoch war es vorbei mit dem grünen Reich der Blaubluter. Die Insolvenz kennt keine Standesunterschiede. Seit 2006 ist der Wald mit allem Drum und Dran denn auch im Besitz einer ganz bürgerlichen Forst GmbH.

sondern auch mit einem Mindestmaß an gesundem Selbsterhaltungstrieb. Hier kann nämlich schon mal scharf geschossen werden – vor allem an Samstagvormittagen. Da üben sich hier die Waidmänner und natürlich auch -frauen vom Jagdverein Hubertus in der richtigen Handhabung ihrer Büchsen. Dabei legen sie auf tierische Pappkameraden an, die doch ziemlich echt aussehen. Zumindest aus der Distanz. Und genau die sollte man auch wahren. Die Schießstände sind mit Flatterbändern und Schildern mehr als ausreichend kenntlich gemacht, um sicheren Schrittes daran vorbeizukommen. Also Augen auf und durch!

Hat man das Reich der Jäger hinter sich gelassen, geht es gleich nach rechts und einen Hohlweg hinauf. Wenn der eine kleine Herausforderung darstellt, dann nicht, weil es leicht bergan geht. Aufgeweichter Boden und ein darauf verteiltes Ast-Mikado könnten das Vorankommen etwas mühselig machen. Aber auch nur auf den ersten 150 Metern. Danach präsentiert sich der Wald wieder sehr viel „aufgeräumter" und entschädigt für den etwas holprigen Start. Es geht noch ein Stück weiter nach oben, um an der nächsten Weggabelung dem ersten und für die Tour zentralen Wanderzeichen in die Arme zu laufen.

Von rechts kommt das schwarze Y des Ysenburger Rundwegs heran und nimmt uns mit. Dieser Markierung weichen wir vorerst nicht mehr von der Seite. Auch wenn das für uns heißt, dass wir bereits an der folgenden Kreuzung einen Haken nach rechts schlagen und einen beachtlichen Hang hinauf müssen. Sollte das Y unsere Gefolgschaftstreue testen wollen? Sei's drum. Wir erweisen uns als treue Weggefährten, steigen dem Y nach rechts hinterher und werden dafür keine 300 Meter weiter oben auch belohnt. Gleich nach links pendelt sich der Weg mit einem Mal auf einem absolut angenehmen Niveau ein. Es geht immer der Nase nach auf perfekter Unterlage durch herrlichen Mischwald.

So lässt sich auf ganz entspannte Weise einiges an Strecke machen. Vorbei an der Eisernen Hand, die uns mit ausgestrecktem Zeigefinger mal nach Büdingen, mal nach Wächtersbach weisen will, hält uns das Y auf Kurs und führt uns an einen Ort, den man so in

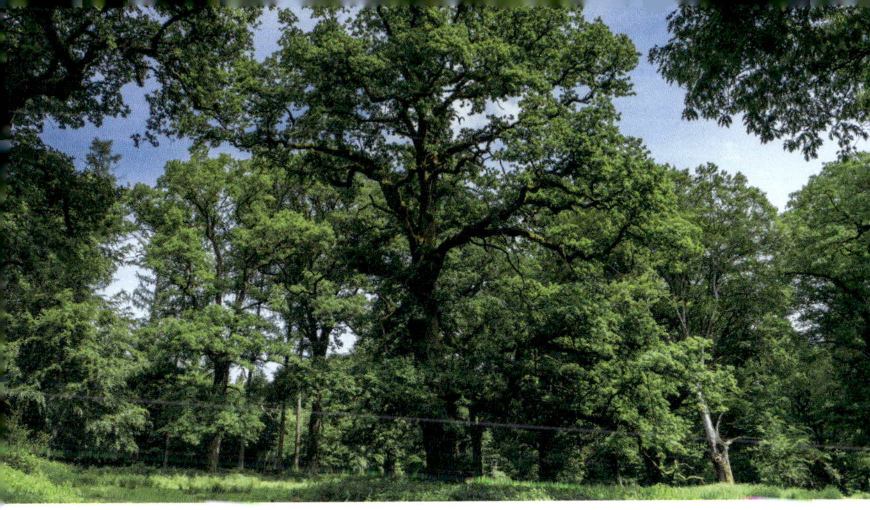

einem bis dahin dichten Waldgebiet nicht erwartet hätte. Mit einem Mal nämlich lichten sich die Baumreihen, wird der Wanderer zum Lustwandler. Im Schatten großer knorriger Eichen geht es vorbei an maigrünen Wiesenflächen. Was wie ein herrschaftlicher Park aus einem Jane-Austen-Roman anmutet, war allerdings ganz prosaisch betrachtet in alter Zeit „nur" ein Hutewald. Will heißen: Im Schutz der heute alten Baumriesen futterten sich einst Schweine und andere Nutztiere das auf die Rippen, was ihnen später zum Verhängnis wurde.

Wer dem Weg weiter folgt, der gelangt zu einem Ort, der auf seine sehr zurückgenommene Art eine gewisse Noblesse ausstrahlt und Geschichte atmet. Wir erreichen **die Gräber der Ysenburger.**

DIE GRÄBER DER YSENBURGER: Im Schatten einer imposanten Traubeneiche haben hier mitten in der Natur Männer und Frauen aus dem Fürstengeschlecht derer von Ysenburg-Büdingen ihre letzte Ruhe gefunden. So nüchtern das große Kreuz aus Sandstein, so schlicht die Grabsteine aus heimischem Basalt, so nachdrücklich erinnern die Titel der Verblichenen an die großen Zeiten des Adelshauses.

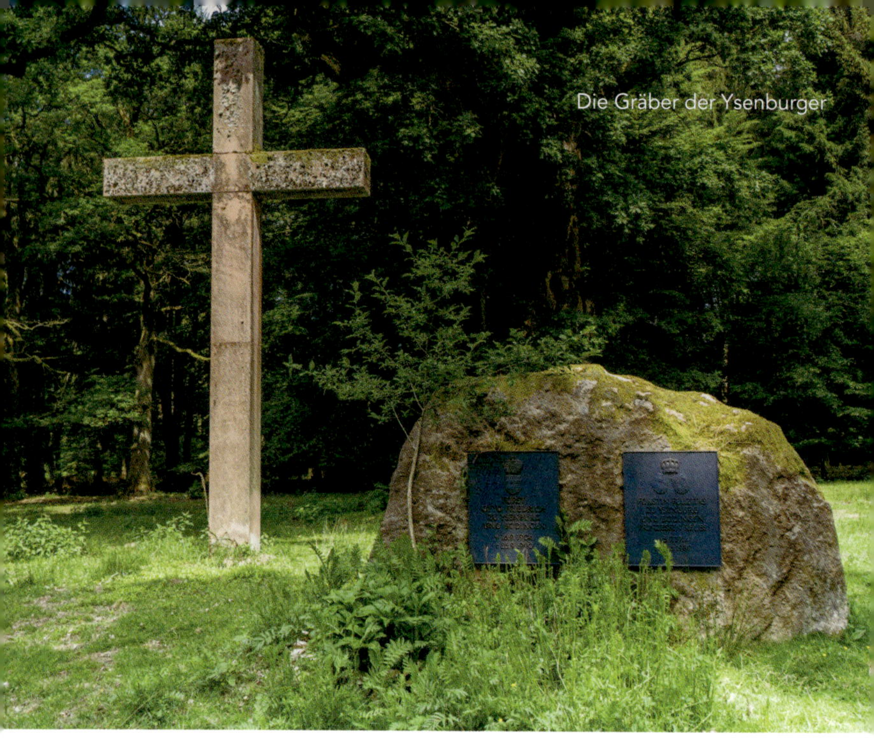

Die Gräber der Ysenburger

Wenn wir von der Gedenkstätte auf den Hauptweg zurückkehren, nach links gehen und damit quasi einen U-Turn machen, der hier nicht nur erlaubt, sondern von unserem Y sogar ausdrücklich vorgegeben ist, spazieren wir für einige Meter über die **Reffenstraße** und damit über eine in alter Zeit bevorzugte Handelsroute.

Zwar besteht heute nicht mehr die Gefahr, unter die hölzernen Räder eines Ochsenkarren zu kommen. Dennoch biegen wir rasch wieder ab. Der Geisweiher, den wir von der anderen Seite des Weges schon hatten schimmern sehen, liegt jetzt rechter Hand. Ein Reiher, der am Ufer auf einen guten Fang lauert, nimmt die Störung persönlich und macht missmutig den Abflug. Bei uns sollte die Stimmung da doch wesentlich besser sein.

Nicht nur, weil sich der Weg, den uns das Y weist, ganz sanft senkt, sondern vor allem, weil es ein besonders schönes Stück Natur ist, das hier darauf wartet, entdeckt zu werden. Vom Weiher aus schließt sich der Salzbach dem Wanderer an und wechselt immer mal wieder unter dem Weg hindurch die Seiten. Das talwärts plätschernde Wasser entpuppt sich dabei als echter Lebensspender. Links und rechts erstreckt sich am Ufer ein dichter Grasflokati, der in seinem satten Grün nicht so recht zu den dürren Fichten passen will, die sich kerzengerade in die Hänge gebohrt haben und den Pfad flankieren. Aber wer sind wir schon, dass wir Mutter Natur Tipps in Designfragen geben wollen?

Dass man sich darüber überhaupt Gedanken machen kann, liegt sicher auch am Weg. Der nämlich macht es einem leicht. Ein einigermaßen bewanderter Fußgänger dürfte kaum spüren, dass er beim Erreichen der Grenzen des Privatwaldes schon fast 12 Kilometer in den Beinen und unter den Füßen hat. Aber noch sind wir ja auch nicht am Ziel.

Wir verlassen den Wald, wie wir ihn betreten haben – durch ein hölzernes Tor. Wenn auch an anderer Stelle. Dem Y weiter folgend, geht es am Ufer des Thiergartenweihers vorbei. Einst zum gleichnamigen Jagdschloss gehörend, ist der Weiher heute das idyllische Jagdrevier der heimischen Sportfischer.

Waren sie bislang Mangelware, so gibt es hier Sitzbänke in ausreichender Zahl. Die kommen gerade recht, um noch etwas Kraft zu tanken. Es geht ein letztes Mal bergauf. Wir umrunden hierzu im Gefolge des Y den Weiher zur Hälfte, wählen an der nächsten Gabelung die linke Option und steigen erneut dem Wald entgegen. Es heißt also wieder Türchen auf, ab durch den Zaun und dann gleich wieder nach links und noch ein Stück den Hang hinauf. Ist der ge-

DIE REFFENSTRASSE: Lieber trockenen Fußes über die Höhe als durch die sumpfigen Täler – im Mittelalter, und auch schon davor, war das die bevorzugte Marschroute. So entstanden die sogenannten Hochstraßen, zu denen auch die sogenannte Antsanvia zählte. Sie verband einst Mainz und Erfurt und fuhrte dabei auch durch den Büdinger Wald. Die Reffenstraße zeugt noch heute davon.

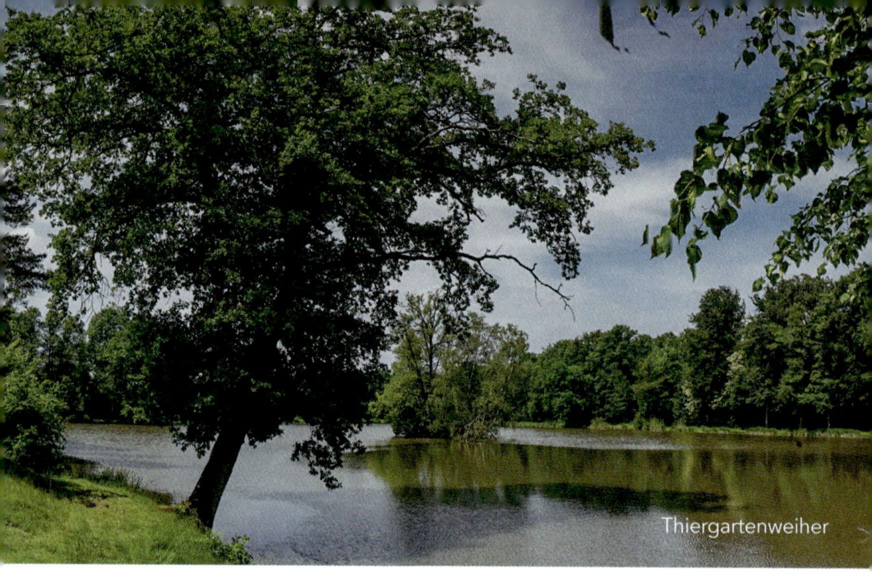
Thiergartenweiher

nommen, erreichen wir den Waldrand, wo sich uns durch die Maschen des Zauns bereits ein schöner Ausblick auf die Wiesen und Weiden rund um Büdingen bietet.

An der nächsten größeren Wegkreuzung gilt es, aufmerksam zu sein. Zwar zieht der vermeintliche Hauptweg wieder steil nach oben. Das schwarze Y und ein grünes Kreuz geben uns jedoch einen dezenten Wink, dass es nach links und talwärts weitergeht. Und dann passiert es doch noch: An der folgenden Gabelung kündigen wir dem „Ysenburger" die Gefolgschaft – zumindest zeitweise. Wir folgen dem grünen Kreuz nach rechts, mit dem wir noch mal etwas an Höhe gewinnen, bevor wir den Büdinger Wald dann doch endgültig verlassen. Natürlich wieder durch ein hölzernes Türchen. Mit Büdingen zur Linken und einigen perfekt getrimmten Schrebergärten zur Rechten geht es am Stadtrand entlang und talwärts einem gewaltigen Brocken entgegen. Sein Name: der **Wilde Stein**.

Glatt behauen und fachmännisch zu einer mächtigen Mauer ineinander gefügt sind dagegen die Steine der Büdinger Stadtmauer, die sich Freund wie Feind in den Weg stellt und herausfiltert, wer rein darf und wer nicht. Wir erhalten natürlich Einlass und werden – egal, ob wir über die Mühltorbrücke oder das mächtige Jerusale-

DER WILDE STEIN: 19 Millionen Jahre hat der einstmals heiße Kerl wohl schon auf seinem bemoosten Basaltbuckel. In seinem Kern eindeutig vulkanischen Ursprungs, hat seine Gestalt schon immer die Fantasie der Menschen angeregt. In heidnischer Zeit vermutlich als Kultplatz genutzt, wurde er von abergläubischen Kleingeistern in der Zeit der Hexenprozesse zum Schauplatz des Bösen herabgewürdigt.

mer Tor kommen – im nächsten Moment vom müden Wanderer zum staunenden Zeitreisenden.

Gönnen wir uns aber doch erst einmal eine kleine Verschnaufpause und den Füßen ein wenig Entlastung, machen wir einen Einkehrschwung und drehen danach noch eine Runde durch das Städtchen, bevor wir den Rückweg antreten.

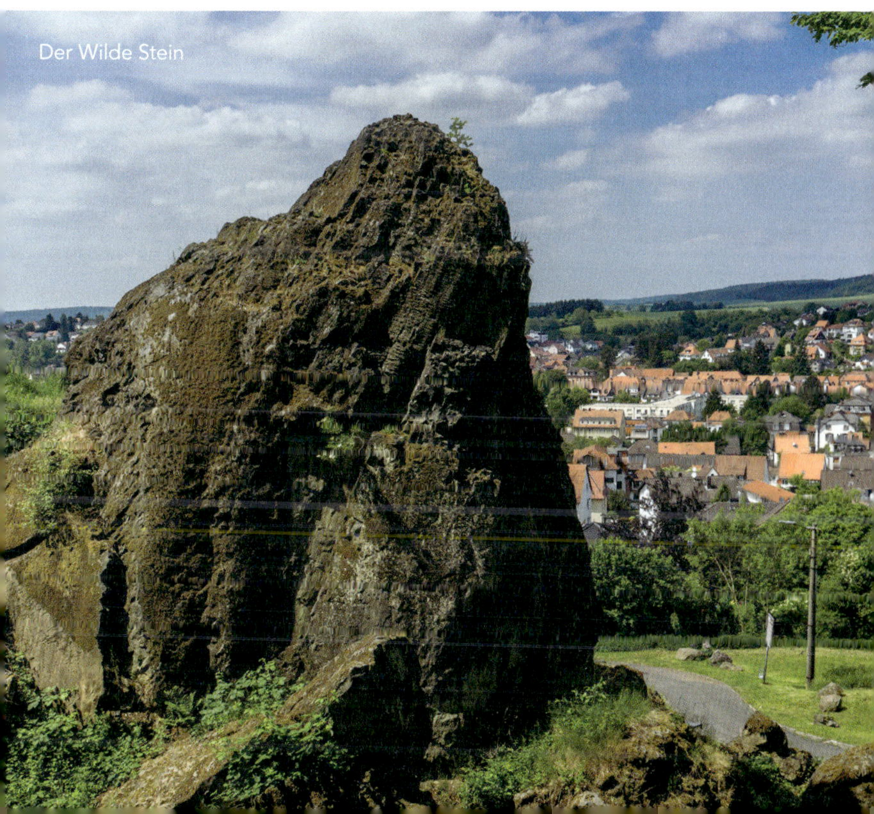
Der Wilde Stein

BÜDINGEN: Mit seinen liebevoll erhaltenen Fachwerkhäusern, seinen herrschaftlichen Steinbauten, seinen Ecken und Winkeln wirkt das Quartier innerhalb der Stadtmauer wie aus einem Guss geschaffen. Das Gegenteil aber ist der Fall. Der Besucher atmet zwar auf Schritt und Tritt Geschichte, aber aus ganz verschiedenen Jahrhunderten. Den Anfang machte der Bau einer Wasserburg in staufischer Zeit. Die heutige Stadtmauer kam erst Ende des 15. Jahrhunderts hinzu.

Der bekommt noch einmal eine besonders noble Note, durchschreiten wir doch den Innenhof des **Büdinger Schlosses**. Von dort nach rechts, nimmt der Weg und die Landschaft noch einmal eine besondere Wendung. Der Pfad wird schmal, Mutter Natur bekommt wieder mehr Platz. Es geht vorbei an üppig grünen Feuchtwiesen, zur Rechten begleitet vom Seemenbach. Den zu überqueren, das wird die letzte kleine Herausforderung auf der Tour. Statt einer Brücke geben Trittsteine das gute Gefühl, trockenen Fußes ans andere Ufer und letztlich ans Ziel zu gelangen.

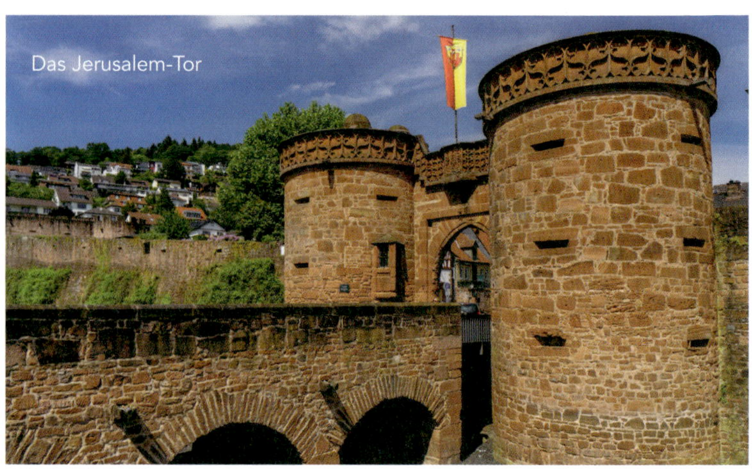
Das Jerusalem-Tor

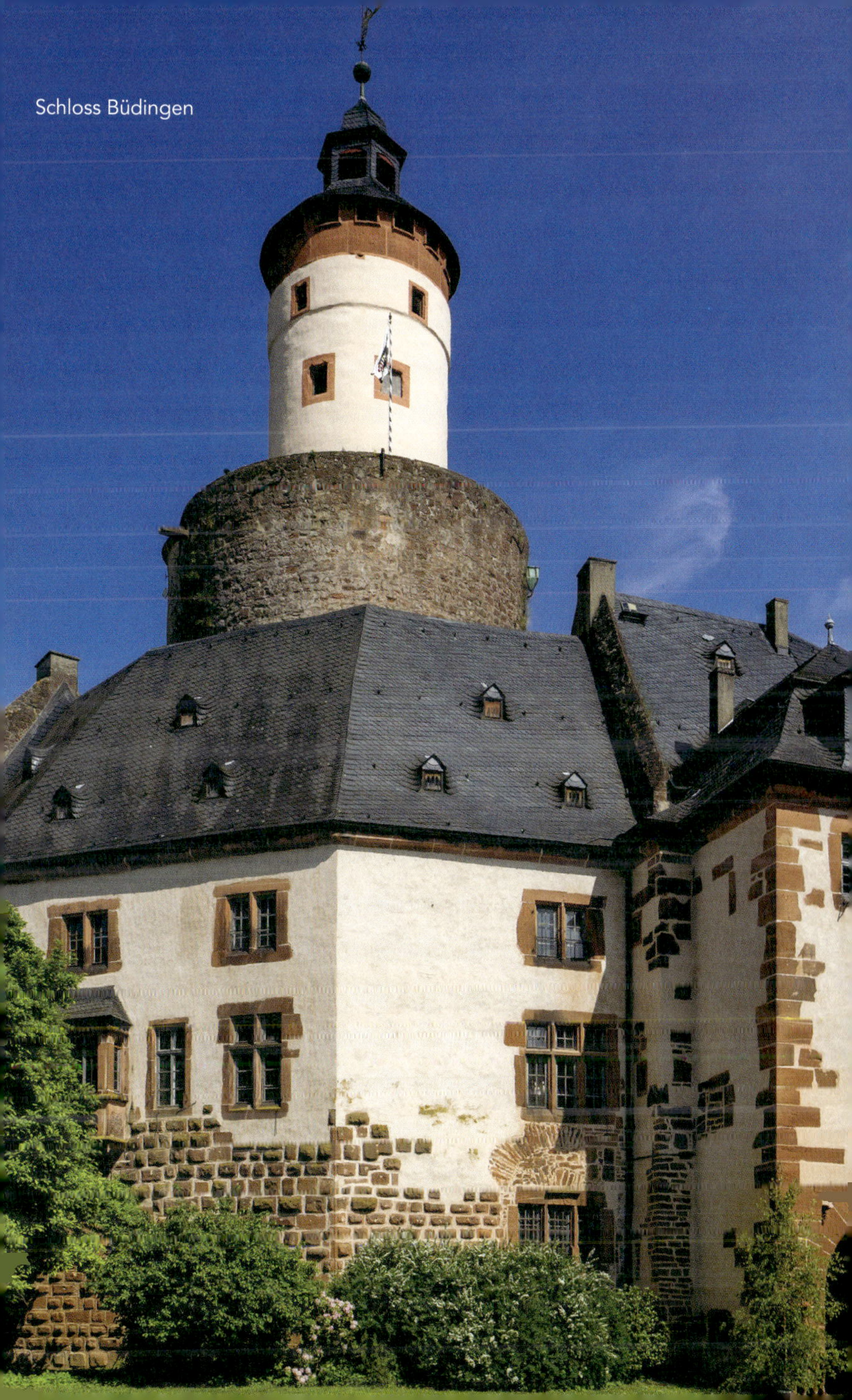

Schloss Büdingen

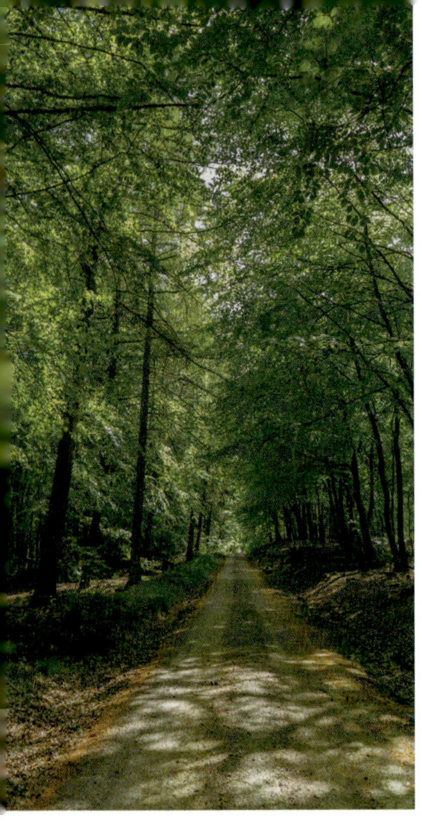

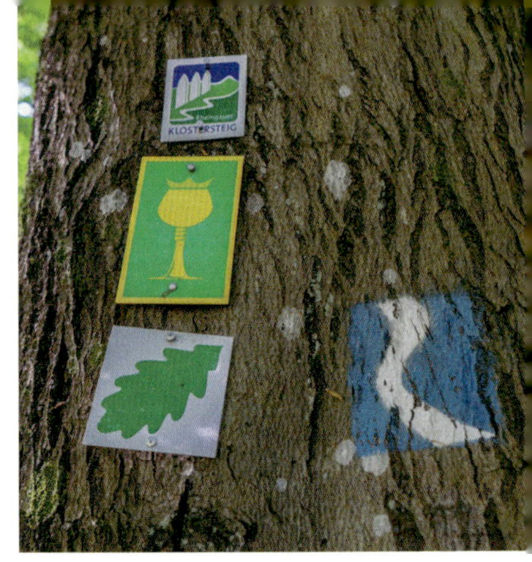

RHEINGAU-TAUNUS

Mönche und Märchen in den Rheingauer Anden

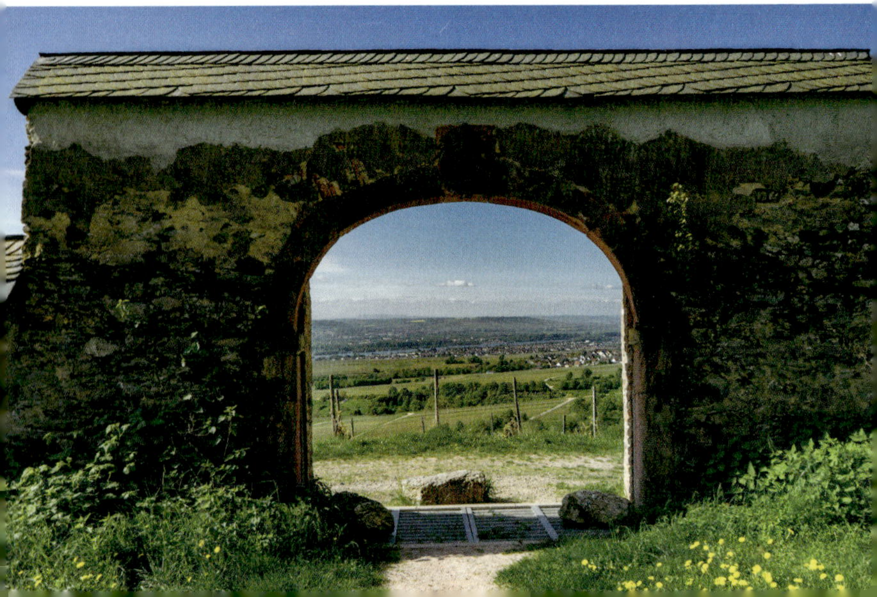

TOUR 08

05:30 h   18,5 km   schwer

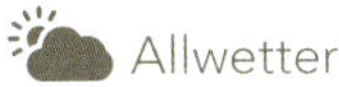

Schwere Wanderung. Sehr gute Kondition erforderlich. Gute Trittsicherheit, festes Schuhwerk

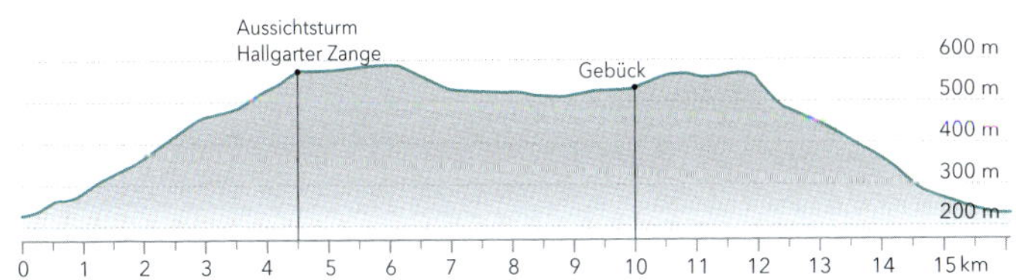

Anfahrt

Auto: Auf der A66 aus Richtung Wiesbaden und weiter auf der B42 in Richtung Rheingau. An der Abfahrt Kiedrich nach rechts auf die Eltviller Straße, durch Kiedrich hindurch und weiter zum Kloster Eberbach. **ÖPNV:** Mit der Regionalbahn 10 zum Eltviller Bahnhof, von dort aus Umstieg auf den Bus 172 in Richtung Kloster Eberbach. Wer nicht die komplette Tour laufen möchte, hat die Möglichkeit, von Hausen vor der Höhe aus mit dem Bus 173 über Schlangenbad nach Eltville zurückzufahren.

Highlights

Kloster Eberbach (www.kloster-eberbach.de), Mapper Schanze (www.naturpark-rhein-taunus.de), Gebück-Bäume, Kisselmühle (www.kisselmuhle.de).

Einkehrmöglichkeiten

Klosterschänke Eberbach und Biergarten am Kletterpark auf der Hallgarter Zange.

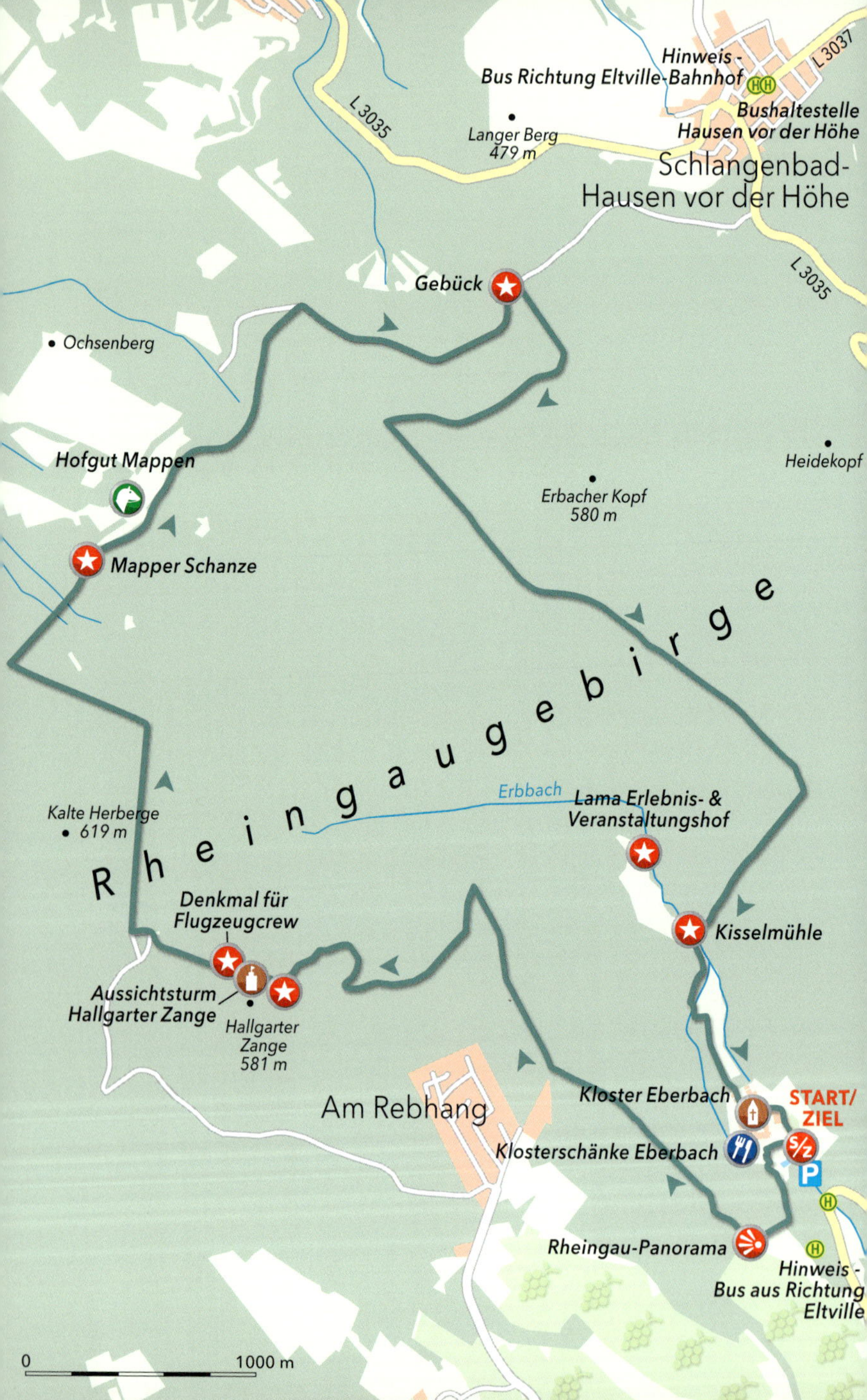
Hinweis -
Bus Richtung Eltville-Bahnhof
L 3037
Bushaltestelle
Hausen vor der Höhe
L 3035
Langer Berg
479 m
Schlangenbad-
Hausen vor der Höhe
L 3035
Gebück
Ochsenberg
Hofgut Mappen
Heidekopf
Erbacher Kopf
580 m
Mapper Schanze
Rheingaugebirge
Erbbach
Lama Erlebnis- &
Veranstaltungshof
Kalte Herberge
619 m
Kisselmühle
Denkmal für
Flugzeugcrew
Aussichtsturm
Hallgarter Zange
Hallgarter
Zange
581 m
Am Rebhang
Kloster Eberbach
START/
ZIEL
Klosterschänke Eberbach
Rheingau-Panorama
Hinweis -
Bus aus Richtung
Eltville
0
1000 m

RHEINGAU-TAUNUS

Mönche und Märchen in den Rheingauer Anden

Rund 300.000 Kulturbegeisterte, Weinfreunde und Ausflügler, die Jahr für Jahr durch die Gänge und Gewölbe von **Kloster Eberbach** wandeln, können nicht irren – die fast 900 Jahre alte Zisterze ist einer der Orte im Rheingau, die man gesehen haben muss. Und was machen wir? Wir laufen erst einmal daran vorbei. Ein touristisches Sakrileg? Nein, eher eine wanderökonomische Herangehensweise. Getreu dem Motto: Erst kommt die Arbeit, dann das Vergnügen.

Das klingt jetzt vielleicht anstrengender als es wird. Aber klar ist, die ersten Kilometer der Tour wollen erarbeitet werden. Schließlich geht es aus dem Tal des Eberbaches hinauf in den Taunus. Dazu durchqueren wir vom Hauptparkplatz des Klosters kommend den großen Garten, verlassen die Abtei durch das Pfortenhaus und bewegen uns dem Wald entgegen. Hier erwartet uns bereits ein Wegzeichen, das – obwohl noch recht jung an Jahren – in Wanderkreisen bereits Legendenstatus hat: Weißer Fluss auf blauem Grund – willkommen auf dem Rheinsteig.

Unterstützt von seinem deutlich jüngeren und merklich kürzeren „Bruder", dem Rheingauer Klostersteig, zieht uns der

KLOSTER EBERBACH: 1136 legten Mönche vom Orden der Zisterzienser im Tal des Eberbachs den Grundstein zu dem, was schon bald ein blühendes Kloster und vor allem auch florierender Wirtschaftsbetrieb werden sollte. Vor allem der Weinbau füllte die Fässer und Kassen des Klosters. 1803 dann kam – wie für so viele andere Klöster – auch für Eberbach das Aus. Die Abtei wurde in den Folgejahren mehr als einmal zweckentfremdet: War sie erst Korrekturanstalt für böse Buben, dann Asyl für psychisch Kranke, so ist sie heute – unter dem Dach einer Stiftung – vor allem Kulisse für Konzerte und Dreharbeiten.

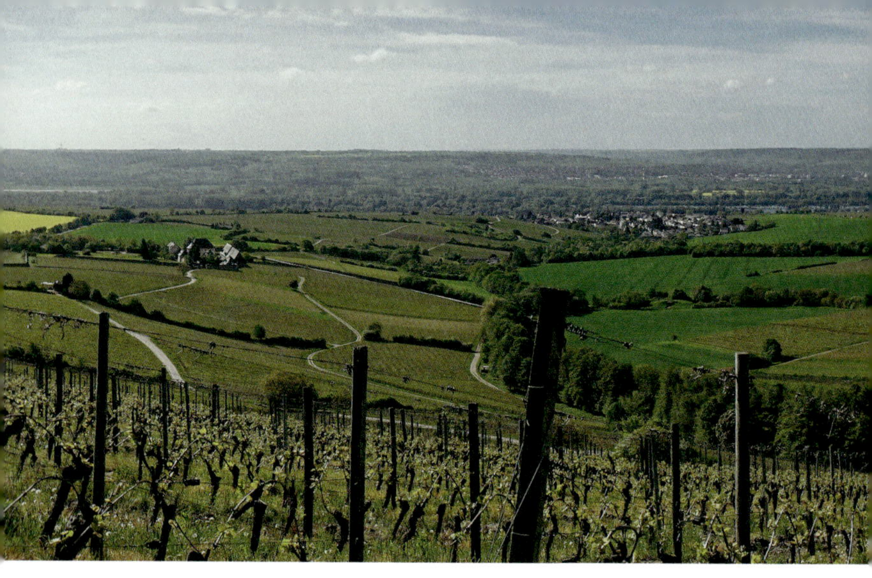

Rheinsteig mit sich und gibt einen ersten Vorgeschmack auf das, was kommt. Es wird steil. Ist der kurze Anstieg allerdings gemeistert, wird der Wanderer mit einem selten schönen Blick auf die Region belohnt. Einfach kurz den Kopf durch das Tor zum Rheingau stecken, genießen, dann auf der Ferse kehrt machen und nach links in die Büsche. Keine Sorge, der Rheinsteig weist den Weg. Stetig, aber sanft geht es durch den Wald hinauf in Richtung des Rastplatzes am Hallgartener **Unkenbaum**.

Hier heißt es, sich vom Rheinsteig zu verabschieden und noch mal durchzupusten. Denn der nächste Kilometer könnte einem kurzzeitig den Atem rauben. Nicht nur wegen der bis zu zwölfprozentigen Steigung, die gemeistert werden will, sondern auch we-

UNKENBAUM: Über Jahrhunderte hinweg stand an dieser Stelle eine alte Eiche und trotzte Wind und Wetter. 2001 machte ein Sturm ihr jedoch ein Ende. Eine Gedenktafel erinnert heute an den 2013 verstorbenen früheren hessischen Innenminister und Gründer des Naturparks Rhein-Taunus, Dr. Herbert Günther.

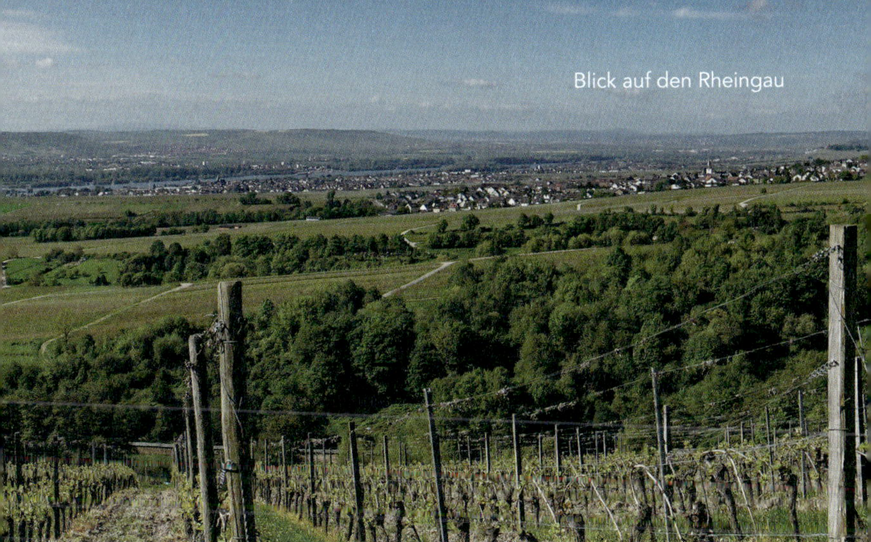
Blick auf den Rheingau

gen der enormen Schäden, die Stürme, Trockenheit und Borkenkäfer hier wie auch an vielen anderen Stellen im Taunus angerichtet haben. Wenn man Naturgewalten, Klimawandel und Schädlingen überhaupt etwas Gutes abgewinnen kann, dann vielleicht, dass sie hoch oben die eine oder andere Blickachse in Richtung des Rheintals freigeräumt haben. Aber auch darauf hätte der Wanderer durchaus verzichten können, strebt er doch ohnehin einem der schönsten Aussichtspunkte entgegen. Es geht der **Hallgarter Zange** entgegen.

Wer hier ganz nach oben und vom Turm aus die märchenhafte Aussicht genießen will, der muss nicht warten, bis Rapunzel ihr Haar aus dem obersten Stock herunterlässt. Zum einen ist da

RHEINSTEIG: 2005 in Dienst gestellt, gehört der 320 Kilometer lange Rheinsteig längst zu den beliebtesten Wanderstrecken der Republik. Zwischen Schloss Biebrich im Süden und dem Bonner Markt-platz im Norden ziehen sich die Etappen durch drei Bundesländer und eine der schönsten Kulturlandschaften Deutschlands – Rheinromantik inklusive.

HALLGARTER ZANGE: In längst vergangenen Kriegszeiten wohl ein entlegener Zufluchtsort, ist die auf 580 Metern gelegene Zange seit über 100 Jahren ein beliebter Anlaufpunkt für Ausflügler. Bereits 1884 wurde hier ein erster hölzerner Aussichtsturm errichtet. Zu Beginn des 20. Jahrhunderts wurde an seine Stelle eine Steinvariante gesetzt. Diente das Ensemble zuletzt als Freizeitareal mit Kletterwald, reifen 2022 Pläne, die Zange künftig als Sektmanufaktur und Hotel zu nutzen.

ein Lift, der den Besucher per Knopfdruck ganz bequem ans Ziel bringt. Und zum anderen sind da Griffe an der Außenseite, die es besonders sportlichen Besuchern ermöglichen, die Bruchsteinwand zu erklimmen. Natürlich nur gesichert.

Eine kurze Rast gefällig? Nach dem kräftezehrenden Aufstieg ist die durchaus verdient und auf der Zange im höchst gelegenen Biergarten des Rheingaus auch möglich. Das war es dann aber auch erst mal mit dem „Höhe machen". Es geht zwar von nun an nicht gleich bergab, aber dafür doch sehr entspannt auf dem Taunuskamm dahin. Der wurde dem renommierten Flieger Franz Kneer und dessen Crew 1935 zum Verhängnis, wie ein Gedenkstein rechts des Weges zeigt. Für den Wanderer aber ist er mehr als passabel. Und das schon lange. Als noch niemand an den Rheinsteig dachte, ging es hier schon auf dem Rheinhöhenweg und dem Europäischen Fernwanderweg E3 voran.

Die entsprechenden Zeichen sind auch für uns vorerst gute Leitmotive. Während wir auf dem nach Förster Hans Rother benannten Streckenabschnitt entlang spazieren, gilt es, die Augen offen zu halten. Denn dort, wo es die Baumreihen zur Rechten zulassen, bietet sich mitunter ein einmaliger Fernblick – bis hin zu den zumindest schemenhaft am Horizont aufragenden Frankfurter Bankentürmen.

An der nächsten großen Weggabelung ist es damit jedoch vorbei. Ein schwarzer Keiler taucht links auf einer Markierung auf. Wir jagen ihm nach und „verlieren" Schritt für Schritt an Höhe. Zwar versucht der Schwarzkittel am folgenden Abzweig, einen Haken nach

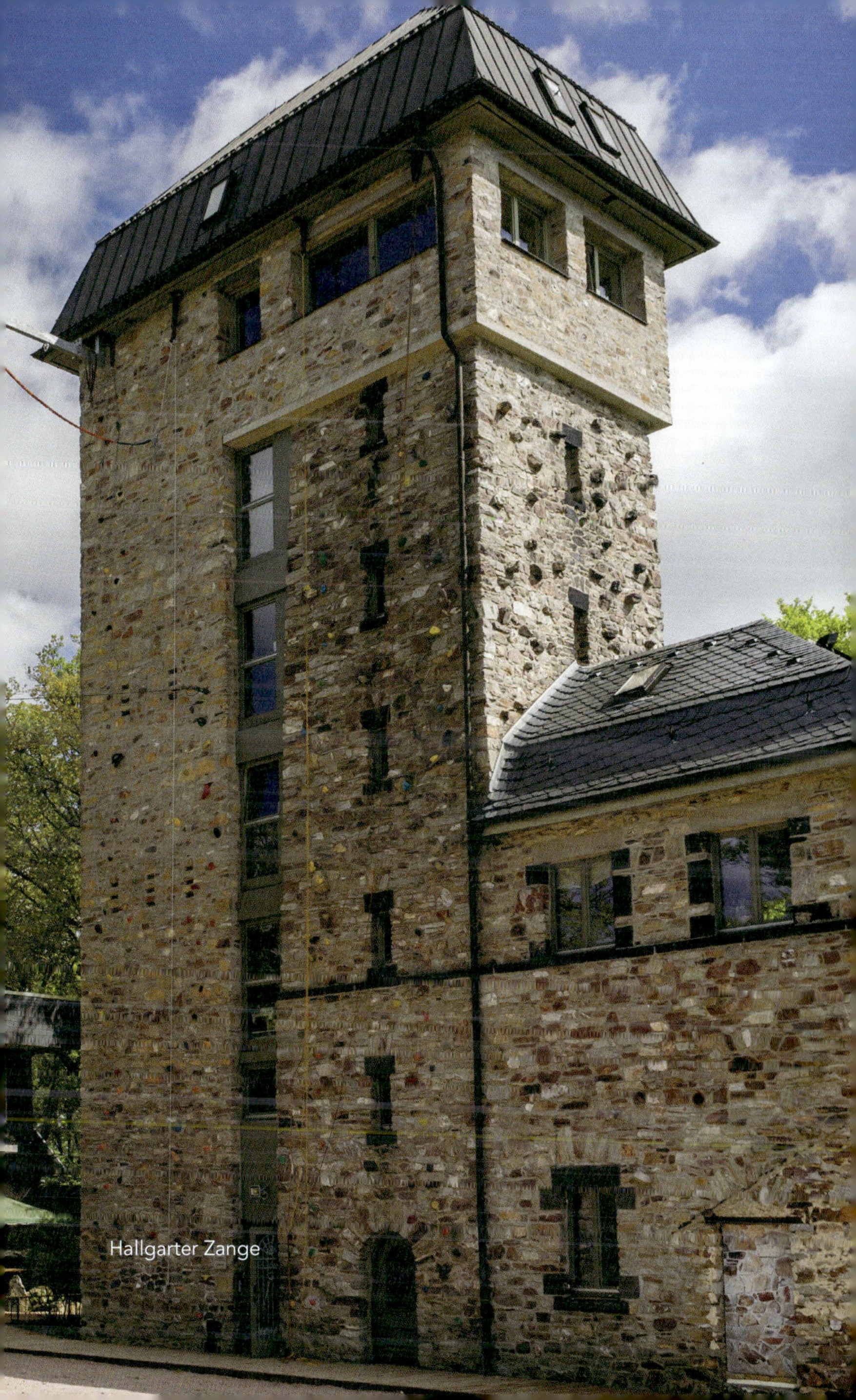

Hallgarter Zange

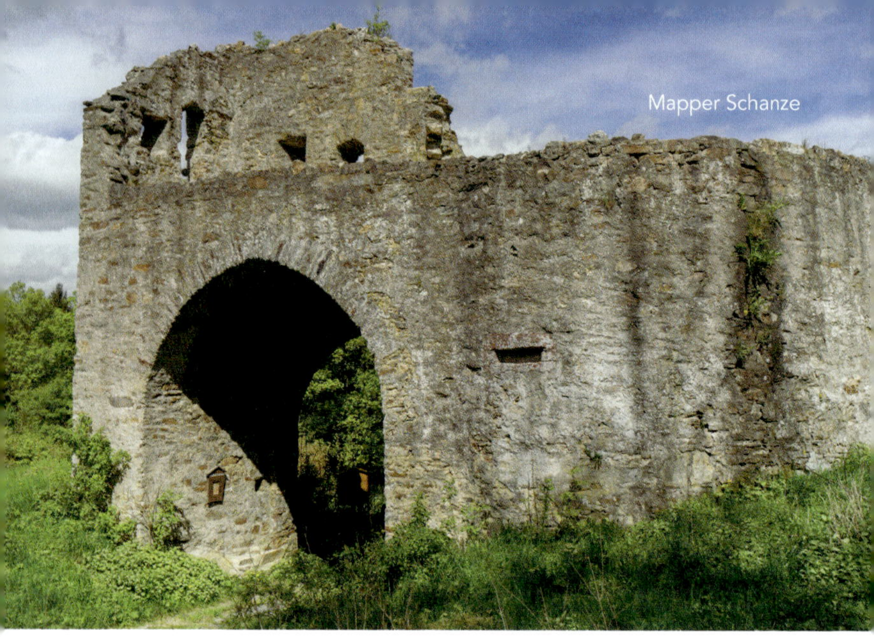
Mapper Schanze

rechts zu schlagen. Seine Spur ist allerdings so unübersehbar, dass wir ihr problemlos weiter folgen können.

Hier, tief im Wald auf der anderen Seite des Taunuskamms, scheint die Rheingauer Klosterkultur so weit weg – ist sie aber nicht. Den aus Stein geformten Beweis gibt es wenig später zur Linken: Die Mapper Schanze ist erreicht.

So verlassen und irgendwie auch sinnlos der alte Torbau heute in der Landschaft steht, so sinnvoll war die Mapper Schanze über Jahrhunderte hinweg. 1494 errichtet, bildete sie einen essenziellen Teil des sogenannten **„Gebücks“**.

In alter Zeit wurde durch dieses Tor nicht nur der kleine Grenzverkehr abgewickelt, sondern auch der benachbarte Mapper Hof angedient. Heute ein Gestüt, befand sich an gleicher Stelle früher eine ertragreiche Außenstelle vom Kloster Eberbach.

Vorbei an einer dem Heiligen Josef gewidmeten Kapelle nehmen wir wieder die Fährte des Keilers auf, was nicht allzu schwer ist, schlägt er sich doch nicht durchs Unterholz, sondern trabt geradewegs der Hinterlandswaldstraße entgegen.

DAS GEBÜCK: Im zwölften Jahrhundert hatten die Mainzer Erzbischöfe zum Schutz ihrer reichen Pfründe im Rheingau diese Landwehr zwischen Walluf und Lorch „heranwachsen" lassen. Und das „Wachsen" ist dabei ganz wörtlich zu nehmen, bedienten sich die geistigen Väter des Gebücks doch eines Tricks, der schon dem Prinzen im Märchen vom Dornröschen mächtig zu schaffen machte. Sie „bückten", verbanden und verschränkten junge Hainbuchen und andere Gewächse so eng miteinander, das sie im Laufe der Jahre zu einer undurchdringlichen Hecke von enormen Ausmaßen heranwuchsen. 600 Jahre hielt diese grüne Mauer dicht. Erst 1771 wurde sie aufgegeben. Von den früheren Toren ist nur noch die Mapper Schanze erhalten. www.naturpark-rhein-taunus.de

Ursprünglich geschaffen, um den Holztransport zu beschleunigen, ist die nur selten befahrene Asphaltpiste heute zwar nicht schön, aber praktisch, um voranzukommen. Zumindest bis zum Rastplatz Philipps Ruh.

Der Rastplatz ist einem verstorbenen Altbürgermeister des nahen Schlangenbader Ortsteils Hausen vor der Höhe gewidmet und markiert zugleich den Einstieg in das Reich der verschrobenen Riesen. So wirken zumindest die alten Buchen, die linker Hand etwa 300 Meter den Hang herunter darauf warten, entdeckt zu werden. Sie sind die letzten Überreste des alten Gebücks und einen Abstecher wert.

Zurück auf der Tour folgen wir noch ein kleines Stück der Hinterlandswaldstraße, um dann nach rechts weg einen Waldpfad hinaufzusteigen. Es geht zurück auf den Taunuskamm – in zwei Etappen, was es angenehmer macht. An der nächsten Weggabelung nach rechts lässt es sich auf dem folgenden Kilometer entspannt vorankommen und durchatmen. Und so sind wir an der folgenden Kreuzung dann auch bereit für den letzten Anstieg.

Ein rotes Rechteck des Rhein-Taunus-Klubs bietet uns hier sein Geleit an. Wir nehmen dankend an, folgen ihm nach links und etwa

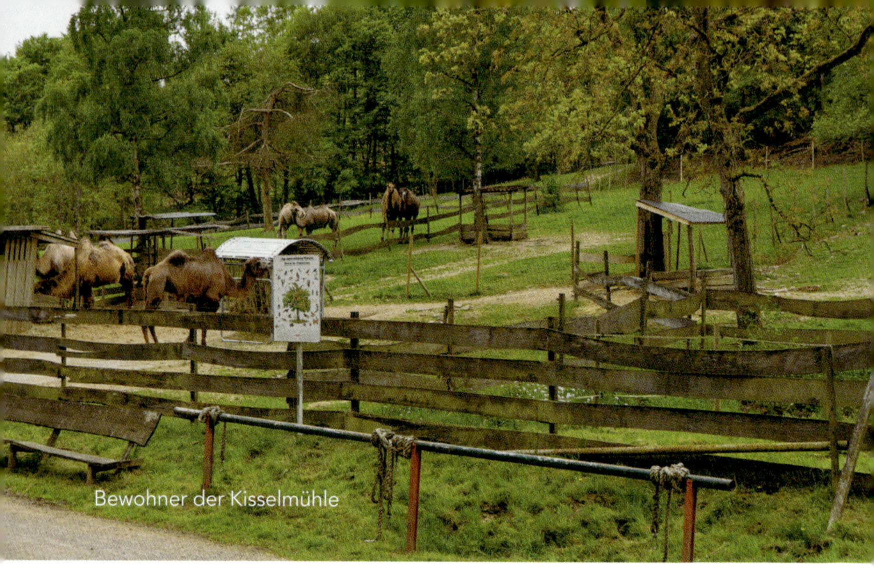
Bewohner der Kisselmühle

500 Meter nach oben. Es ist der letzte Anstieg. Ist der gemeistert und der Rheinhöhenweg überquert, geht es nur noch bergab. Das rote Rechteck führt uns nach rechts und zunächst einen schmalen Bergpfad hinunter, der mit Bedacht begangen werden will. Unten angelangt bekommt der Wanderer wohl noch für lange Zeit einen frappierenden Eindruck davon, wie viel Schaden der Wald mittlerweile genommen hat. Kurz nach der Valentin-Statzner-Hütte nach rechts und nach unten gelangen wir zur **Kisselmühle** und zugleich in eine tierisch andere Welt.

DIE KISSELMÜHLE: Im Mittelalter ein landwirtschaftlicher Betrieb des Klosters, haben die Eheleute Mensing Mitte der 1990er Jahre aus der Kisselmühle ein Paradies für Exoten gemacht. Lamas und Alpakas, Kamele, Kängurus und andere Tiere haben im Tal des Kisselbachs ein Zuhause gefunden. Wer schon immer mal mit einem Kamel oder Lama trekken wollte, muss nicht in die Wüste oder in die Anden. Ein Ausflug zur Kisselmühle genügt. www.kisselmuehle.de

DER NAME DER ROSE: 1986 tauschte Ur-James-Bond Sean Connery für die Verfilmung des Bestsellers „Der Name der Rose" den Smoking gegen die Kutte und klärte als Bruder William von Baskerville in den Mauern von Kloster Eberbach rätselhafte Todesfälle auf. Davon und von der Vorliebe Connerys für Rheingauer Riesling erzählt man sich noch heute.

Zurück aus dem Reich der Exoten geht es dem Ende der Tour und dem Belohnungsriesling entgegen. Ein Hase hoppelt als Wegzeichen voran und führt uns schnurstracks zurück zum Kloster. Hier können wir uns an der Kasse bei den Klosterbesuchern einreihen, oder uns nach „getaner Arbeit" ein Gläschen Riesling genehmigen, so wie vor über 30 Jahren **Sean Connery**. Natürlich weder geschüttelt noch gerührt. Das wäre ja sogar für 007 ein No-Go.

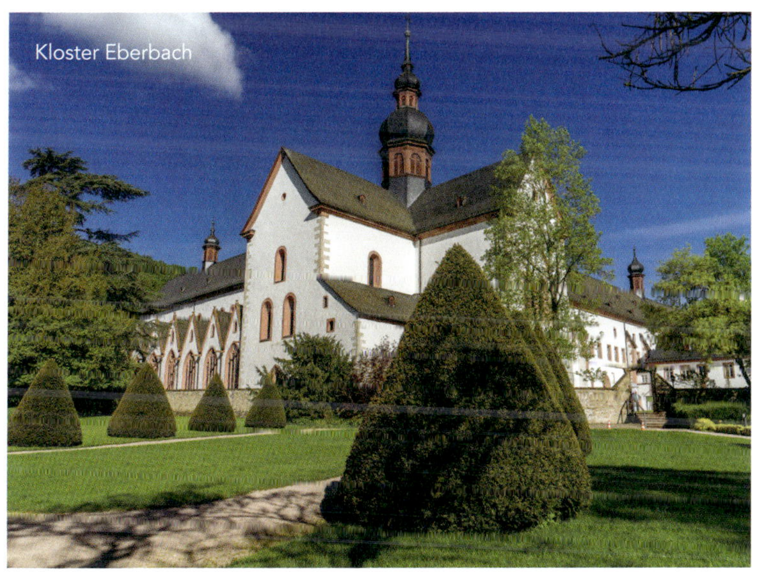
Kloster Eberbach

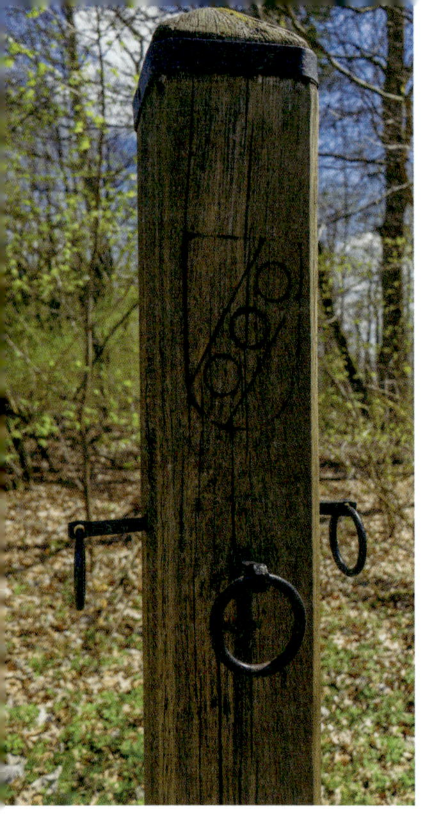

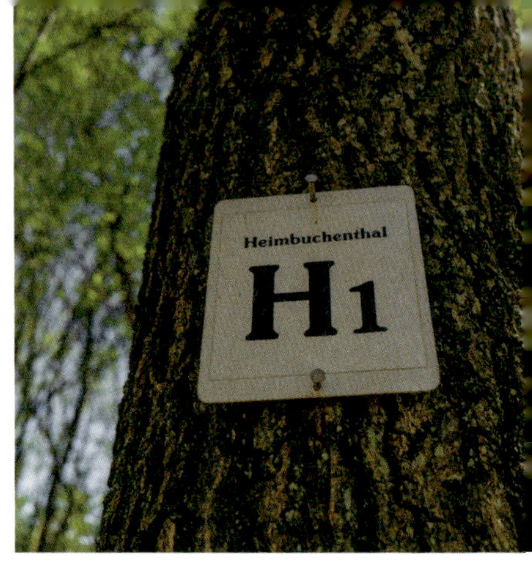

SPESSART

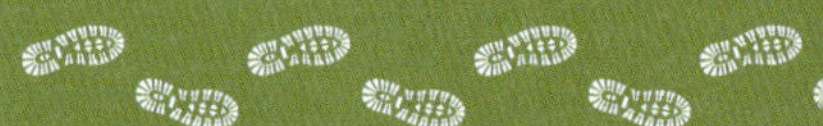

Des Wanderns reiche Beute
– Unterwegs im Räuberland

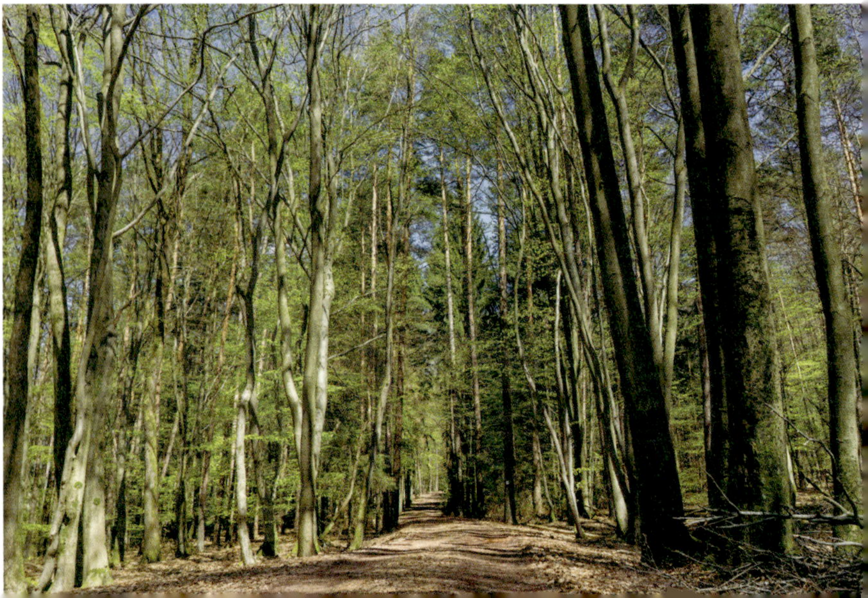

TOUR 09

02:50 h 9,8 km 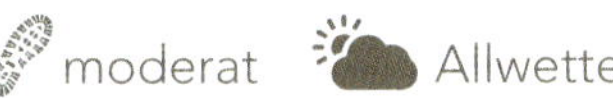

Wäre da der eine scharfe Anstieg nicht – die Tour hätte sich locker ein „leicht" verdient. So aber wird ein „moderat" daraus.

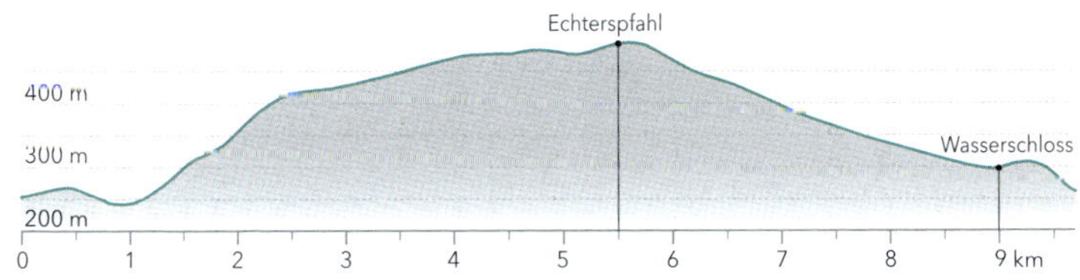

Anfahrt

Auto: Auf der A3 nach Osten, vorbei an Aschaffenburg und an der Anschlussstelle 63 Weibersbrunn abfahren. Im Anschluss der Beschilderung in Richtung Mespelbrunn folgen. Am Ortsausgang von Mespelbrunn nach rechts und am Wanderheim parken. **ÖPNV:** Mit der Bahn nach Aschaffenburg, hier in den Bus der Linie 40 einsteigen. Ausstieg am Einkaufscenter in Mespelbrunn.

Highlights

Echterspfahl, Schloss Mespelbrunn (www.schloss-mespelbrunn.de), Gruftkapelle St. Maria Schnee.

Einkehrmöglichkeiten

In Mespelbrunn wie auch in Heimbuchenthal gibt es eine Reihe gastronomischer Angebote.

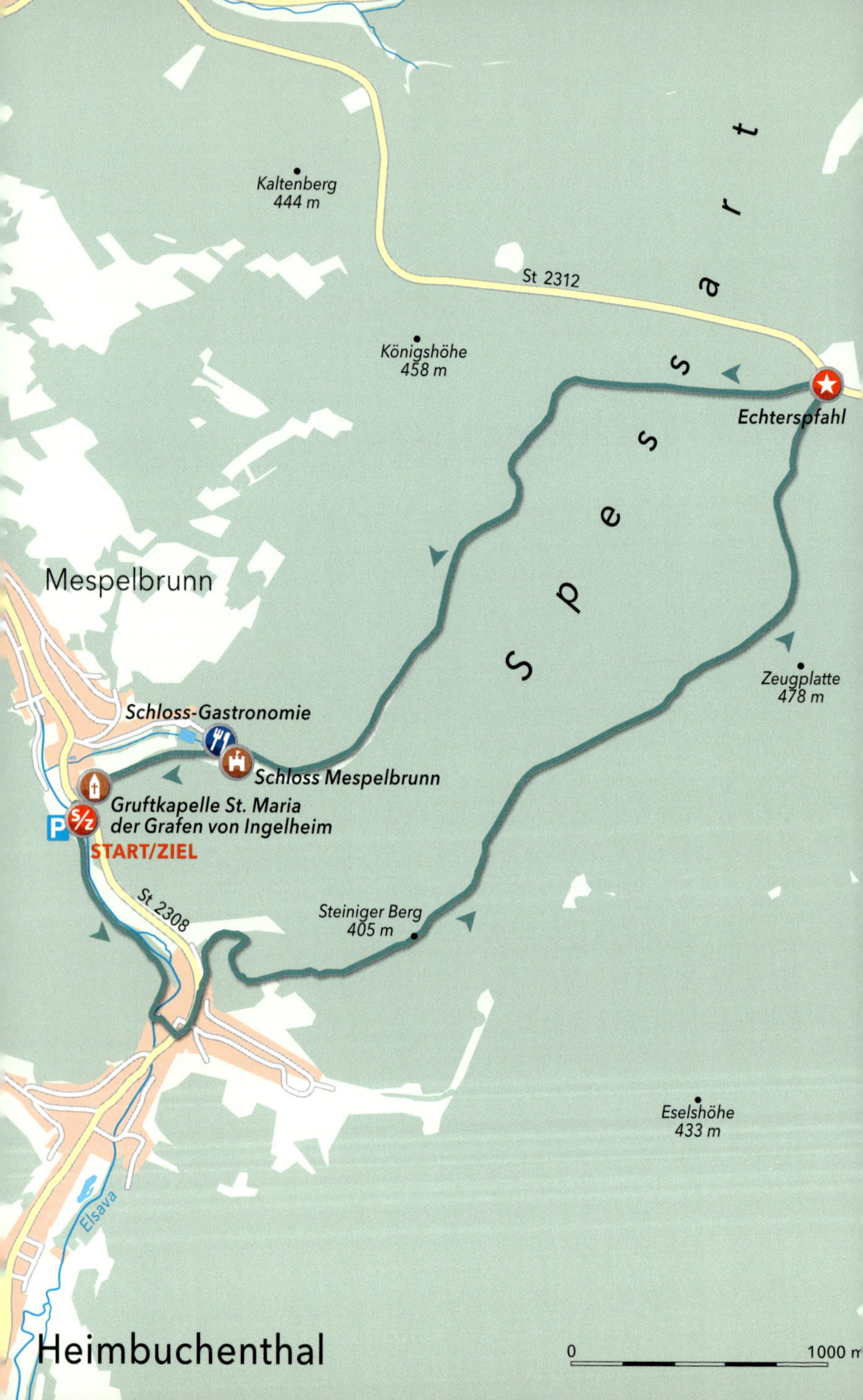
Kaltenberg
444 m
St 2312
Spessart
Königshöhe
458 m
Echterspfahl
Mespelbrunn
Zeugplatte
478 m
Schloss-Gastronomie
Schloss Mespelbrunn
Gruftkapelle St. Maria
der Grafen von Ingelheim
P
S/Z
START/ZIEL
St 2308
Steiniger Berg
405 m
Eselshöhe
433 m
Elsava
Heimbuchenthal
0
1000 m

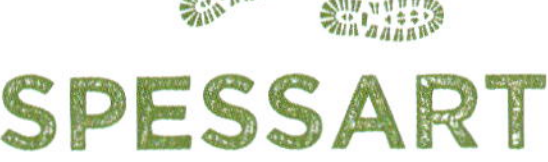

SPESSART

Des Wanderns reiche Beute – Unterwegs im Räuberland

Eine Wanderung durch den Spessart – Anfang des 19. Jahrhunderts wäre das allenfalls eine Tour für Lebensmüde und Leichtsinnige gewesen. Schließlich wusste damals doch jeder, dass dort in den Wäldern zwielichtige Gestalten und Beutelschneider lauerten. Der Spessart war Räuberland – und ist es bis heute auch geblieben. Zumindest, wenn man dem Werbeslogan des dortigen Tourismusverbandes glaubt. Allein, heute raubt eine Tour durch das mainfränkische Mittelgebirge dem Wanderer allenfalls noch den Atem – sei es ob der teils spürbaren Anstiege oder ob der Schönheit der Landschaft. Denn von beidem hat auch diese Wanderung einiges zu bieten.

Wir steigen am Parkplatz unterhalb des Mespelbrunner Wanderheims in die Tour ein, aber erst mal nicht auf. Quasi zum Einlaufen folgen wir dem Flüsschen Elsava. Und das auf einem Pfad, der mehr nach Paradies denn nach **Räuberland** klingt: Wir befinden uns auf dem „Millionenweg“. Zum Glück hat der seinen Namen nicht von der Menge an möglichen Abzweigungen. Deren Zahl ist absolut überschaubar. Außerdem sagen uns Fuchs und Hase von ihren Wegezeichen aus genau, wo es langgeht.

Am Ende bleibt es Meister Lampe überlassen, nach links vorauszuhoppeln und uns in das schmucke Örtchen **Heimbuchenthal** hineinzuführen. Auch

HEIMBUCHENTHAL: Hier die reizvolle Adventure-Golfanlage an der Elsava , da ein sich munter drehendes Mühlrad und dort eine Tourist-Info, die man nicht lange suchen muss. Addiert man dazu noch die für eine 2.300-Seelen-Gemeinde vergleichsweise große Zahl an Freizeitangeboten, mag es nicht überraschen, dass Heimbuchenthal mit rund 70.000 Übernachtungen im Jahr der touristische Hotspot im Spessart ist.

wenn wir den Ort nur am Rand streifen, beschleicht einen doch das angenehme Gefühl, dass man hier offensichtlich weiß, wie man einen guten Eindruck auf seine Besucher macht.

Auf der Hauptstraße zunächst nach links, schwenken wir kurz vor dem Friedhof nach rechts und steigen über den Gründchesweg stetig in den Spessart hinauf. Dabei weist uns das Wanderzeichen H1 den Weg.

Der Umstand, dass wir auf den kommenden 1,2 Kilometern von 250 auf 420 Höhenmeter rauf müssen, lässt erahnen, dass es ein wenig schweiß- und pulstreibend werden könnte.

Die frische Luft und das Blätterdach des Waldes sorgen aber dafür, dass wir nicht überhitzen. Wenn dann noch jeder sein eigenes Tempo geht, erreichen sicher alle das nächste Etappenziel, den Steinernen Berg auf 415 Metern Höhe. Zwar geht es auch danach noch weiter nach oben, aber doch merklich gemäßigter. Spätestens von hier an können wir die Wanderung durch den Wald und durch das Räuberland so richtig genießen.

RÄUBERLAND: Warum überhaupt Räuberland? Vermutlich gab es um 1800 im Spessart nicht mehr und nicht weniger finstere Gestalten als in anderen Gebieten. Man denke da nur an den Schinderhannes im Taunus oder an den berühmt-berüchtigten Fetzer, der bei Köln sein Unwesen trieb. Es waren wilde Zeiten, die Armut war groß und die Aussicht auf Beute verlockend. Wenn die Spessart-Räuber dennoch bis heute eine besonders zwielichtige Prominenz genießen, dann ist das doch vor allem der Erzählung vom „Wirtshaus im Spessart" zu verdanken. Wilhelm Hauff hatte die Räuberpistole 1826 zu Papier gebracht, Kurt Tucholsky sie 1927 aufgegriffen und Regisseur Kurt Hoffmann sie 1958 mit Lieselotte Pulver auf die Leinwand gebracht. Gedreht wurde damals übrigens in und um Mespelbrunn. Darauf ist man hier heute noch stolz, auch wenn es wohl besser gewesen wäre, den Film in der Folge nicht zur Schmonzetten-Reihe auszuwalzen.

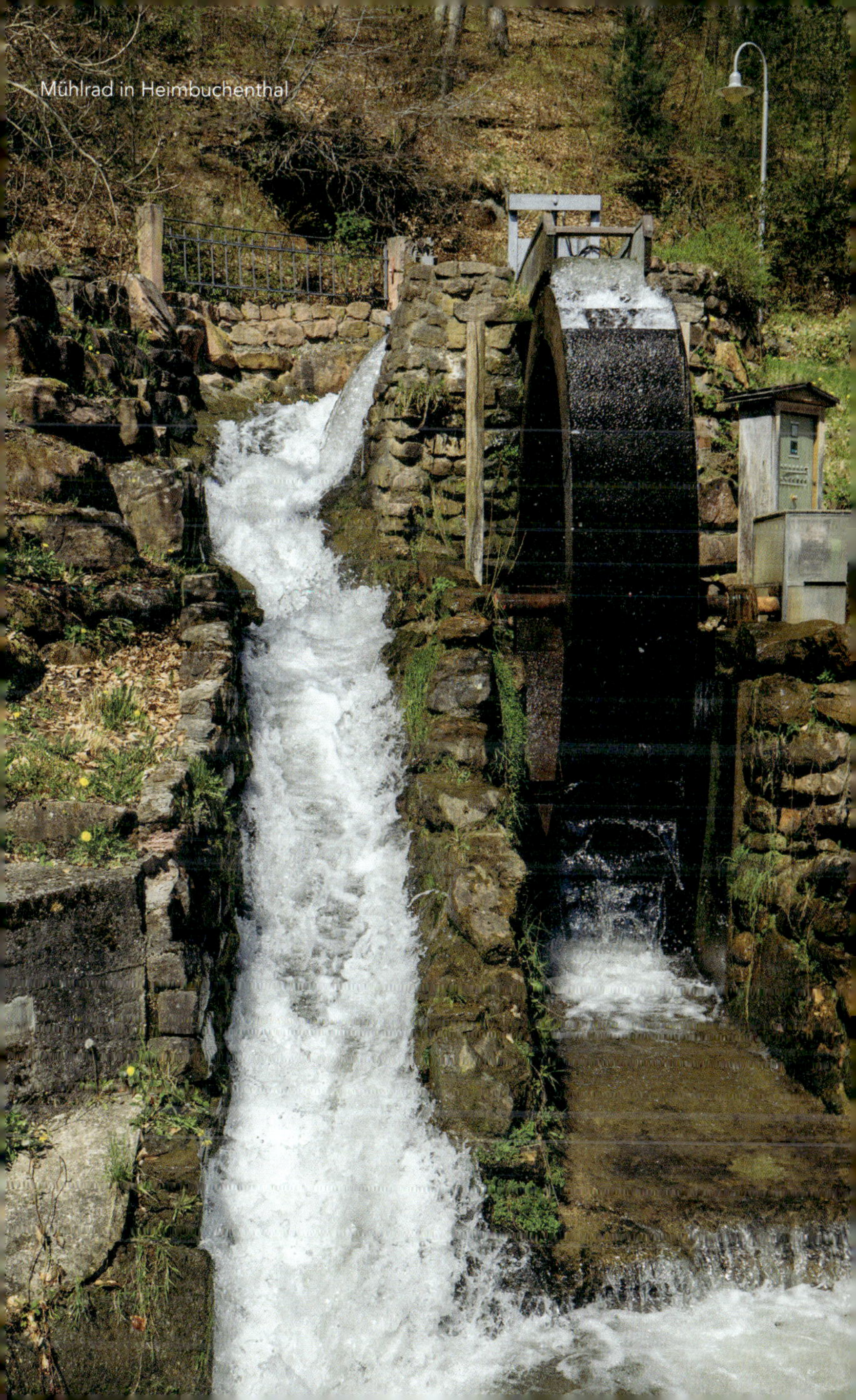
Mühlrad in Heimbuchenthal

ECHTERSPFAHL: Drei wilde Brüder aus dem Hause Echter sollen zur Zeit der Staufer den Odenwald so unsicher gemacht haben, dass Kaiser Friedrich Barbarossa nach den drei Raubrittern jagen ließ. Die suchten an unterschiedlichen Orten im Spessart Zuflucht und trafen sich von Zeit zu Zeit an jenem Pfahl, dessen Kopie heute noch an dieses Trio erinnert. An den drei Eisenringen, die heute nicht nur den Pfosten, sondern auch das Wappen des Geschlechtes der Echter zieren, sollen die Brüder ihre Pferde angebunden haben.

Vollends unbehelligt von bösen Buben erreichen wir nach rund 5,5 Kilometern die Staatsstraße 2312 und damit den Wendepunkt unserer Tour.

Obschon wir keine Pferde haben, die wir anbinden müssen, empfiehlt sich doch noch ein kurzer Blick auf den **Echterspfahl**. Denn um den ranken sich Legenden.

Danach machen wir uns auf den Rückmarsch, wenden uns nach links, folgen dem Wegzeichen M3 und treten in den gräflichen Forst derer „von Ingelheim genannt Echter von und zu Mespelbrunn“ ein. So kompliziert der Titel, so einfach sind die Einlassmodalitäten: Wir gehen zwischen zwei Torpfosten hindurch und sind drin. Ähnlich leicht fällt uns der Rest der Tour, obwohl noch über vier Kilometer vor uns liegen. Ging es auf dem Hinweg in Teilen steil bergauf, so geht es jetzt zwischen Waldrand und Wiesensaum zu Tal.

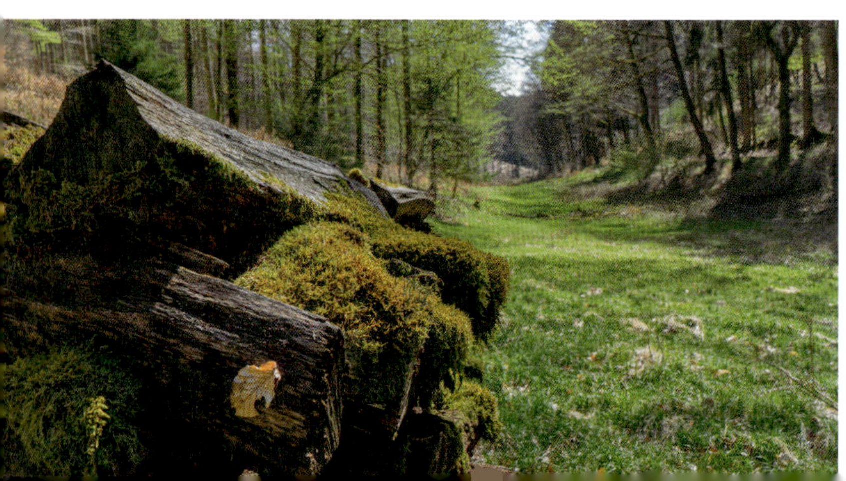

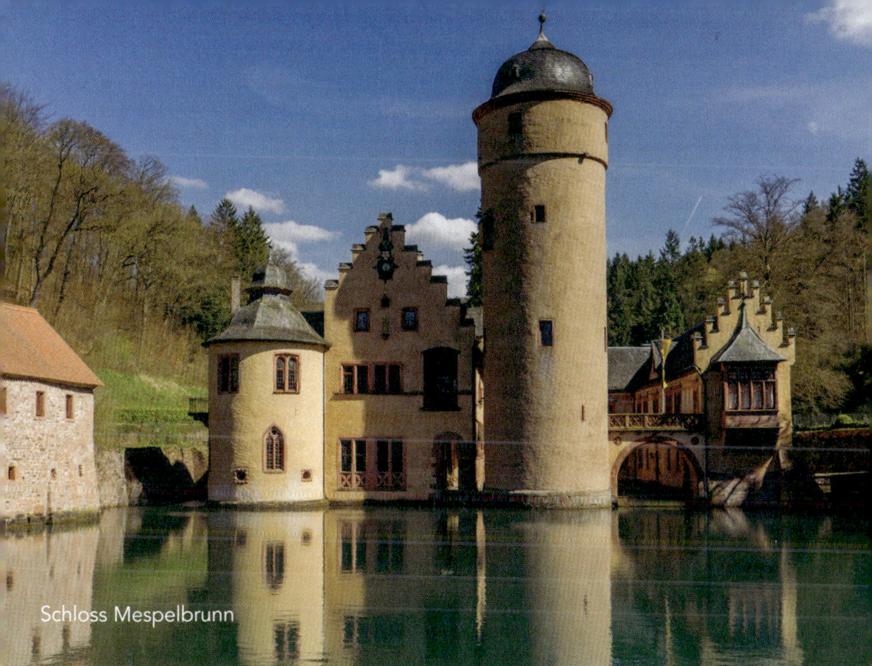
Schloss Mespelbrunn

Dort angekommen erwartet uns noch ein Postkartenmotiv erster Güte: **Schloss Mespelbrunn**. Dass sich der heimische Adel seit jeher darauf verstand, nicht nur standesgemäß zu leben, sondern auch für immer zu ruhen, erfahren wir auf den letzten Metern unserer Wanderung. Wir passieren die Basilika St. Maria Schnee, die Gruftkapelle der Grafen-Familie, bevor wir hangabwärts den Ausgangspunkt unserer Tour erreichen.

SCHLOSS MESPELBRUNN: Viel schöner geht es nicht – das dachte sich wohl auch Regisseur Kurt Hoffmann und machte das Wasserschlösschen Mespelbrunn zu einem der zentralen Drehorte für sein „Wirtshaus im Spessart". Die so romantisch gelegene Renaissance-Residenz ist bis heute aber nicht nur Sehenswürdigkeit und Ausflugsziel, sondern nach wie vor auch Stammsitz der Grafen von Ingelheim, genannt Echter von und zu Mespelbrunn.

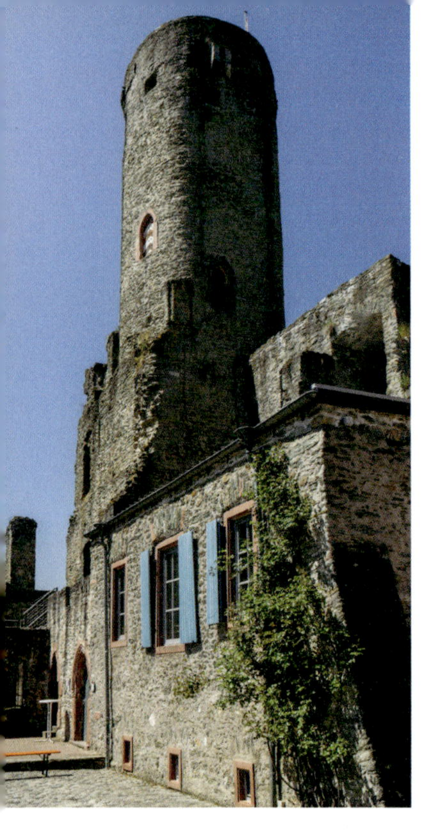

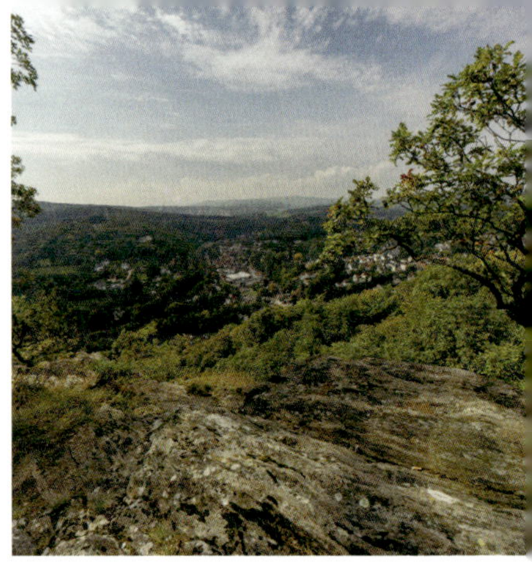

MAIN-TAUNUS

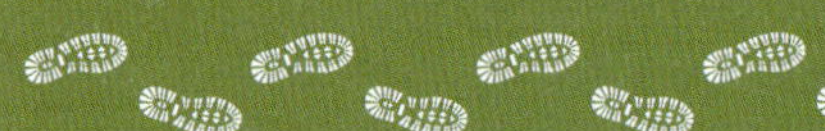

Drei junge Visionäre und ein alter Gauner – auf Spurensuche in der „Schweiz"

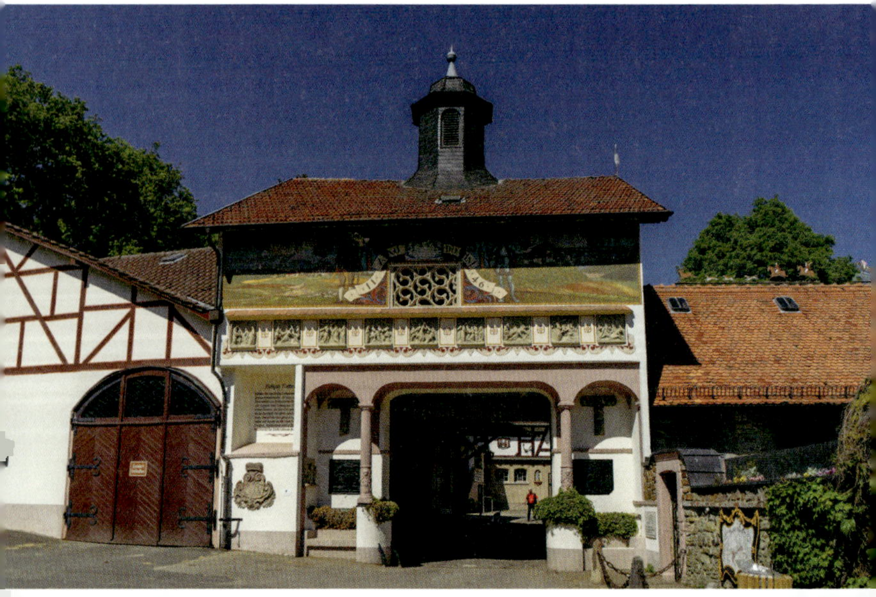

TOUR 10

05:30 h 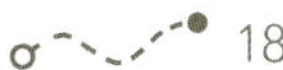 18,5 km 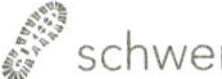 schwer 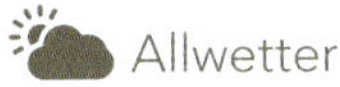 Allwetter

Schwere Wanderung. Sehr gute Kondition erforderlich. Gute Trittsicherheit, festes Schuhwerk.

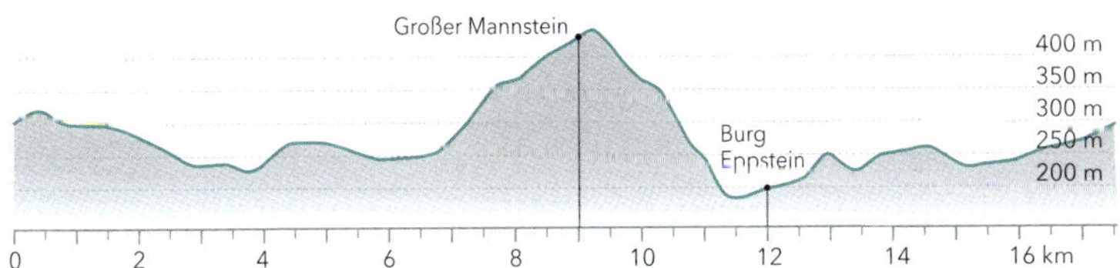

Anfahrt

Auto: Über die B8 oder B455 in Richtung Königstein, im Kreisel die Ausfahrt nach Schneidhain nehmen, den Ort auf der B455 durchfahren und wenige hundert Meter nach Verlassen des Königsteiner Stadtteils nach rechts in Richtung Rettershof abbiegen. **ÖPNV:** Mit der Regionalbahn 12 von Frankfurt nach Kelkheim Bahnhof, hier umsteigen auf den Bus 263 in Richtung Königstein, an der Haltestelle Rettershof aussteigen.

Highlights

Rettershof, Gagern-Höhle (www.buerger-fuer-hornau.de), Staufen-Schwur, Mendelssohn-Gedenkstätte, Kaisertempel, Burg Eppstein (www.burgverein-eppstein.de).

Einkehrmöglichkeiten

Mehrere Einkehrmöglichkeiten in Eppstein, Schlosshotel Rettershof (www.schlosshotel-rettershof.de), Gaststätte Fröhlicher Landmann (www.zum-froehlichen-landmann.de).

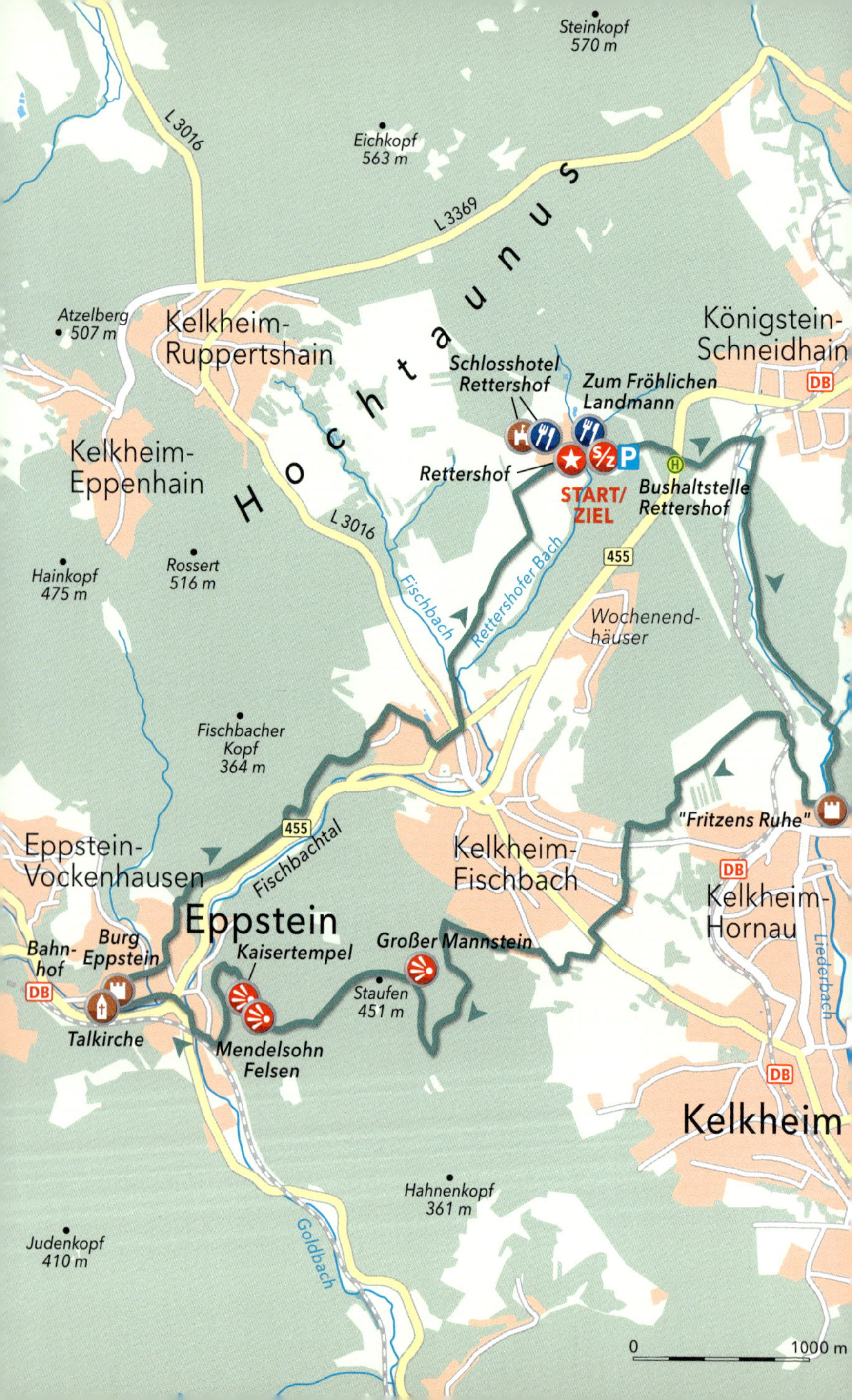

Steinkopf
570 m
Eichkopf
563 m
L 3016
L 3369
Hochtaunus
Atzelberg
507 m
Kelkheim-
Ruppertshain
Königstein-
Schneidhain
Schlosshotel
Rettershof
Zum Fröhlichen
Landmann
Kelkheim-
Eppenhain
Rettershof
START/
ZIEL
Bushaltestelle
Rettershof
L 3016
Hainkopf
475 m
Rossert
516 m
455
Fischbach
Rettershofer Bach
Wochenend-
häuser
Fischbacher
Kopf
364 m
"Fritzens Ruhe"
455
Fischbachtal
Eppstein-
Vockenhausen
Kelkheim-
Fischbach
Kelkheim-
Hornau
Eppstein
Burg
Eppstein
Bahn-
hof
Kaisertempel
Großer Mannstein
Staufen
451 m
Liederbach
Talkirche
Mendelsohn
Felsen
Kelkheim
Hahnenkopf
361 m
Judenkopf
410 m
Goldbach
0
1000 m

MAIN-TAUNUS

Drei junge Visionäre und ein alter Gauner – auf Spurensuche in der „Schweiz"

Mit dem Urlaubmachen in der Schweiz ist das so eine Sache. Man möchte ja gerne. Aber die Kosten. Vielleicht kommt da die folgende Tour wie gerufen. Denn die bietet ein schönes Stück Schweiz zu günstigen Preisen – in Euro statt in Fränkli. Zugegeben, es ist „nur" die Nassauische Schweiz, aber auch die kann sich sehen und sogar besteigen lassen.

Erst einmal müssen wir aber in aller Ruhe in die Wanderung reinkommen. Und wo ginge das besser als dort, wo die Ruhe einst Programm war – am **Rettershof**?

Wir spazieren vom großen Parkplatz aus über einen Waldlehrpfad der Bundesstraße 455 entgegen, überqueren diese und verabschieden uns vorerst ins Grüne. Dabei wie auch auf den folgenden Kilometern leistet uns das Wanderzeichen R7 vorerst wertvolle Dienste.

Nach links und am Waldrand entlang erreichen wir schon bald den Ortsrand des Königsteiner Stadtteils Schneidhain, bleiben aber außen vor. Heute gilt die volle Konzentration den Reizen in der Nachbarschaft. Deshalb geht es nach Überquerung der Bahngleise auch gleich nach rechts und schon nach wenigen Schritten wieder raus aus dem Hochtaunus- und zurück in den Main-Taunus-Kreis.

RETTERSHOF: Es waren Ordensfrauen, die vom 12. bis in das 16. Jahrhundert hier lebten. Zu sehen ist von der Prämonstratenser-Abtei aber nichts mehr. Das Kloster Retters wurde im Dreißigjährigen Krieg zerstört. Das heutige Hofgut wurde erst um 1930 errichtet und im Stile des Historismus bewusst auf alt getrimmt. Im Juli 2018 wurden Teile der Anlage durch ein Großfeuer schwer beschädigt.

Der Braubach schließt sich uns als Weggefährte an. Er führt uns durch sein idyllisches Wiesental, das ein Naturschutzgebiet ist.

Am Ausgang des Tals verabschiedet sich der Braubach schnurstracks zum Rendezvous mit dem Liederbach, den auch wir ansteuern. Zwar sieht das Wanderzeichen R7 diesen Schwenk nicht vor – es würde uns lieber auf geradem Kurs halten –, aber ohne den Schwenk verpassen wir ein lokalhistorisches Bonmot am Ufer des Liederbaches, das für die weitere Tour durchaus von Interesse ist. Gemeint ist die **Gagernhöhle** am Ortsrand von Hornau.

Vom Ufer des Liederbaches geht es dann aber schnell wieder zurück in die Spur. Dafür biegen wir am Ende der Rotebergstraße nach rechts ab, wandern ein kurzes Stück zurück in die Richtung, aus der wir kamen, und treffen an der nächsten Weggabelung wieder auf das Zeichen des Rundwegs R7. Links ab und auf asphaltiertem Weg den Hang hinauf, überqueren wir zum zweiten Mal an diesem Tag die Bahnschienen, um anschließend in einem Bogen nach links in die Straße „Am Ries" einzuschwenken.

Während sich hier das Zeichen des R7 von uns verabschiedet, stiehlt sich von hinten schon eine ganz besondere Markierung heran: Der dreiste Kerl mit dem Federhut und den beiden gekreuzten Pistolen soll niemand anderes als der Schinderhannes sein, der an der Wende zum 19. Jahrhundert auch hier im Taunus sein Unwesen trieb.

Wir genießen kurz noch den Ausblick auf Rhein-Main, der sich uns zur Linken bietet, und heften uns dann an die Fersen des Räuberhauptmanns.

GAGERNHÖHLE: Der sagenhafte Minnesänger Heinrich von Ofterdingen soll hier nach seiner Niederlage beim Sängerkrieg auf der Wartburg frustriert seine Lieder gesungen und so dem Bach seinen Namen verpasst haben. Die Info-Tafel am Höhleneingang erzählt aber etwas anderes. Demnach ist die Grotte eng mit der nach 1800 in Hornau residierenden Familie von Gagern verbunden. Friedrich von Gagern, einer der Söhne, ließ sie wohl anlegen. Weshalb sie heute auch „Fritzen's Ruh" genannt wird.

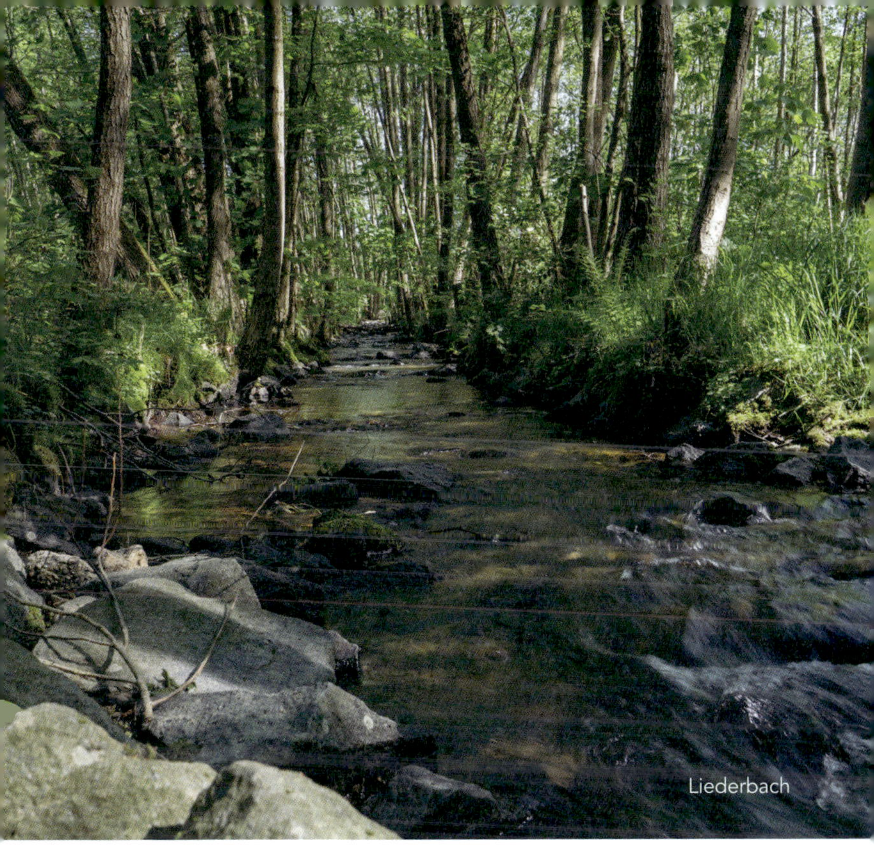

Liederbach

Auf der doch sehr gemächlichen „Jagd“ nach ihm passieren wir das Hornauer Sportzentrum, biegen nach links ab und schlagen uns dann in die Büsche. Es geht nach rechts und auf einem Forstwirtschaftsweg voran.

Raus aus dem Wald und einen Wiesenpfad hinunter erreichen wir den Kelkheimer Stadtteil Fischbach, kreuzen die Sodener Straße und wandern auf der anderen Seite schnurstracks weiter über Trampelpfade. Wichtig ist, dass wir unseren Abgang nicht verpassen: Nach etwa 200 Metern zieht es uns nach rechts, durch eine Bresche im Buschwerk und in die Spessartstraße. Sie bringt uns – vorbei an aparten Eigenheimen mit akkuraten Heckenschnitten – wieder auf die Spur des Schinderhannes.

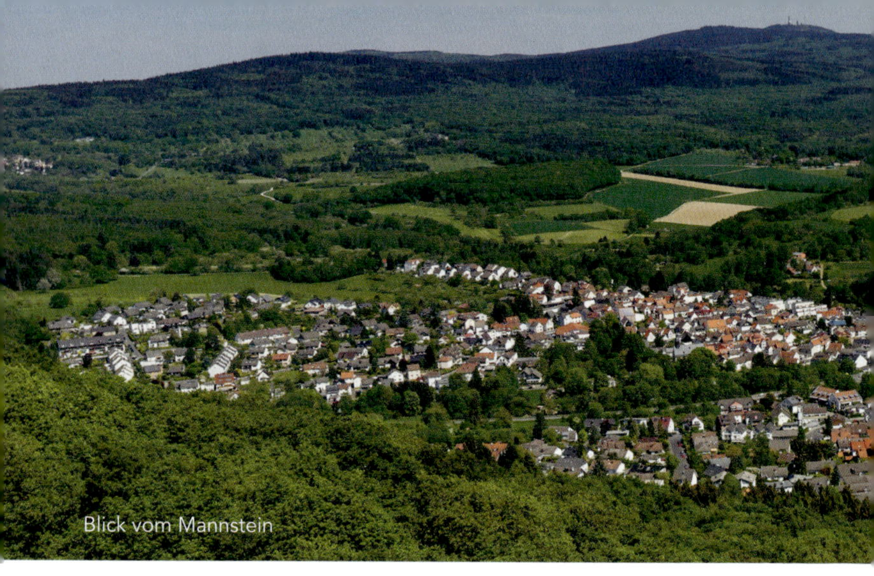
Blick vom Mannstein

Doch Vorsicht, jetzt nur nichts überstürzen. Der Kerl hat sich über die Fischbacher Straße davongestohlen, und die ist viel befahren. Also geht es am Straßenrand erst einmal ein kleines Stück nach links und dann mit Bedacht auf die andere Seite. Doch auch hier entkommt uns der alte Räuber wieder. Gerade noch glaubten wir, ihn zu haben, da schlägt er an der nächsten Gabelung einen Haken nach links. Doch lassen wir ihn laufen. Wir müssen nach rechts.

Der 451 Meter hohe Gipfel des Staufen will „bezwungen" werden. Gleich werden wir also erfahren, was es heißt, in der Nassauischen Schweiz unterwegs zu sein. Eines allerdings können wir schon sagen, während wir nach links die Straße „Am Mannstein" hinaufgehen: Wer sich hier ein Häuschen hinstellen kann, der sollte sich auch einen Urlaub in der echten Schweiz leisten können. Außerdem hat er vor der eigenen Haustür den Taunuswald.

Für uns ist das Erreichen des Waldrands und der folgende Schwenk nach rechts eine gute Gelegenheit, den womöglich etwas hochschlagenden Puls noch einmal ein wenig zu bremsen. Zumindest kurz. Denn auf uns wartet der Staufenhangweg, und der schafft es auf gerade mal 200 Metern auf Steigungswerte von bis

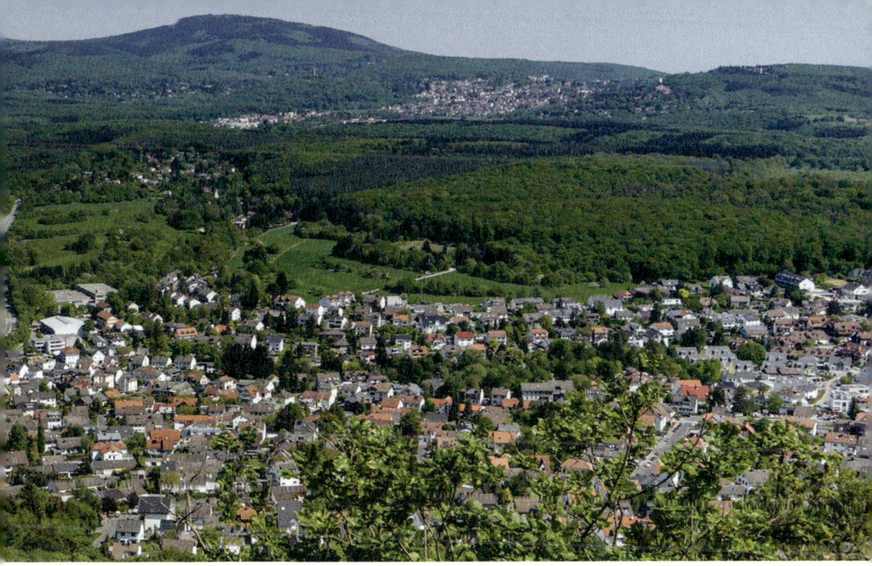

zu 15 Prozent. Ein steiles, aber machbares Stück. Das verheißen auch zwei echte Klassiker unter den Wanderzeichen, die uns vorerst begleiten. Da ist zum einen das blaue Andreaskreuz des Europa-Fernwanderwegs 3, der Atlantik und Böhmerwald verbindet, zum anderen zeigt das schwarze T den Taunushöhenweg auf.

Haben wir den ersten Anstieg bewältigt, biegen wir nach links auf den Chaiseweg ein und können Waden und Lungenflügel etwas lockern. Wer ein Päuschen braucht, kann es an der Henrici Ruh einlegen und gleich noch die Aussicht auf Fischbach und den Hochtaunus genießen. An der nächsten Weggabelung sind es abermals Andreaskreuz und T, die uns die Richtung weisen. Die Vorgabe ist klar: Wir nehmen den rechten Abzweig und wandern bergauf. Und das ändert sich auch noch nicht an der folgenden Kreuzung.

Das alles liest sich vermutlich anstrengender als es ist. Wer ein wenig an Wander-Fitness mitbringt, sollte den Anstieg zum Staufen problemlos schaffen. Und eine Belohnung gibt es noch oben drauf: Ist erst die Schillereiche erreicht, wartet mit dem Aussichtspunkt am Großen Mannstein eines der schönsten Panoramen in Rhein-Main auf uns. Wen mag es da verwundern, dass die Brüder Gagern hier ins Schwärmen und Schwören gerieten?

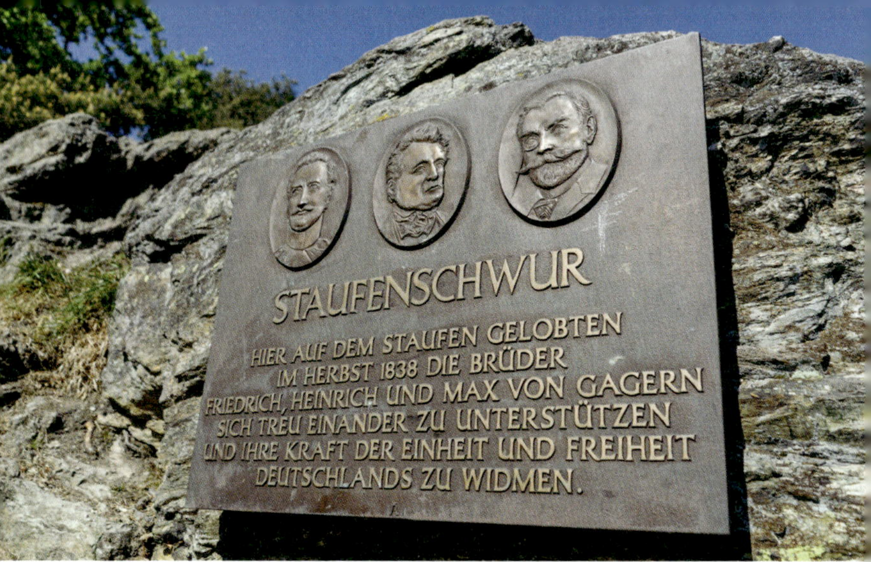

Ob man nach diesem Höhepunkt von nationaler Tragweite noch zwingend den eigentlichen Gipfel des Staufen erklimmen muss? Vermutlich nicht. Zumal es im dichten Wald, der übrigens der Stadt Frankfurt gehört, eigentlich nichts zu sehen gibt. Da wir schon mal da sind, nehmen wir die Höhenmeter auch noch mit. Danach aber hält uns nichts mehr davon ab, abzusteigen.

Wir wandern den Alfred-Herrmann-Steig hinab. An dessen Ende schwenken wir nach rechts und setzen unseren Abwärtstrend fort.

DER STAUFENSCHWUR: Die Freiherren Friedrich, Heinrich und Maximilian von Gagern hatten sich hier 1838 geschworen, alles daran zu setzen, der deutschen Kleinstaaterei ein Ende zu machen. Und die Revolution von 1848 schien diese Vision Wirklichkeit werden zu lassen. Maximilian und Heinrich zogen in die Paulskirche ein, Heinrich wurde sogar Präsident der Nationalversammlung. Allein, im Mai 1849 legte er bereits seine Ämter desillusioniert nieder. Sein Bruder Friedrich erlebte das schon nicht mehr. Er war 1848 während des Hecker-Aufstands auf ungeklärte Weise erschossen worden.

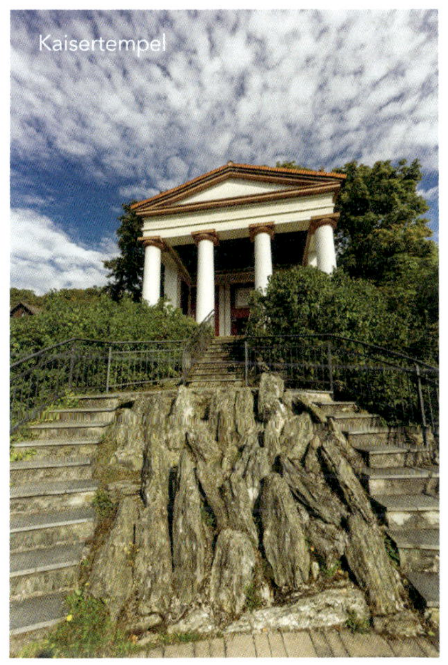

KAISERTEMPEL: Es ist heute nur noch schwer vorstellbar, aber nach dem Sieg über Frankreich und der deutschen Reichsgründung 1871 hatten viele Bürger das dringende Bedürfnis, „ihrem" Kaiser Wilhelm I. ein Denkmal zu setzen. In Eppstein drückte sich das 1894 im Bau des Kaisertempels aus. Zwar sind der Kaiser, sein Kurzzeit-Nachfolger Friedrich III. wie auch die Herren Bismarck und von Moltke, die hier verewigt sind, längst Geschichte, das beeindruckende Panorama aber ist geblieben.

„Perspektivisch" allerdings geht es weiter bergauf. Dafür sorgt zunächst einmal der Mendelssohn-Blick. Es ist eine faszinierende Komposition aus urigem Wald, steinalten Schieferplatten und freiem Blick, die die Eppsteiner dem großen Felix Mendelssohn-Bartholdy gewidmet haben, um an dessen Aufenthalte in der Stadt in der ersten Hälfte des 19. Jahrhunderts zu erinnern.

War das schon eine atemberaubende Ouvertüre, so hebt sich nur wenige hundert Meter weiter links der Vorhang für das majestatische Hauptwerk: der **Kaisertempel** ist erreicht.

Von hoch droben sehen wir auch schon, wo es für uns als nächstes hingeht, und wir erahnen, was das heißt: Es geht weiter den schroffen Schieferrucken des Staufen hinunter. Dazu gehen wir noch ein kleines Stück die Straße hinunter und biegen dann nach links in einen Bergpfad ein.

BURG EPPSTEIN: Der mächtige Fels mitten im Talkessel ist seit jeher ein perfekter Ort, wenn man alles im Blick behalten will. Erste Hinweise auf eine Befestigung des Burgbergs gibt es bereits aus dem 10. Jahrhundert. Das allerdings, was noch von der Festung zu sehen ist, stammt aus dem 14. und 15. Jahrhundert. Heute ist die Burg eine beliebte Kulisse für Kultur- und Mittelalterveranstaltungen.

Am Fuße des Berges und damit in Eppstein angekommen, spazieren wir dem Ufer des Schwarzbachs entgegen, biegen nach rechts in den schmalen Münstererweg ein und folgen ihm bis zur Bundesstraße 455, die den Ort als Fischbacher Straße durchquert. Haben wir die erst hinter uns gelassen, nehmen wir über die Burgstraße Kurs auf die Altstadt. Fachwerk-Idylle, Einkehrmöglichkeiten, die alte Thalkirche – das alles kann sich sehen und genießen lassen. Ganz zu schweigen von der stolzen **Burg**, die hoch über der Stadt thront und deren Besuch ein Muss ist.

Kein Muss ist es, per pedes den Rückweg anzutreten. Wer mag, kann mit dem Bus von Eppstein aus zum Rettershof zurückkehren. Für alle anderen steht noch eine letzte Bergetappe an. Dieses Mal geht es allerdings auf der anderen Seite des Talkessels nach oben

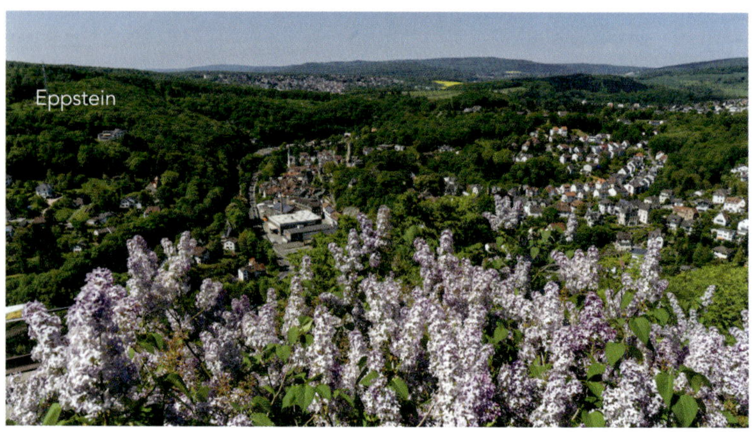
Eppstein

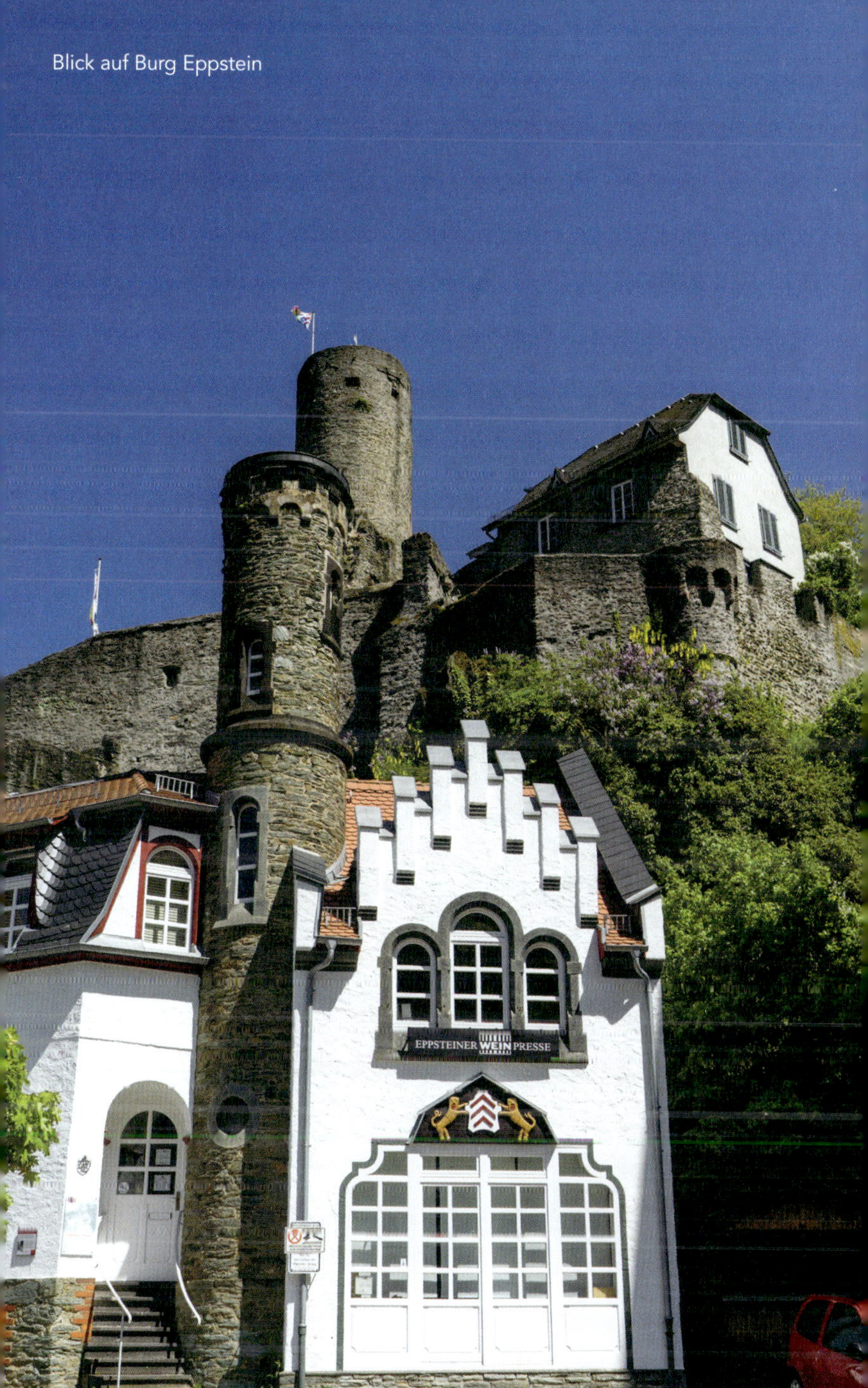

Blick auf Burg Eppstein

und auch nicht ganz so hoch hinaus. Zu spüren bekommen wir den Aufstieg natürlich trotzdem. Vorbei an schicken Gründerzeit-Villen geht es über Rossert- und Mendelssohn-Straße zurück in Richtung des Waldes. Ist der erreicht, können wir erst einmal durchschnaufen und dann deutlich entspannter „Kilometer machen".

Parallel zur Bundesstraße und doch weit genug davon entfernt kommen wir gut voran und erreichen die Ausläufer des unter Naturschutz stehenden Krebsbachtals. Über die Behringstraße laufen wir abermals in Fischbach ein – allerdings nur, um über die Eppsteiner Straße auch gleich wieder herauszulaufen. Dazu überqueren wir noch die Ruppertshainer Straße und schwenken dann nach links in Richtung des Friedhofs ein. Dass unser Ziel nicht mehr so weit weg sein kann, signalisieren die Wanderzeichen.

War es am Start der R7, der uns vom Rettershof weggeführt hat, so will uns der R2 jetzt zurückbringen. Eine Aufgabe, die er mit Bravour erledigt. Immerhin führt er uns auf relativ direktem wie schönem Wege durch die Felder und gewährt uns noch dazu einen Blick auf den 516 Meter hohen Rossert zur Linken. Aber was ist das – ein Schlösschen im Tudor-Stil? Keine Sorge, bis nach England kön-

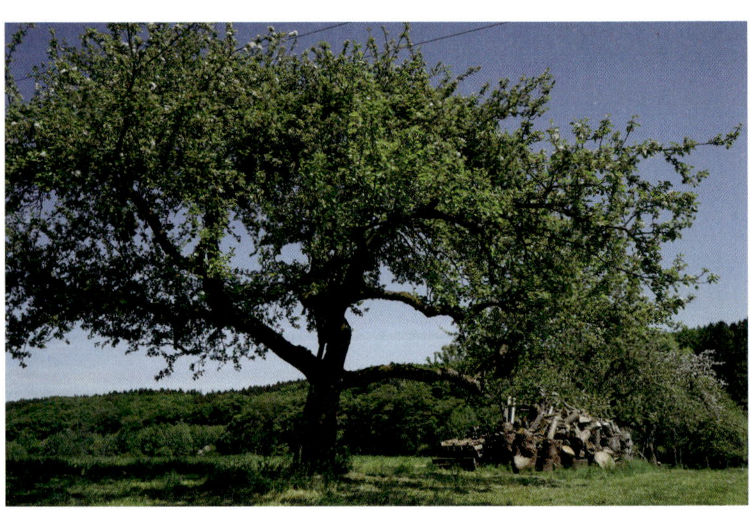

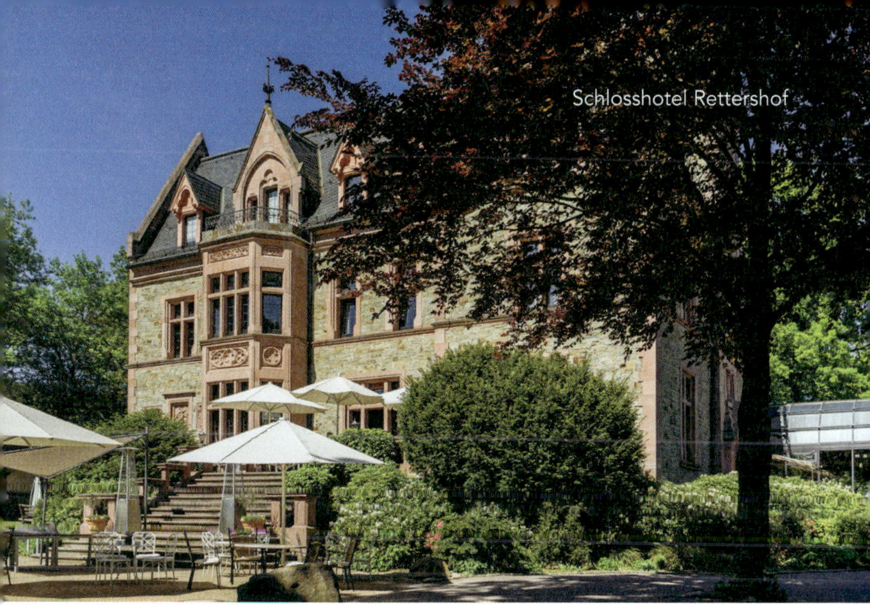
Schlosshotel Rettershof

nen wir von hier aus nicht schauen. Unsere Augen trügen aber dennoch nicht.

Für uns stellt sich da eigentlich nur noch eine Frage: Lassen wir unseren Ausflug in die „Schweiz" jetzt very british im Schlosshotel bei einer Tasse Tee ausklingen oder doch lieber very hessisch bei einem Glas Apfelwein gleich nebenan im „Fröhlichen Landmann"?

SCHLOSS RETTERSHOF: Ein Adeliger mit deutschen und englischen Wurzeln war es, der 1885 das Tudor-Schlössen oberhalb des Rettershofs für seine Tochter und deren Gatten erbauen ließ. Große Freude hatte die Tochter allerdings nicht daran. 1903 musste es verkauft werden. In den folgenden Jahrzehnten kamen und gingen die illustren Besitzer. Sogar die Hare Krishna-Bewegung war hier zeitweise untergebracht. Heute ist das Schloss im Besitz der Stadt Kelkheim und ein Hotelbetrieb.

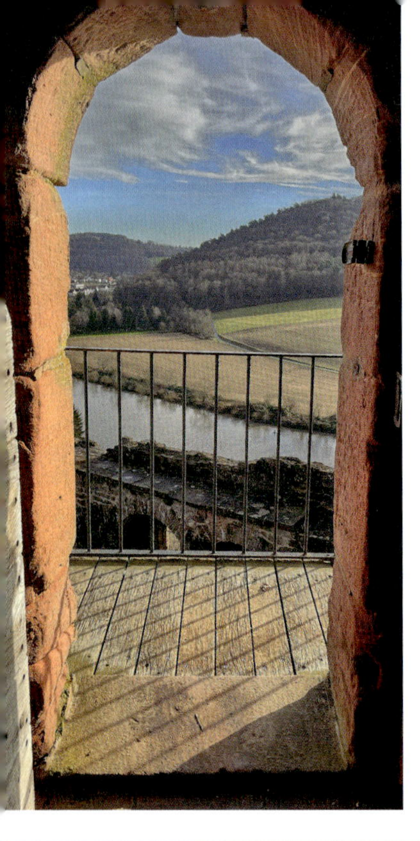

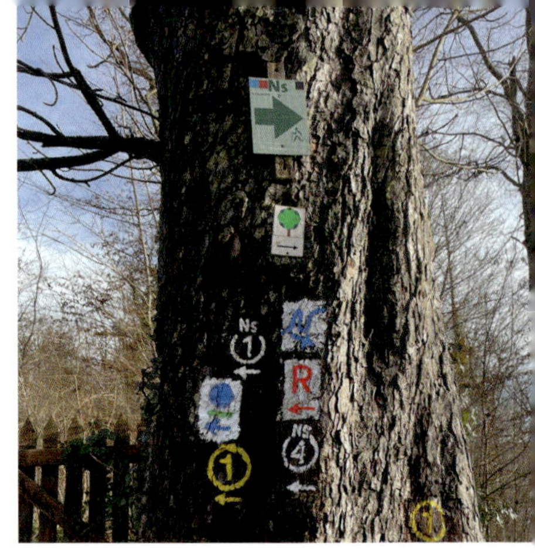

BERGSTRASSE

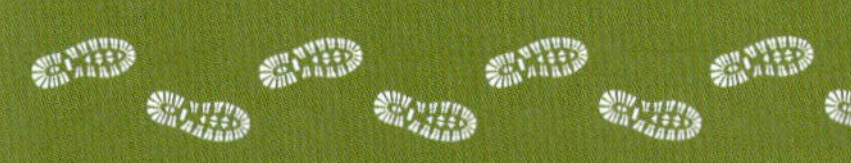

Bald lauf ich
am Neckar

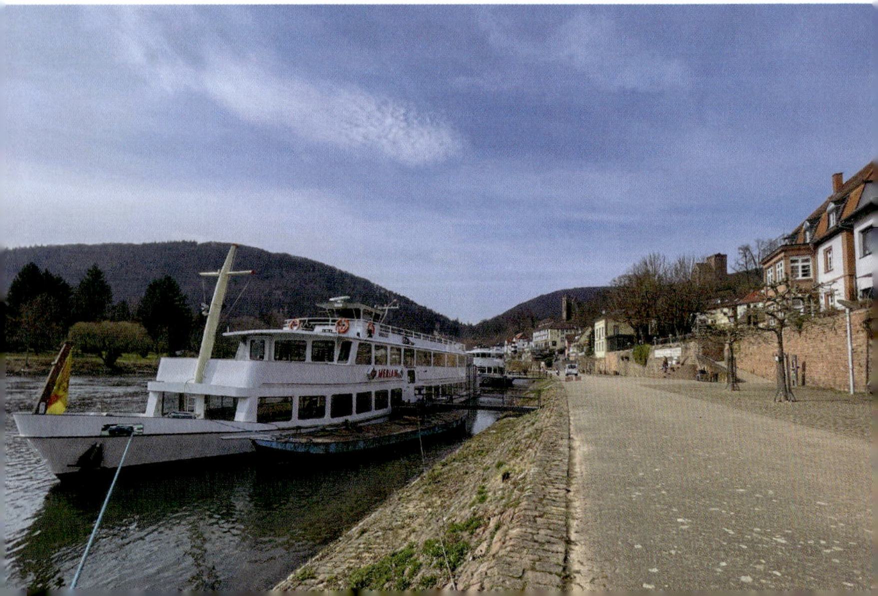

TOUR 11

04:30 h 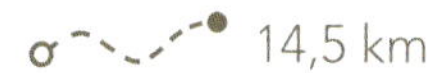 14,5 km 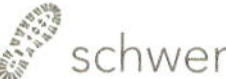 schwer 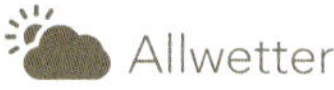 Allwetter

Noch moderat oder doch schon schwer? Die Länge der Tour und die teils doch intensiven Anstiege sprechen für Letzteres.

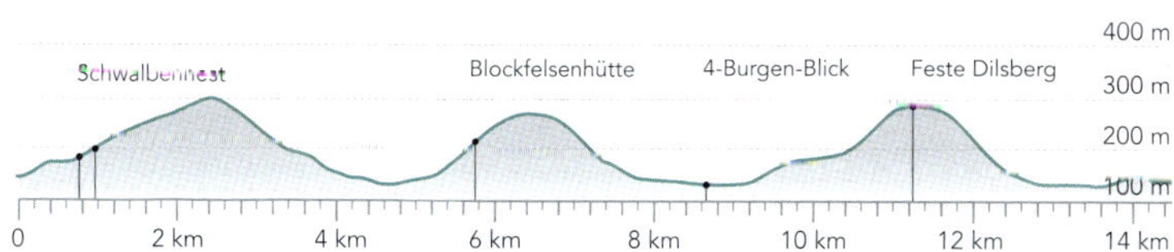

Anfahrt

Auto: Über die A5 nach Süden, dann auf der A656/B35 durch Heidelberg hindurch. Von Neckargemünd aus geht es über die Friedensbrücke ans andere Neckarufer. Dort angekommen ist es die B45, die nach rechts und bis nach Neckarsteinach führt. Der Wanderparkplatz „Unter den vier Burgen" liegt links der Straße noch vor dem Ortseingang. **ÖPNV:** Mit der Bahn vom Frankfurter Hauptbahnhof zum Pendant in Mannheim. Dort Umstieg auf die Linien 1 oder 2 der S-Bahn RheinNeckar nach Neckarsteinach.

Highlights

Neben den Burgen in Neckarsteinach (www.neckarsteinach.com) und Dilsberg (www.burgfeste-dilsberg.de) gehören dazu natürlich die Aussichten auf das Neckartal.

Einkehrmöglichkeiten

Ob Neckarsteinach, Neckargemünd oder Dilsberg – in allen Orten, die auf dieser Runde angelaufen werden, sollten sich ausreichend Gelegenheiten zur Einkehr finden.

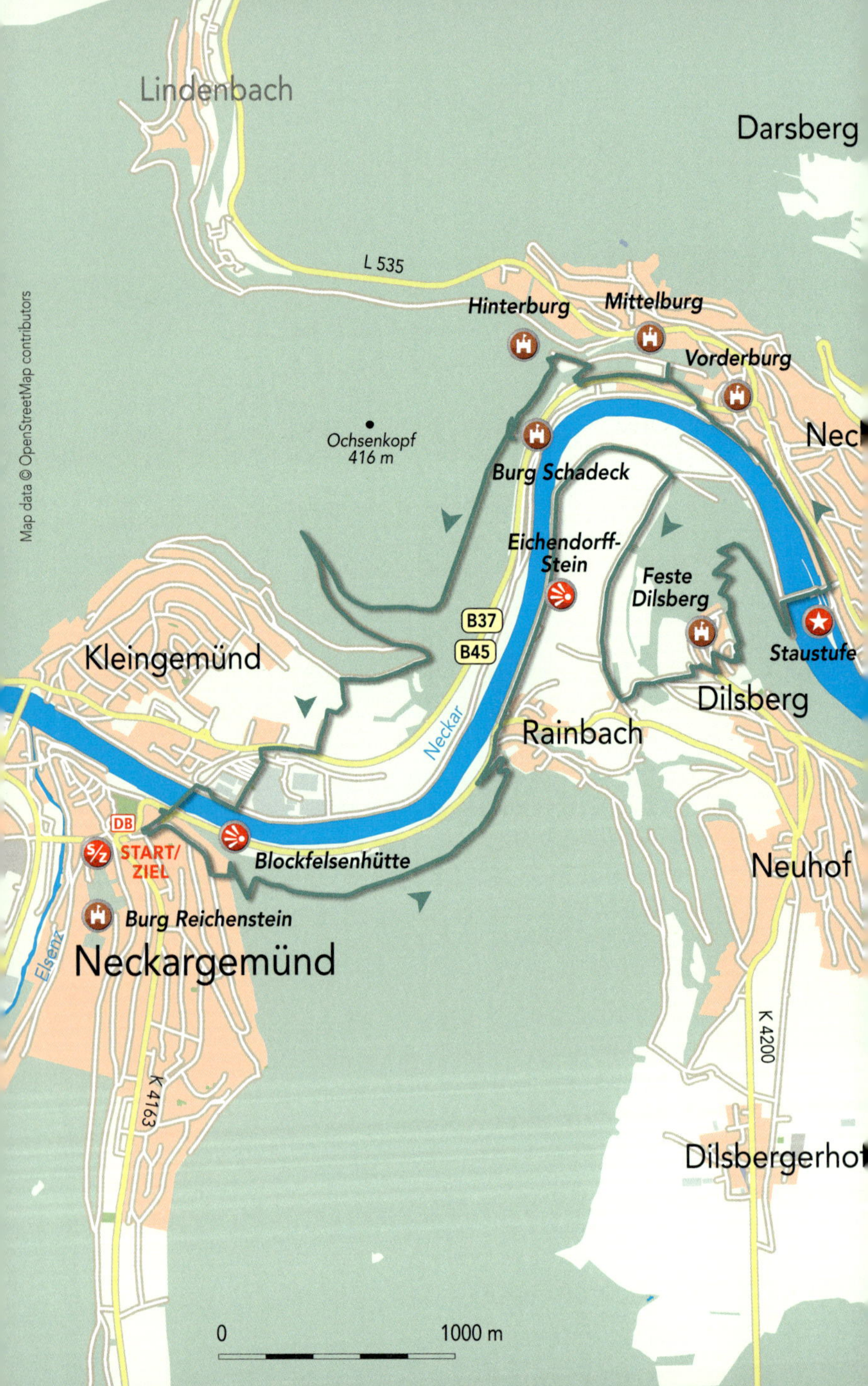

Lindenbach
Darsberg
L 535
Hinterburg
Mittelburg
Vorderburg
Nec
Ochsenkopf
416 m
Burg Schadeck
Eichendorff-
Stein
Feste
Dilsberg
B37
B45
Staustufe
Kleingemünd
Dilsberg
Neckar
Rainbach
DB
START/
ZIEL
Blockfelsenhütte
Neuhof
Burg Reichenstein
Neckargemünd
Elsenz
K 4200
K 4163
Dilsbergerhof
0
1000 m
Map data © OpenStreetMap contributors

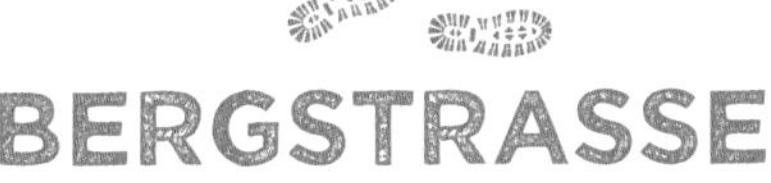

BERGSTRASSE

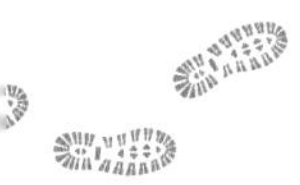

Bald lauf ich am Neckar

„Hessisches Fließgewässer mit sechs Buchstaben; der erste Buchstabe ist ein ‚N‘“ – wer im Kreuzworträtsel auf diese Fragestellung stoßen sollte und nach längerem Grübeln und vielleicht auch googlen ganz selbstbewusst „Nidder“ in den Kästchen verewigt, könnte bald feststellen, dass das nicht des Rätsels Lösung gewesen sein kann. Hier ein Tipp: Probieren Sie es einmal mit Neckar. Aber ist der denn nicht von der Quelle bis zur Mündung ein lupenreiner Baden-Württemberger? Ja und Nein! Der Vorzeige-Strom im Ländle ist zwar von seinem Ursprung her ein Schwabe und verabschiedet sich bei Mannheim als Badener in den Rhein. Kurz vor seinem Ziel jedoch schlägt der Neckar noch einmal einen Bogen und wird zum Hessen. Eine überraschende Wendung, die das am Nordufer gelegene Städtchen Neckarsteinach zur südlichsten Kommune des Landes macht. Diese außergewöhnliche Randlage allein ist es aber nicht, die es lohnt, die doch beachtliche Anfahrt in Kauf zu nehmen, um diese Tour anzugehen.

Der kleine Ort an den Ausläufern des Odenwaldes mag zwar nur knapp 4.000 Einwohner zählen. Dafür jedoch dürfen die Neckarsteinacher mit Stolz von sich und ihrer Stadt sagen, dass auf

DER NECKAR: Der Neckar ein „reißender" Fluss? Wenn man ihn so beschaulich an Heidelberg vorbeiziehen sieht, mag man das kaum glauben. Und doch besagt eine weit verbreitete These, dass die Kelten dem Fluss diesen Namen gegeben haben, um dessen Wildheit zu unterstreichen. Sein Quellgebiet ist ein Hochmoor bei Schwenningen. Von dort aus fließt er über 367 Kilometer und 27 Staustufen hinweg bis ihn der Rhein bei Mannheim in die Arme schließt. .

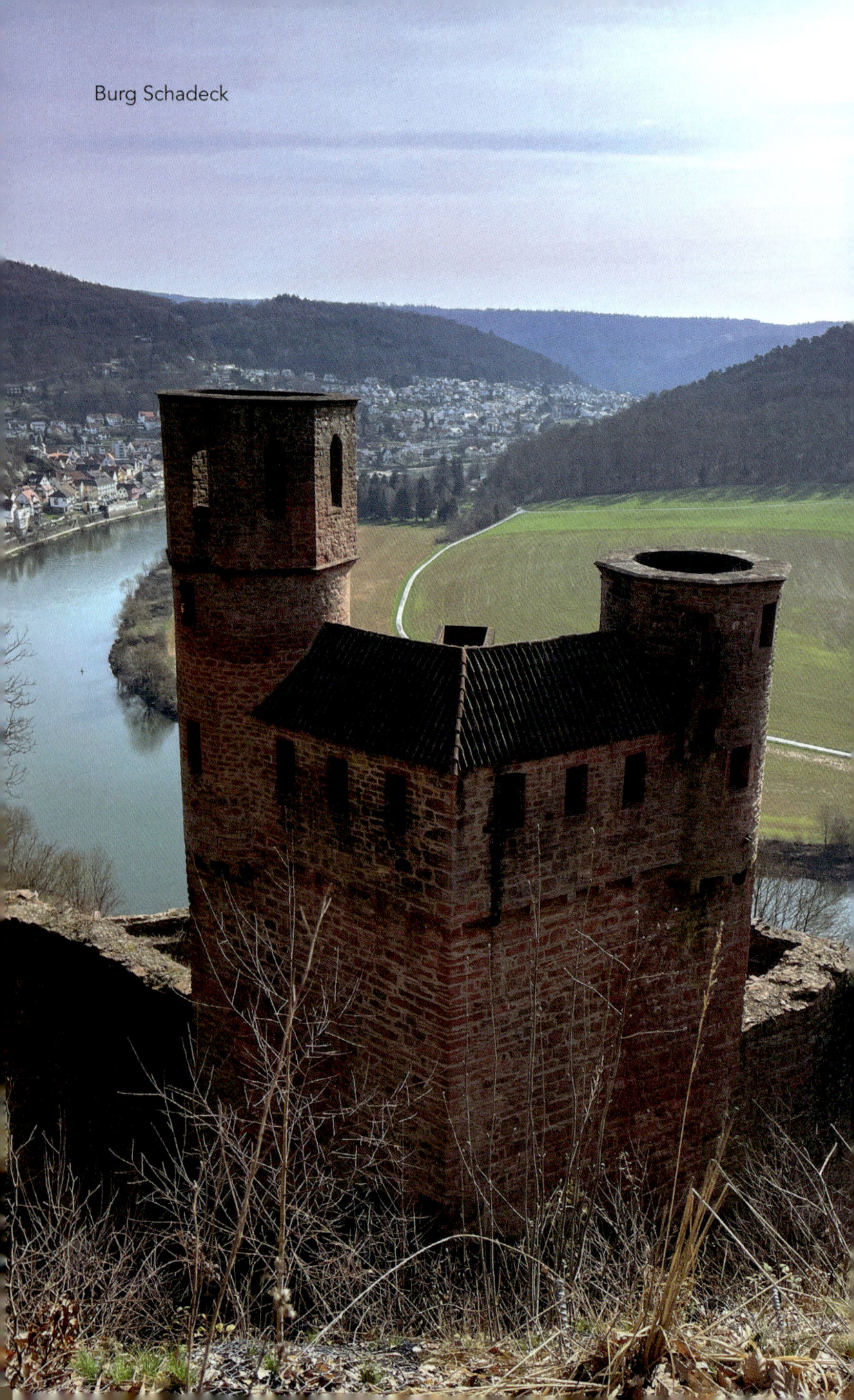
Burg Schadeck

DIE VIER BURGEN: Vorderburg, Mittelburg, Hinterburg, Burg Schadeck –zwar waren die Ahnherren der Steinacher bei der Benennung ihrer vier trutzigen Eigenheime nicht sonderlich kreativ unterwegs. Dafür hilft die simple Nomenklatur dabei, die „Geburtstage" der steinernen Schwestern von vorn nach hinten zu ordnen. Hielt sich lange die Meinung, dass die Hinterburg das betagteste Gemäuer ist, so legen neuere Forschungen doch nahe, dass der Standort der Vorderburg der älteste sein müsste. Gefolgt von der Mittelburg. Dass man Beiden das hohe Alter nicht ansieht, liegt an einer Vielzahl von Umbauten und der Tatsache, dass sie heute noch bewohnt sind. Auf der Mittelburg „herrscht" sogar ein direkter Nachfahr des Gründergeschlechts. Die Hinterburg als drittälteste Schwester und die Schadeck als fast 700 Jahre altes „Nesthäkchen" sehen da doch merklich ruinierter aus. Dafür allerdings sind sie für Besucher frei zugänglich.

1.000 von ihnen eine Burg kommt. Das ist deutschlandweit einmalig und bringt dem Ort den Titel **Vierburgenstadt** ein.

Welchen Teil des steinernen Quartetts Wanderer auf der folgenden Tour zuerst zu sehen bekommen, hängt nicht zuletzt davon ab, für welche Form der Anreise man sich entscheidet. Vom Neckarsteinacher Bahnhof aus reihen sich die Burgen nach Westen hin wie Perlen an einer Kette aneinander. Startet man jedoch – wie in diesem Fall – vom außerhalb des Ortes gelegenen Wanderparkplatz, ist die „Hinterburg" das erste Zwischenziel und zugleich ein kleiner Vorgeschmack auf das, was auf den folgenden Kilometern immer wieder einmal angesagt sein wird: Wir steigen hinauf – zunächst den Hang und dann die Treppe zum früheren Bergfried der früheren Festung.

Sollten sich die ersten Stufen mit etwas Trittsicherheit und Vorsicht problemlos meistern lassen, empfiehlt es sich im Turm selbst, die Taschenlampe des Handys zum Einsatz zu bringen. Mangels Beleuchtung wird es hier Step by Step doch ziemlich finster. Oben auf der

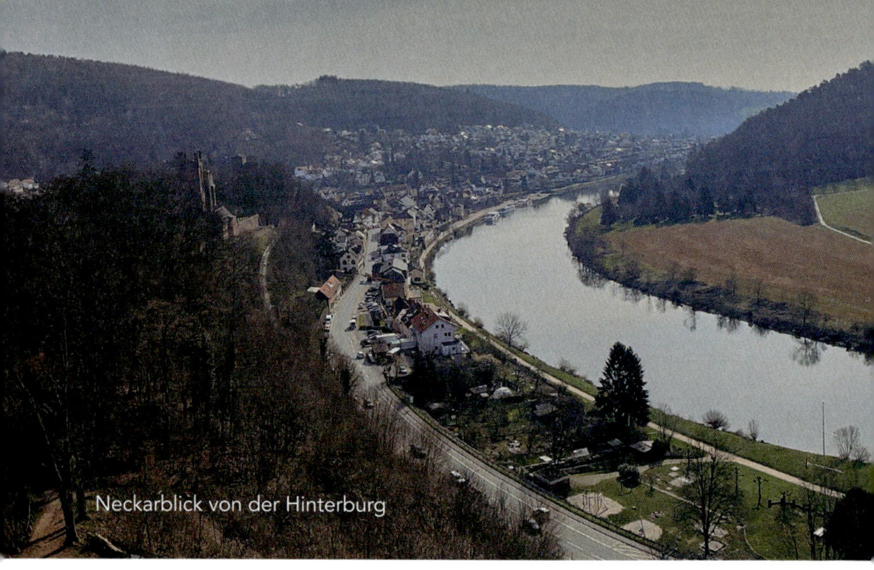
Neckarblick von der Hinterburg

Aufsichtsplattform angekommen, werden wir dafür mit einem herrlichen Fernblick belohnt – mit Neckarschleifchen dran.

Fürs Erste sattgesehen, geht es wieder runter vom Turm, raus aus der Ruine und gleich nach links dem Wald entgegen. Als „Leitplanke“ dient uns dabei eine gelbe 3 in einem gleichfarbigen Kreis. Es ist das Zeichen des Ochsenkopf-Wegs und zugleich ein Hinweis darauf, dass wir uns hier auf dem Terrain des **Geo-Naturparks Bergstraße-Odenwald** befinden.

DER GEO-NATURPARK BERGSTRASSE-ODENWALD: Eingerahmt von Rhein, Main und Neckar können Besucher hier durch 500 Millionen Jahre Erdgeschichte wandern oder auch radeln. Hier Granit, da Buntsandstein, die gemeinsam das steinerne Rückgrat des Odenwaldes bilden. Und dort Kies, der den Oberrheingraben füllt – über Jahrmillionen wurde die Region von Mutter Natur mehrfach umgestaltet. 1960 noch als Naturpark aus der Taufe gehoben, kam 2002 der Schwerpunkt Geologie dazu. Seit 2015 steht der Park im Rang eines „UNESCO Global Geoparks“.

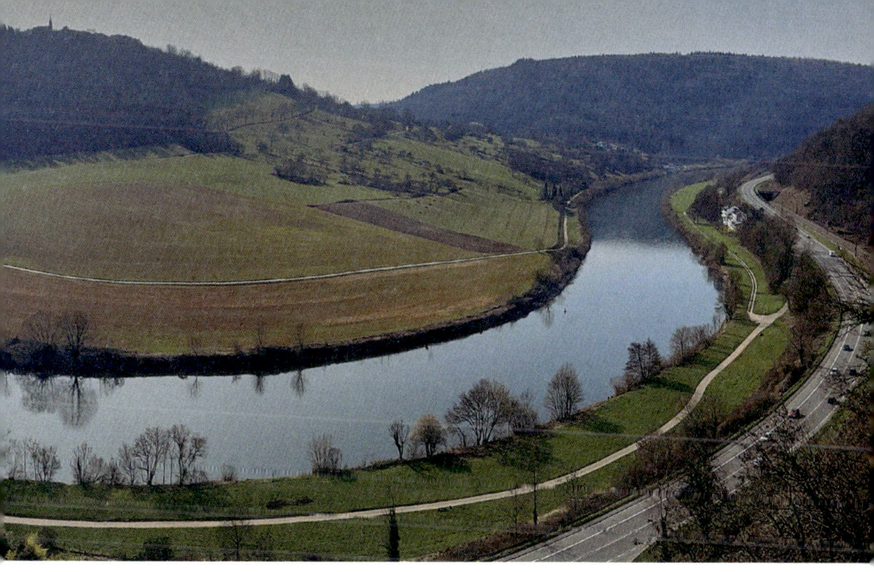

Mit Hilfe der 3 lässt sich leicht ausrechnen, wo der Weg hinführt: Im Schutz der Bäume nach links und dann immer weiter bergauf. Schließlich ist das nächste Ziel ein „Schwalbennest“.

Diesen Beinamen führt zumindest Burg Schadeck. Und dass der nicht von ungefähr kommt, erschließt sich schnell. An und sogar in den Felsen gebaut, thront die Ruine noch heute über dem Neckar.

In die Lüfte steigen müssen wir zwar nicht, um den vierten und jüngsten Ableger im Burgenkleeblatt anzusteuern. Die Lungenflügel bekommen aber schon ein wenig Arbeit, führt unser Weg doch bis zur Schadeck und auch danach zunächst stetig nach oben. Dabei müsste es doch eigentlich dem Wortsinn nach rasant hinab in die Tiefe gehen. Immerhin ist es der „Teufelsteinweg“, der oberhalb der Burgruine nach links weiterführt.

Sorgen, dass einen der Fürst der Finsternis im dichten Wald vom rechten Weg abbringen könnte, sind allerdings unbegründet. Die gelbe 3 hält uns auch weiterhin auf Kurs – zumindest für die nächsten knapp 1,8 Kilometer. An einer Wegkreuzung rechnet es sich dann nicht mehr, ihr zu folgen. Eine scharfe Linkskehre leitet den ersten Abstieg des Tages ein. Zunächst ohne Wegzeichen geht es Schritt für Schritt wieder aus dem Wald heraus, an Streuobstwiesen vorbei und dem Neckar entgegen. Quasi beiläufig überschreiten wir dabei kurz vor Kleingemünd auch gleich noch die Landesgrenze nach Baden-Württemberg: Willkommen im Ländle!

Etwas mehr Beachtung als der Grenzübertritt verlangt da schon die Überquerung der Bundesstraße 45, die sich der Fortsetzung der Tour in den Weg legt. Ist das erledigt und das Freibad passiert, spazieren wir ein kurzes Stück am Ufer des Neckars entlang und dann geradewegs darüber hinweg. Dass man dazu nicht übers Wasser wandeln muss – dafür sorgt eine Eisenbahnbrücke, die im Untergeschoss noch reichlich Platz für Fußgänger und Radler bietet.

Trockenen Fußes am anderen Ufer und damit in Neckargemünd angekommen, bleiben die Eisenbahngleise vorerst eine gute Richtschnur. Über Treppen geht es hinauf zum Bahnhof, dann mittels einer kleinen Brücke über die Gleise und gleich dem nächsten Anstieg entgegen. Vorausgesetzt, uns steht der Sinn nicht noch nach einem kurzen Einkehrschwung in der Altstadt von Neckargemünd. Denkbar wäre auch, das ohnehin schon reiche Burgen-Portfolio auf dieser Tour noch um die Reste der im Stadtgarten gelegenen Burg Reichenstein zu ergänzen. Ob sich der Schlenker und die Extra-Meter lohnen? Das ist Ansichtssache. Zu sehen gibt es zumindest nicht mehr allzu viel. Das alte Gemäuer ist doch ziemlich ruiniert.

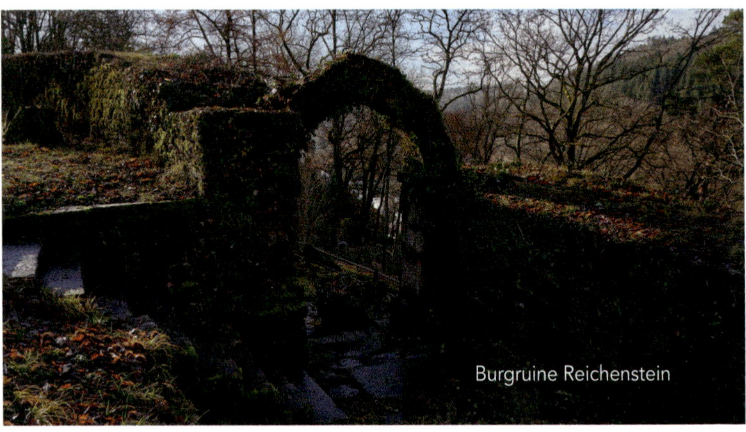

Burgruine Reichenstein

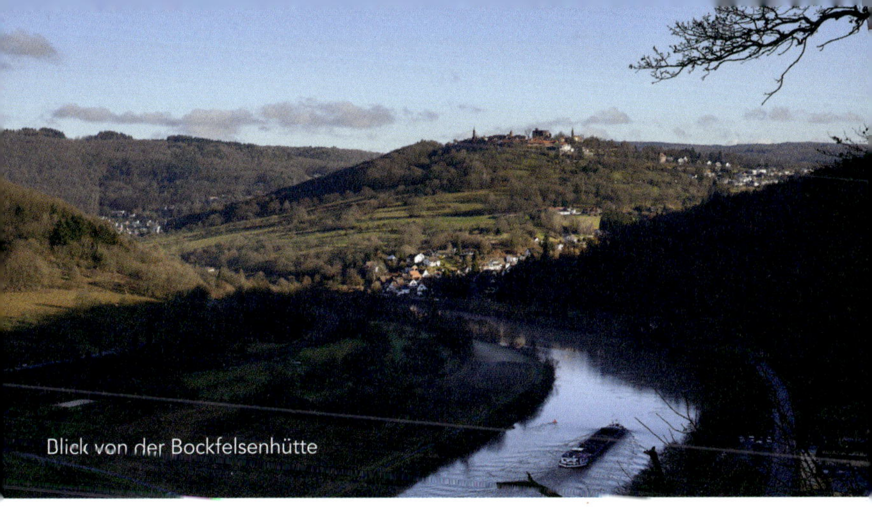
Blick von der Bockfelsenhütte

Also Abstecher oder doch Direttissima? Wie die Entscheidung auch ausfällt – am Ende ist die Straße Am Kastanienberg der richtige Zubringer auf dem Weg zurück in den Wald. Dazu geht es ein steiles Stückchen nach oben und vorbei an dem, was in den Neubaugebieten der 1970er und -80er Jahre architektonisch angesagt war. Optisch damals wie heute weniger ansprechend, aber dafür absolut zweckmäßig ist die Treppenanlage, die linker Hand in den Hang betoniert wurde.

Hier läuft vieles von dem zusammen, was Neckargemünd als Wanderrevier ausmacht. Das lassen die zahlreichen Wegzeichen erahnen, die am stählernen Handlauf befestigt sind. Auf welchen Weggefährten unsere Wahl fällt, ist erst einmalig zweitrangig – führen doch alle treppauf und in den Wald zurück. Ob der für die Tour weitergehenden Richtlinien-Kompetenz empfiehlt es sich jedoch schon hier, dem gelben R des Neckar-Randwegs zu folgen.

Zielsicher führt es seine „Verfolger" zur Bockfelsenhütte, von der aus wir nicht nur einen weiteren fantastischen Blick auf das Flusstal haben, sondern auch bereits einen Eindruck von dem bekommen, was noch auf der Strecke liegt. In einiger Entfernung, auf einem Hügel fast 300 Meter hoch über dem Neckar, thront das nächste Zwischenziel: die Feste Dilsberg. Bis dahin ist es aber noch ein gutes Stück – zunächst einmal talwärts. Den Aussichtspunkt im Rücken rollt das „R" nach links und hinunter bis zum Ortseingang von Rain-

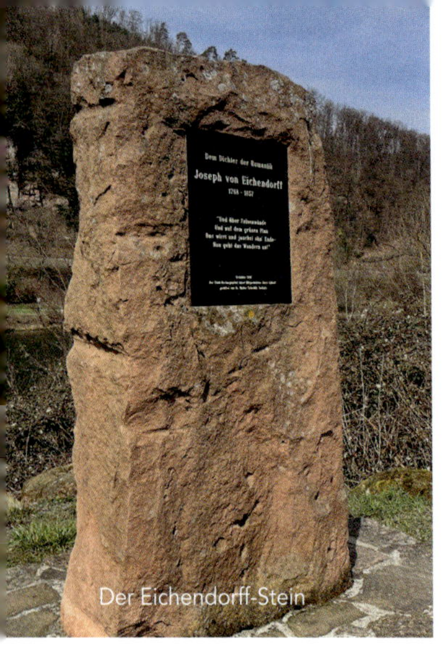

Der Eichendorff-Stein

bach. Dort allerdings trennen sich unsere Wege, will das R doch durch den Ort gleich wieder nach oben. Zwar wird sich das irgendwann nicht mehr vermeiden lassen. An dieser Stelle jedoch muss es noch nicht sein. Nach links und am Ufer des Neckars entlang bietet uns der alte Leinpfad die Chance, den Aufstieg noch etwas vor uns herzuschieben. Noch dazu auf äußerst romantische Weise.

Das ist nicht einfach so dahingesagt. Das hat das Neckartal sogar schriftlich – noch dazu von einem anerkannten Experten in Herzensangelegenheiten und Fragen des Wanderns. Sein Name: **Joseph von Eichendorff**.

Auf dessen Zeit am Neckar weist links des Leinpfads seit 2008 ein Gedenkstein hin, den man besser wohl kaum hätte setzen können. Die Aussicht auf Neckarsteinach ist perfekt und hätte den alten Romantiker vermutlich ins Schwärmen gebracht.

Ins Schwitzen könnte hingegen der nächste Abschnitt der Wanderung bringen. Noch ein letzter Bogen, dann hat das Aufschieben

JOSEPH VON EICHENDORFF: Als der spätere Vater des „Taugenichts" 1807 nach Heidelberg kam, tat er das, um sein Jura-Studium fortzusetzen. Der Aufenthalt dort und sicher auch die Gefühle für sein „Käthchen von Rohrbach" küssten jedoch zudem den Romantiker in ihm wach. Daran sollten auch Eichendorffs Besuche in Neckarsteinach ihren Anteil gehabt haben. In seinen Tagebucheinträgen berichtete er davon, wie er auf seinen Wanderungen das Städtchen und vor allem natürlich die vier Burgen besuchte. Daran erinnert heute ein kleines Eichendorff-Museum im Obergeschoss des örtlichen Geopark-Infozentrums.

ein Ende, danach geht es aufwärts gen Dilsberg. Was sich zunächst noch ganz moderat anlässt, entpuppt sich – je näher wir der Bergfeste kommen – als ziemlich steiles Stück. Vorbei an Streuobstwiesen wird der Anstieg mit jedem Schritt etwas hochprozentiger. In der Spitze sind es bis zu 24 Prozent.

Das ist nichts, was man mal so im Vorbeigehen mitnimmt. Wer also das Gefühl hat, mal durchschnaufen zu müssen, der sollte das auch ohne schlechtes Gewissen tun. Zumal eine kurze Pause am Hang immer wieder Gelegenheit gibt, die Fernsicht zu genießen.

Oben angekommen, dürfte der Puls zwar seine Schlagzahl spürbar erhöht haben. Dafür jedoch scheint die Zeit stehen geblieben zu sein. Zumindest für den Moment, in dem wir durch das Stadttor der Bergfeste Dilsberg schreiten und Kurs auf die Reste der Burg nehmen.

Wurde die Schildmauer erklommen, die Aussicht genossen und vielleicht noch eine Einkehr eingeschoben, wird es jetzt aber doch Zeit, den Rückweg anzutreten. Das allerdings läuft vergleichsweise unspektakulär und schnell ab. Vorbei am ehemaligen Dienstsitz des Dilsberger Stadtkommandanten führt der Weg hinaus aus dem Ort und den Burgberg hinab. Haben wir uns durch den Wald nach unten geschlängelt und das Ufer des Neckars erreicht, geht es flüssig über den Fluss.

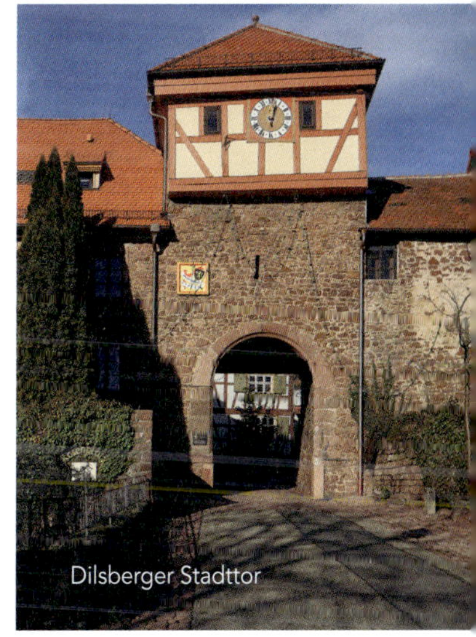
Dilsberger Stadttor

Die passende Gelegenheit dazu wie auch zum legalen Grenzübertritt bietet die Staustufe Neckarsteinach. Bis zur Hälfte des Wehrs noch mit beiden Beinen in Baden-Württemberg, bringen wir von da an die Tour in Hessen zu Ende. Wer möchte, kann Frachtern und Freizeit-Kapitänen noch etwas beim „Schleusen" zuschauen, um anschließend am Ufer entlang zurück nach Neckarsteinach zu promenieren.

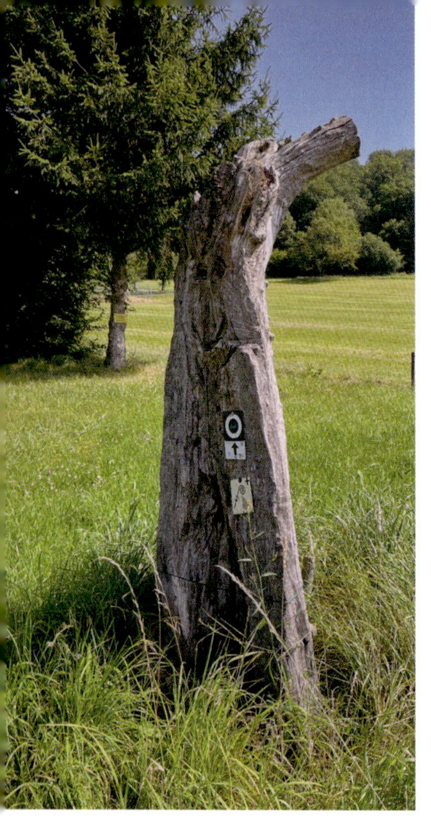

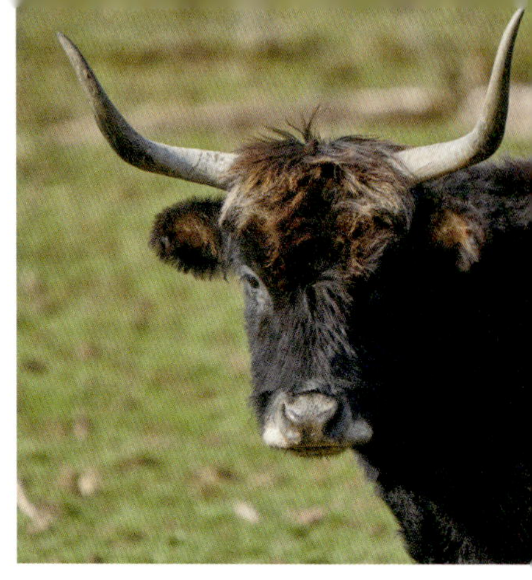

WETTERAU

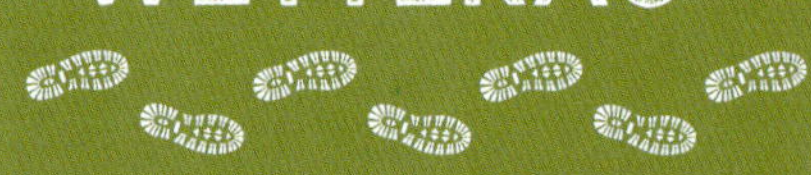

Zur Audienz
beim Keltenfürsten

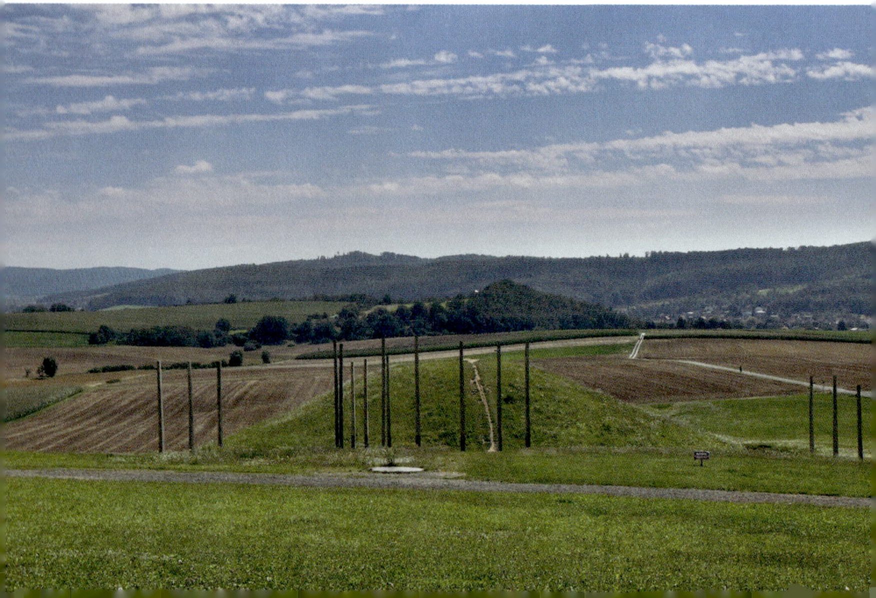

TOUR 12

03:10 h 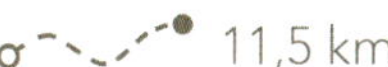 11,5 km 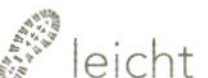 leicht 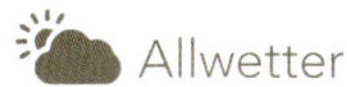 Allwetter

Der Asphalt, der großen Teilen der Tour zugrunde liegt, mag nicht jedem gefallen. Er erleichtert allerdings das Vorankommen und das bei jedem Wetter.

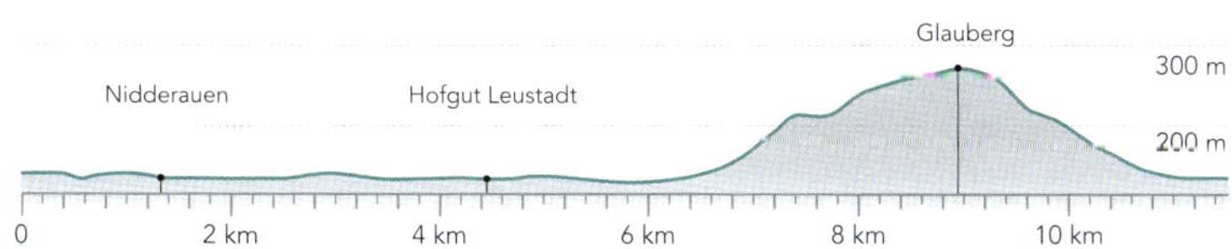

Anfahrt

Auto: Von Frankfurt aus auf der A66 nach Nordosten, an Hanau vorbei und am Langenselbolder Dreieck weiter auf die A45 in Richtung Gießen/Dortmund. An der Anschlussstelle 38 bei Florstadt abfahren, dann nach rechts und auf der B275 weiter bis in Nieder-Mockstadt die L3191 nach rechts abgeht. Hier abbiegen und der Landesstraße bis zum Stockheimer Bahnhof folgen. Parkplätze finden sich entlang der Bahnhofstraße. **ÖPNV:** Vom Frankfurter Hauptbahnhof fährt die Regionalbahn 34 stündlich den Bahnhof Stockheim an.

Highlights

Nidderauen bei Stockheim, Museum und Keltenwelt am Glauberg (www.keltenwelt-glauberg.de und www.keltenland-hessen.de).

Einkehrmöglichkeiten

Bistro im Keltenmuseum. Das gastronomische Angebot in Stockheim und Glauburg ist eher überschaubar.

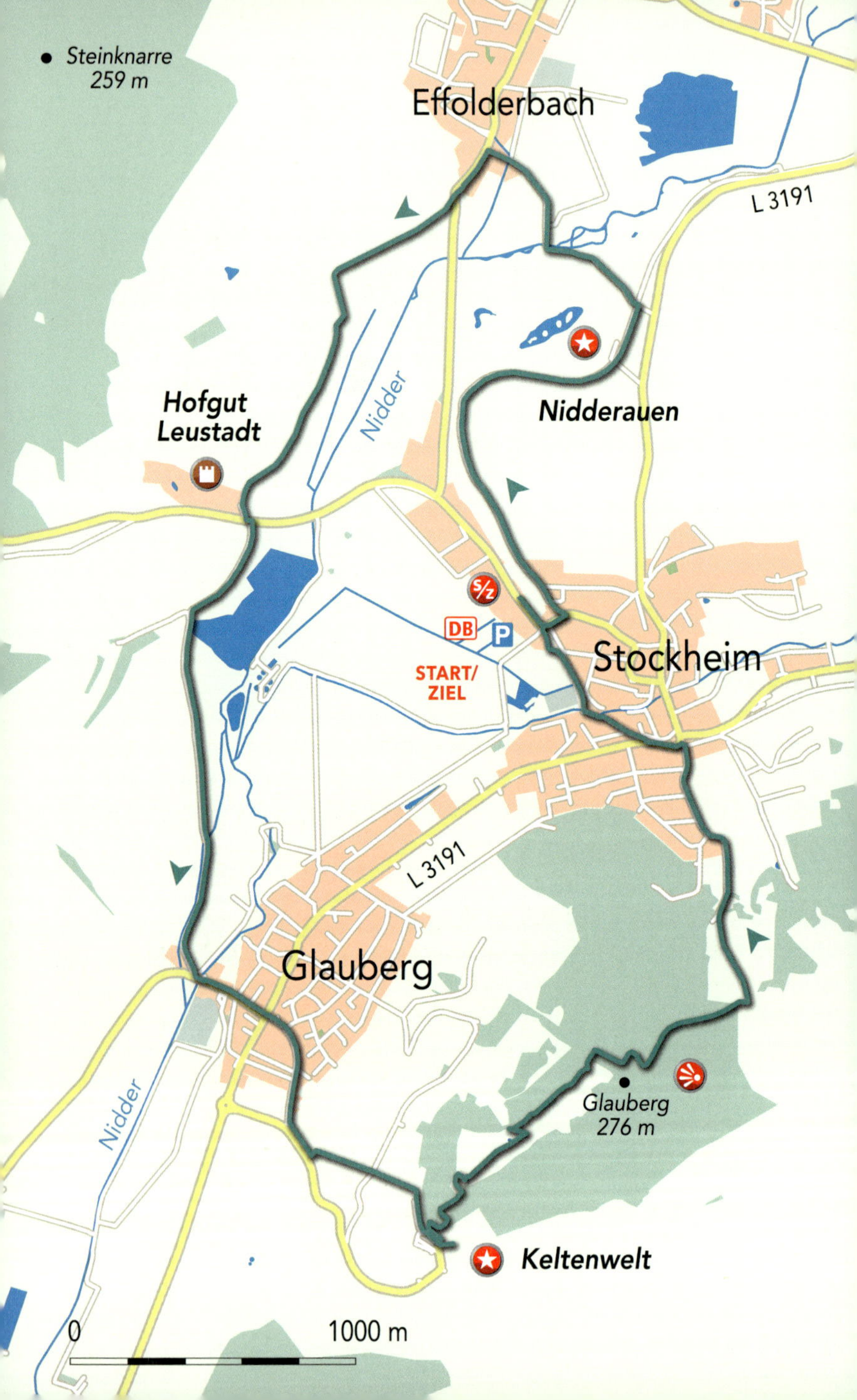
Steinknarre
259 m
Effolderbach
L 3191
Hofgut
Leustadt
Nidder
Nidderauen
DB
P
START/
ZIEL
Stockheim
L 3191
Glauberg
Glauberg
276 m
Nidder
Keltenwelt
0
1000 m

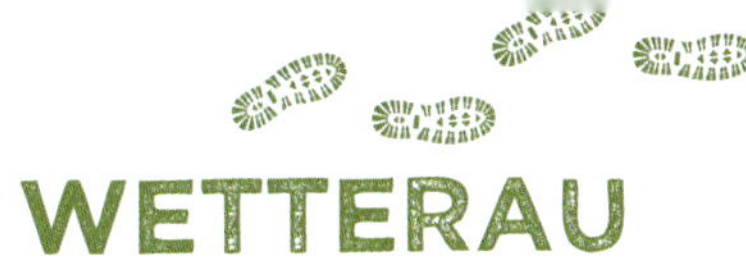

WETTERAU

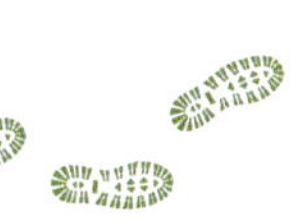

Zur Audienz beim Keltenfürsten

Steckt in jedem Hessen ein kleiner Asterix oder ein schwergewichtiger Obelix? Das sicher nicht. Eine Jahrtausende alte Verbindung gibt es dennoch zwischen der französischen Heimat der Gallier und dem Land der Schoppepetzer. Links und rechts des Rheins wie in weiten Teilen Mitteleuropas siedelten in vorchristlicher Zeit Menschen, die die Nachwelt bis heute faszinieren und vor immer neue Fragen stellen: **die Kelten**.

Lange bevor der erste Römer seinen Fuß über die Alpen setzte und sich die Germanen zum Völkerwandern trafen, war Hessen das Land der Kelten. Genau daran soll 2022 mit einer Vielzahl an Ausstellungen erinnert werden. Und das will auch die folgende Tour ins Gedächtnis rufen. Allerdings ist es bis zur Audienz beim Keltenfürsten noch ein gutes Stück.

Ausgangs- und Endpunkt dieser Wanderung ist der Bahnhof der Wetterau-Gemeinde Stockheim. Die Schienen zur Linken zieht es uns von dort aus zunächst an der Bahnhofstraße entlang etwas weiter in den Ort hinein, dann am Bahnübergang nach links, über die Gleise hinweg und bei nächster Gelegenheit gleich noch einmal nach links. Hinein in die Dünstbergstraße und dann immer geradeaus taucht sehr bald schon das erste Wegzeichen auf. Das ist zwar eigentlich für Pedaleure gedacht, weist es doch den hessischen

DIE KELTEN: Obwohl sich das Siedlungsgebiet der Kelten in deren Hochphase von der iberischen Halbinsel bis nach Kleinasien erstreckte, ist vergleichsweise wenig über sie bekannt. Das hat seine Ursache nicht zuletzt darin, dass diese Menschen sich zwar auf die Eisenverarbeitung verstanden und ein Faible für Karomuster hatten. Eine eigene Schrift besaßen sie jedoch nicht.

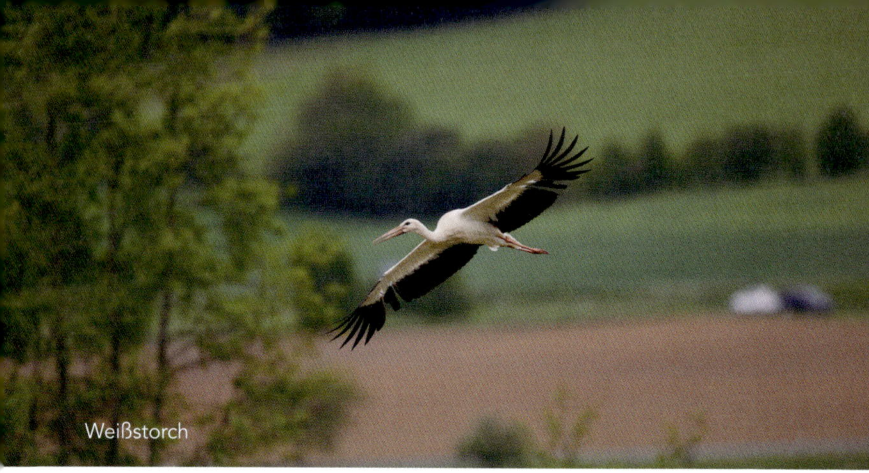
Weißstorch

Bahnradweg aus. Vorerst aber leistet es auch den Fußgängern gute Dienste. Die Strecke weitgehend eben, der Untergrund im Sinne der Radler asphaltiert – so geht es gut voran. Kaum haben wir den Ort verlassen, taucht hinter einer langgezogenen Kurve auch schon das erste Etappenziel auf. Und was für eines: In den **Nidderauen** macht Mutter Natur ihr Schatzkästchen ganz weit auf.

Obwohl erst in die Tour eingestiegen, sollten wir uns doch gerade in den Frühjahrs- und Sommermonaten die Zeit nehmen und das Leben in der Oase zumindest für ein paar Minuten auf uns wirken lassen. Eine Beobachtungshütte bietet dazu Raum, Gelegenheit und

DIE NIDDERAUEN: Gespeist vom Flüsschen Nidder sind die gleichnamigen Auen ein Paradies für Pflanzen und Tiere. Umfangreiche Renaturierungen im Auenverbund Wetterau haben dafür gesorgt, dass hier wieder eine große Kolonie an Weißstörchen klappert und brütet. Zugvogelarten wie Kiebitz und Bekassine ziehen hier ebenfalls ihren Nachwuchs groß. Sogar der Biber fühlt sich hier wieder zu Hause. Beim Erhalt der Auen setzt der Mensch auf vierbeinige Landschaftspfleger. Heckrinder beweiden die Fläche und lassen erahnen, wie der Stammvater des heimischen Hornviehs, der Auerochse, einst aussah.

den erforderlichen Abstand zu den Tieren. Den gilt es mit Rücksicht auf die Bewohner des Naturschutzgebiets auch auf dem weiteren Weg dringend zu wahren. „Auf dem Weg bleiben“ lautet die oberste Direktive.

Dieser Vorgabe folgend, wendet sich der Weg am Ende des Weidezauns nach links, quert mittels einer Brücke die Nidder und nimmt Kurs auf Effolderbach. Wie der kleine Haltepunkt der Regionalbahn ist allerdings auch der Ortenberger Ortsteil auf dieser Tour nur eine Durchgangsstation. Entlang der Stockheimer Straße über die Gleise hinweg, verlassen wir auf der gegenüberliegenden Seite das 500-Seelen-Örtchen auch schon wieder. Flankiert von Streuobstwiesen und Feldern wird schnell klar, warum die Wetterau als Garten des Rhein-Main-Gebiets gilt. Viel fruchtbarer geht es kaum.

Entsprechend lange schon siedeln, säen und ernten Menschen in der Ebene zwischen Vogelsberg und Taunus. Davon zeugt auch das hochherrschaftliche Hofgut Leustadt, das kurz vor Erreichen der L3190 rechts des Weges liegt. Eine Wasserburg im Besitz des Klosters Fulda bildete vor fast 1.300 Jahren die Keimzelle des heutigen Hofgutes. Es geht übrigens die Mär, dass das Hofgut den Gebrüdern Grimm Modell für das Dornröschenschloss stand.

Mit Vorsicht über die nicht viel-, dafür aber schnellbefahrene Landesstraße wird der bislang asphaltierte Weg auf der gegenüberliegenden Seite jetzt schrittweise naturnaher, bleibt aber weiterhin gut begehbar.

Wenn einer nasse Füße bekommt, dann ist es Meister Adebar mit seinen langbeinigen Kollegen, die in den Feuchtwiesen links des Pfades nach Beute schnäbeln. Und wenn einer „sauer“ wird – dann ist es der Boden.

Warum der darauf wachsende Magerrasen mehr als schützenswert ist und was die Wetterauer Wollträger damit zu tun haben, erfahren wir entlang der „Route der Landschaftsgeschichte“, die uns weiter in Richtung Glauburg führt. Gekennzeichnet ist die Route durch einen weißen Ring auf schwarzem Grund und das Signet des Vogelsberger Höhenclubs (VHC). Aber eigentlich bedarf es dieser wegweisenden Unterstützung nicht. Haben wir nach der Überquerung der nächsten Nidder-Brücke erst wieder asphaltierten Boden unter den Füßen, ist Glauburg auch schon in Sicht.

Über den größten Teil seiner über 1.000-jährigen Geschichte hinweg ein Dörfchen wie Tausende andere, ist die kleine Gemeinde mittlerweile weit über die Grenzen der Wetterau hinaus bekannt. Eine Prominenz, die der Ort vor allem einem Mann mit merkwürdiger Kopfbedeckung verdankt: dem **Keltenfürsten**.

Der Kopfschmuck mag modisch heute sicher nicht mehr wegweisend sein. Als Wanderzeichen jedoch ist er auf dem kommenden Streckenabschnitt durchaus hilfreich. Gut „behütet" geht es für uns das erste Mal auf dieser Tour so richtig nach oben. Obwohl gerade einmal 276 Meter hoch, macht der Glauberg seinem Namen durchaus Ehre. Zwar fangen wir in der Glauburger Ortsmitte nicht bei Null an. Rund 150 Höhenmeter sind es aber schon, die auf vergleichsweise kurzer Distanz bewältigt werden wollen.

Ein Besuch im Museum ist einerseits natürlich ein Muss, muss andererseits aber auch nicht gleich angegangen werden. Die Audienz beim Keltenfürsten allein ist schon einen Tagesausflug wert. Wer also lieber mit etwas mehr Zeit noch einmal zurückkehren möchte oder vielleicht auch schon mal da war, kann es sich auch einfach nur auf der Terrasse des Bistros gemütlich machen, den Blick auf den Vogelsberg genießen und sich für den Rückweg stärken.

Denn auch der hat es zumindest für ein kurzes Stück noch einmal in sich. Wieder zurück auf dem Weg und auf der Spur der Kelten-

DER KELTENFÜRST: Seine Entdeckung im Juni 1996 war eine archäologische Sensation. Rund 2.400 Jahre hatte das sandsteinere Mannsbild in der Erde im Schatten eines Hügelgrabes geruht und trotz seines hohen Alters überraschend gut die Form gehalten. Zwar waren irgendwie und irgendwann die Füße abhandengekommen. Ansonsten jedoch präsentierte sich der „Keltenfürst" vom Glauberg aus einem Guss, besser aus einem Block. Ein einzigartiger Fund und dazu einer, der immer noch Fragen aufwirft.

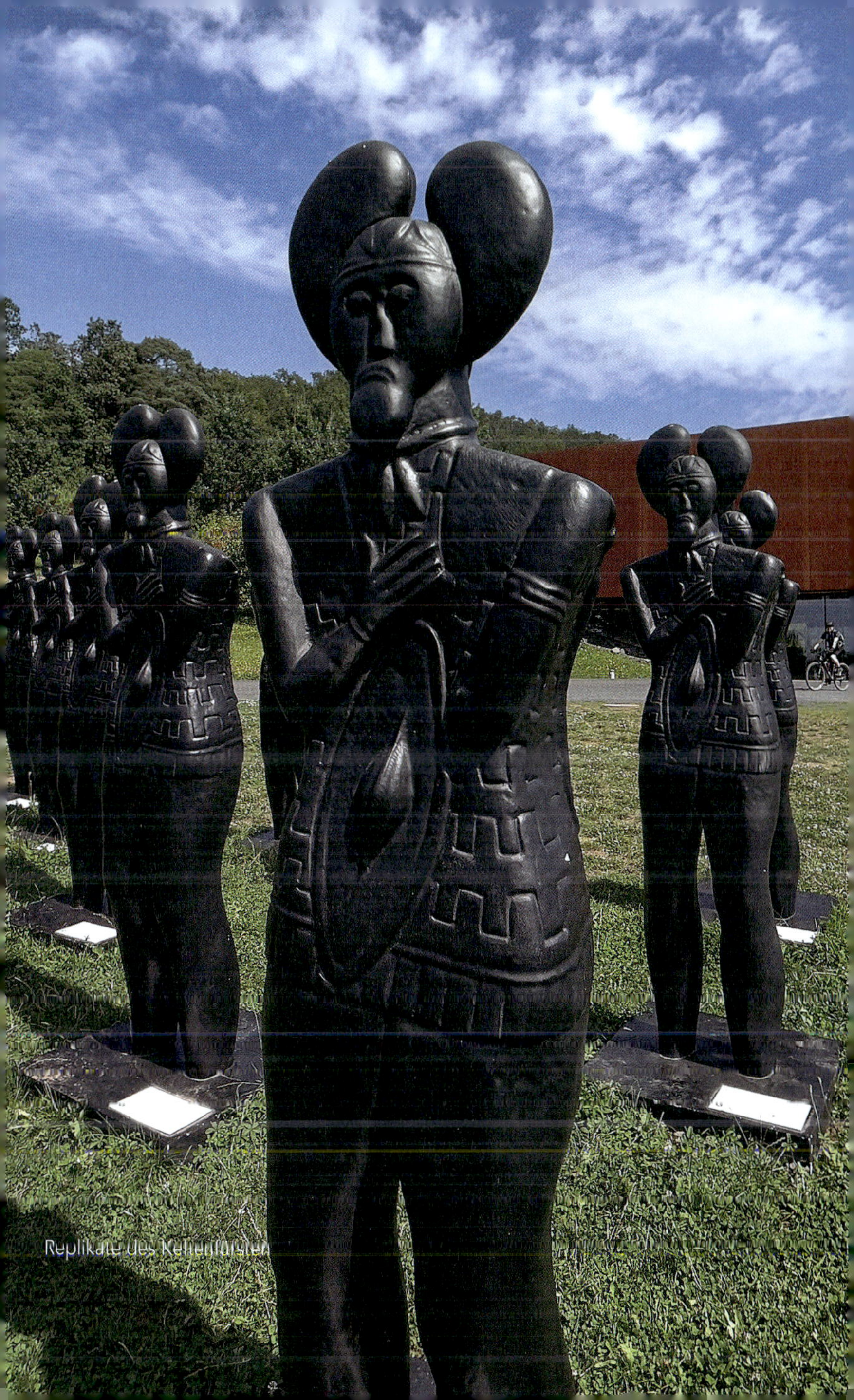

Replikate des Keltenfürsten

krone steigen wir weiter hinauf auf das Plateau des Glaubergs und noch einmal um Jahrtausende zurück. Beim Gang über die Höhenlage öffnet sich nicht nur ein Fenster in die Vergangenheit, sondern auch ein Balkon mit tollem Blick hinunter in die Ebene.

Genau dorthin führt jetzt auch der weitere Weg. Der Abstieg vom Glauberg steht an. Vorbei an den steinernen Überbleibseln der mittelalterlichen Siedlung geht es durch die sogenannte „Stockheimer Pforte" wieder hinaus. Ganz so wie das wohl schon die alten Kelten vor weit über 2.000 Jahren getan haben.

Allerdings führt die Route nicht geradewegs ins Tal, sondern macht kurz nach der Pforte noch einmal einen Schlenker. Noch dazu einen ziemlich scharfen. Nach rechts führt ein Pfad in den Wald und ein überschaubares Stück bergauf. Dass wir auf dem rechten Weg sind, unterstreicht der weiße Ring auf schwarzem Grund, der zusammen mit anderen Markierungen etwas weiter oben wieder auftaucht.

Das Zeichen der Route „Landschaftsgeschichte" erweist sich einmal mehr als verlässlicher Weggefährte. Am nächsten Abzweig nach links werden die Baumreihen Schritt für Schritt wieder lichter und der Untergrund härter. Ist der Waldrand erreicht, legt bald Kopfsteinpflaster die Spur zurück nach Stockheim. Sollten wir am Glauberg den eigenen Zeitplan ein wenig überzogen haben, so bietet sich

DER GLAUBERG: Auch wenn sein Name wohl für immer mit den Kelten verbunden bleiben wird, waren sie nicht die ersten und auch nicht die letzten Menschen auf dem Glauberg. Siedlungsspuren deuten darauf hin, dass der besondere Reiz der strategisch günstigen Höhenlage schon in der Jungsteinzeit erkannt wurde. Die Kelten waren es dann, die zwischen dem 6. und 3. Jahrhundert vor Christus ihren Anspruch auf den Glauberg wiederholt mit Ringwällen untermauerten. Zu sehen ist davon allerdings nichts mehr. Die Mauerreste, die sich heute auf dem Plateau finden lassen, sind Zeugnisse einer mittelalterlichen Siedlung.

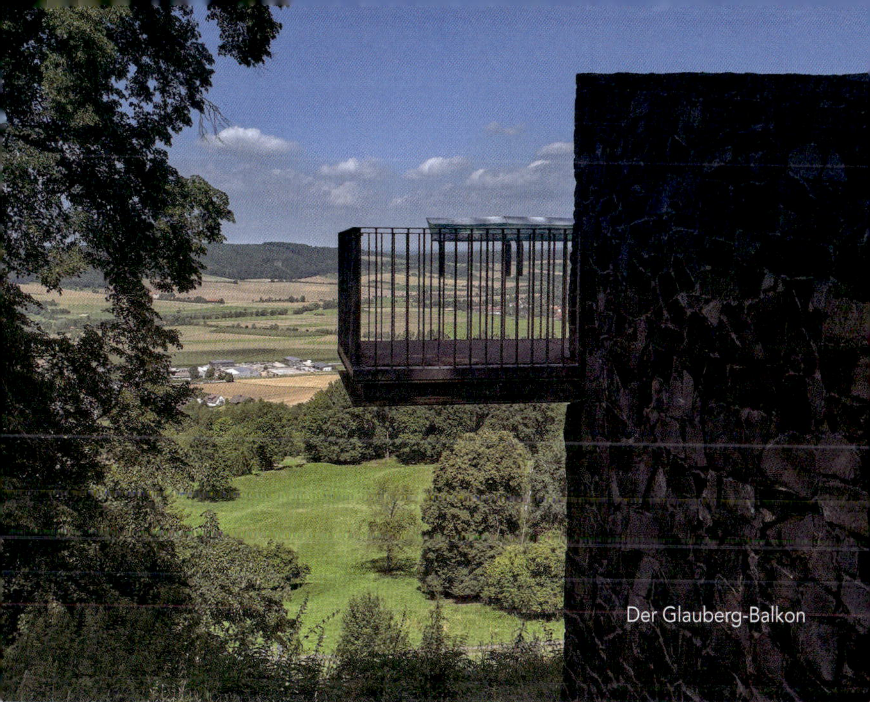
Der Glauberg-Balkon

uns jetzt die passende Gelegenheit, wieder ein paar Minuten reinzuholen.

Nicht nur, weil es bergab geht, sondern vor allem auch, weil der Rest des Weges vergleichsweise schnell erzählt ist. Das Domizil des Vogelsberger Höhenclubs zur Rechten zieht es uns kurz darauf auch schon nach links und dem Ausgangspunkt entgegen. Über die Straße „Am Lückenberg" in den Ort und dann nach links folgen wir ein kurzes Stück der Glauberger Straße, bis sich rechter Hand der Fichtweideweg andient. Dessen Offerte lässt sich guten Gewissens annehmen, verläuft der schmale Pfad doch parallel zu den Gleisen und bietet noch mal ein wenig Begleitgrün auf dem Weg zur Endstation – dem Stockheimer Bahnhof.

Übrigens: Wer am Ziel weiterhin unter Dampf steht, kann problemlos noch eine Schleife über den Vogelsberg bis in die Schweiz dranhängen. Ein Besuch gleich nebenan im Modellbahnhof (www.modellbahnhof- stockheim.de) macht's möglich.

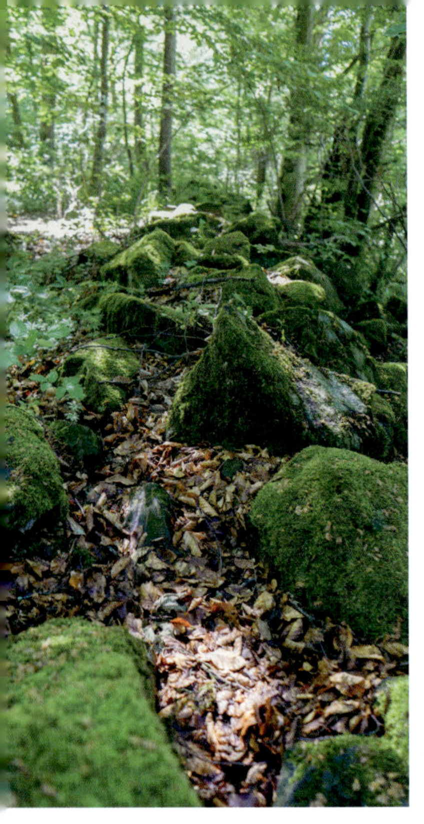

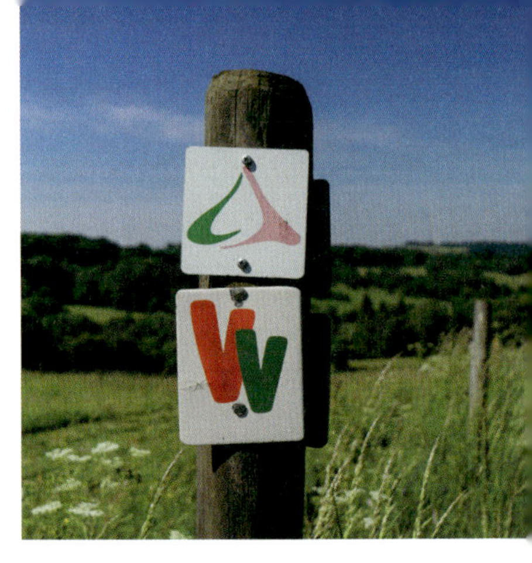

VOGELSBERG

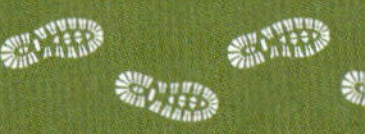

Im Land von Wind und Feuer

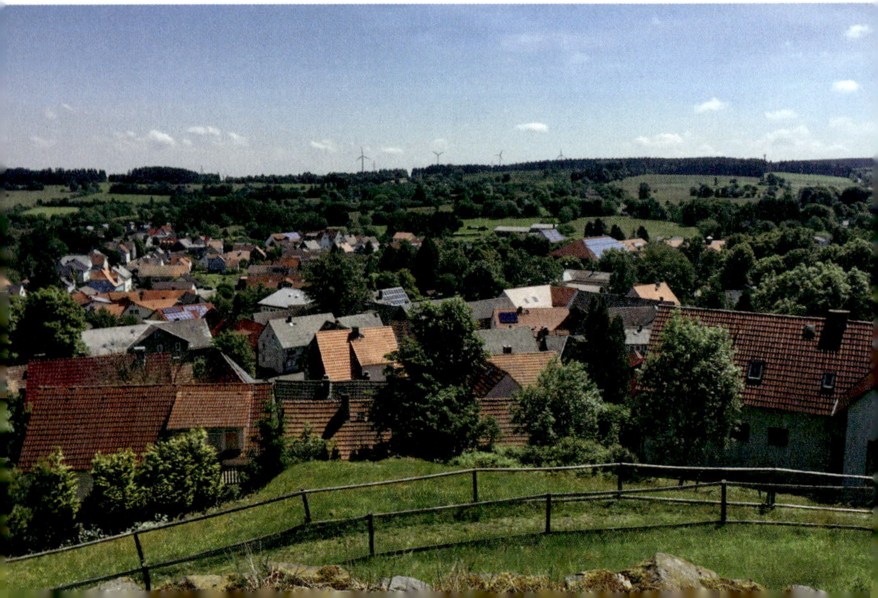

TOUR 13

03:20 h · 11,7 km · moderat · Allwetter

Entspannte Wanderung. Wenige nennenswerte An- und Abstiege. Weitgehend gut ausgebaute Wege.

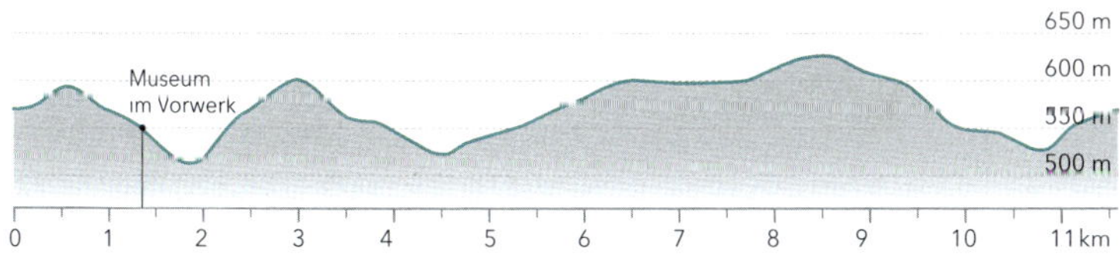

Anfahrt

Auto: Auf der A5 Richtung Norden, an der Ausfahrt 9 (Reiskirchen) abfahren und über die B49 nach Ruppertenrod. Von dort aus geht es über die L3073 nach Ulrichstein. Parkplatz am Rathaus. **ÖPNV:** Nicht zu empfehlen. Wer es dennoch versuchen möchte: www.rmv.de

Highlights

Vogelsberggarten (www.vogelsberggarten.de), Burgruine auf dem Schlossberg (www.ulrichstein.de).

Einkehrmöglichkeiten

Wer auf der Strecke Hunger und Durst verspürt, ist auf das angewiesen, was im Rucksack Platz gefunden hat. In Ulrichstein gibt es zudem ein doch sehr übersichtliches gastronomisches Angebot.

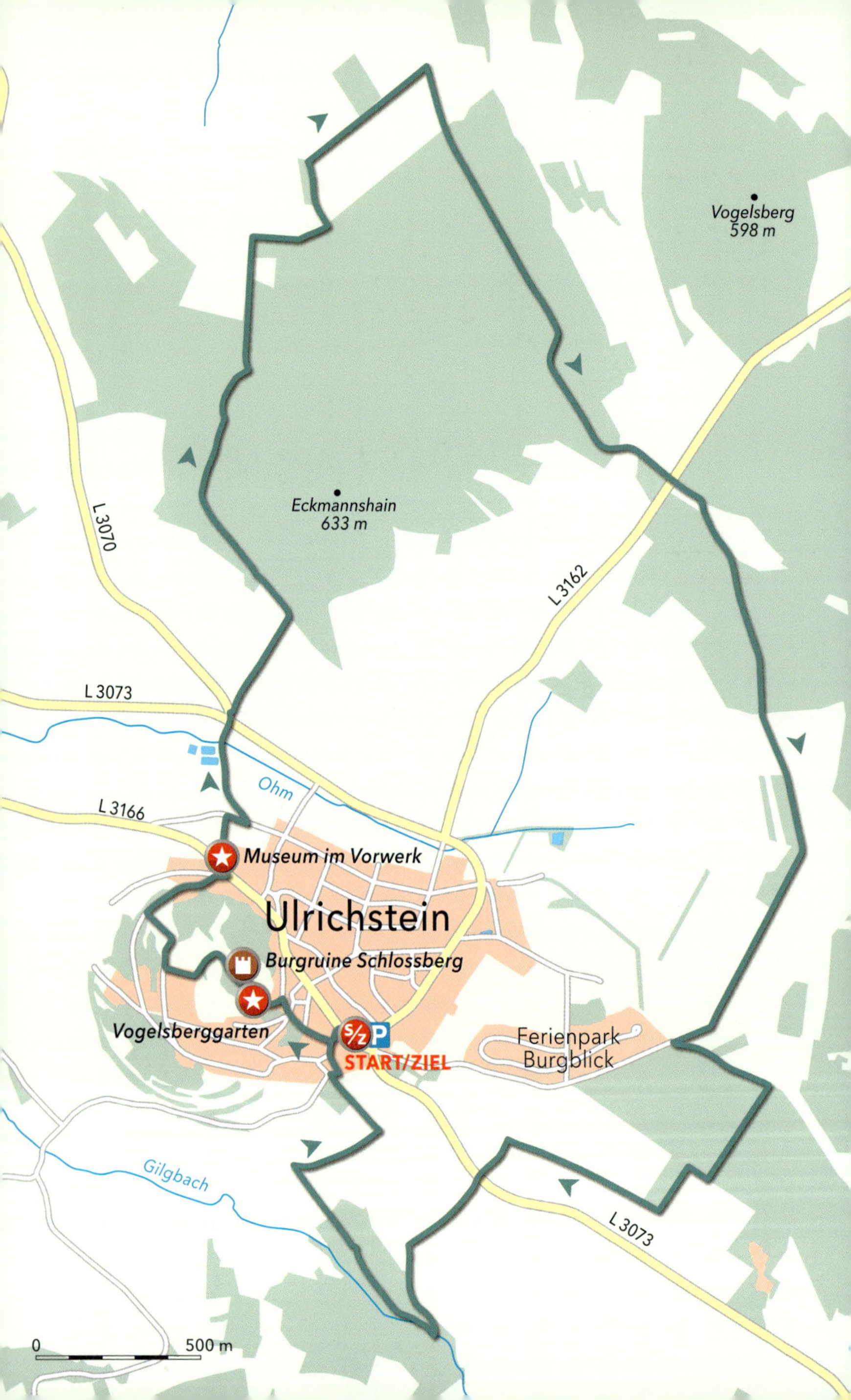
Vogelsberg
598 m
Eckmannshain
633 m
L 3070
L 3162
L 3073
Ohm
L 3166
Museum im Vorwerk
Ulrichstein
Burgruine Schlossberg
Vogelsberggarten
S/Z
P
START/ZIEL
Ferienpark
Burgblick
Gilgbach
L 3073
0
500 m

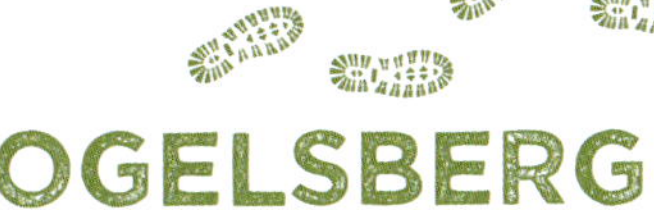

VOGELSBERG

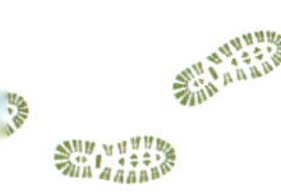

Im Land von Wind und Feuer

So brenzlig ein Tanz auf dem Vulkan auch sein mag – ein Spaziergang auf dem **Vulkanring** ist genau das Gegenteil: nämlich absolut entspannt. Zumindest im Vogelsberg. Es ist Jahrmillionen her, dass die dortigen Feuerspucker aufgehört haben zu zischen und zu brodeln. Genug Zeit also für Mutter Natur, aus dem einst heißen Pflaster ein herzerwärmendes Stück Landschaft zu formen.

Dessen Reize erkunden wir auf einer Weitblicktour rund um Ulrichstein. Die Kleinstadt im Nordwesten des Vogelsbergkreises mag zwar mit ihren etwas über 3.000 Einwohnern auf den ersten Blick eher überschaubar anmuten. Das nagt aber offensichtlich in keiner Weise am Selbstbewusstsein der Einwohner des Luftkurörtchens. Im Gegenteil. Aus der Warte der Ulrichsteiner sind sie es, die alles überschauen können. Und so verkünden sie denn auch bereits am Ortseingang mit einigem Stolz, dass sie Hessens höchstgelegene Stadt sind. Liegt der Startpunkt der Tour bereits auf rund 560 Metern Höhe, bringen uns schon die nächsten Schritte rasch hinauf auf 614 Meter.

Vom Parkplatz am Rathaus geht es dazu zunächst über Lindenparkstraße und Schnappenhain dem Schlossberg entgegen.

VULKANISMUS: Nicht ein einziger, sondern gleich mehrere Vulkane stehen am Anfang dessen, was heute der Vogelsberg und zugleich Europas größtes Vulkanfeld ist. Nach zwei vulkanischen Phasen bedeckte die Lava vor 15 Millionen Jahren rund 2.500 Quadratkilometer an Fläche. Dass man davon heute nicht mehr viel sieht, ist Wind und Wetter geschuldet. Die beiden haben im Verbund die Vulkane weitgehend dem Erdboden gleichgemacht. Einzig sehr standhafte Basaltkegel geben einen Eindruck davon, auf was der Vogelsberg bis heute gegründet ist. www.geopark-vogelsberg.de

Verlaufen ist hier wie auch entlang der gesamten Tour eigentlich ein Ding der Unmöglichkeit. An jeder Ecke, jeder Weggabelung sowie unzähligen Zaunpfosten prangt das rot-grüne Piktogramm eines Vulkans und hält uns in der Spur. Allerdings hätte es dieser Wegweiser zunächst kaum bedurft, winkt doch von Weitem schon der von einem roten Dach gekrönte Aussichtsturm den Wanderer zu sich hinauf. Ein echter Hingucker. Was auch für den **„Vogelsberggarten"** gilt, den die Ulrichsteiner rings um den steinalten Basaltkegel angelegt haben, der bis heute die Burg trägt. Besser gesagt das, was von ihr noch übrig ist. Denn leider sind es nicht mehr als Reste der früheren Festung. Der Zahn der Zeit und der Baustoff-Bedarf vergangener Generationen haben sich Stück für Stück und Stein für Stein an der **Burg** abgearbeitet. Einerseits bedauerlich, bietet sich

VOGELSBERGGARTEN: Wie haben die Vorfahren der heutigen Vogelsberger ihre Felder bestellt? Und zu welchen Heilkräutern griff dereinst der wackere Rittersmann, wenn er sich mal ein wenig wacklig auf den Beinen fühlte? Auf diese und viele andere Fragen soll der Vogelsberggarten Antworten geben. Sechs Hektar umfasst die um das Jahr 2000 herum angelegte Oase. Weitere Informationen finden sich hier: www.vogelsberggarten.de.

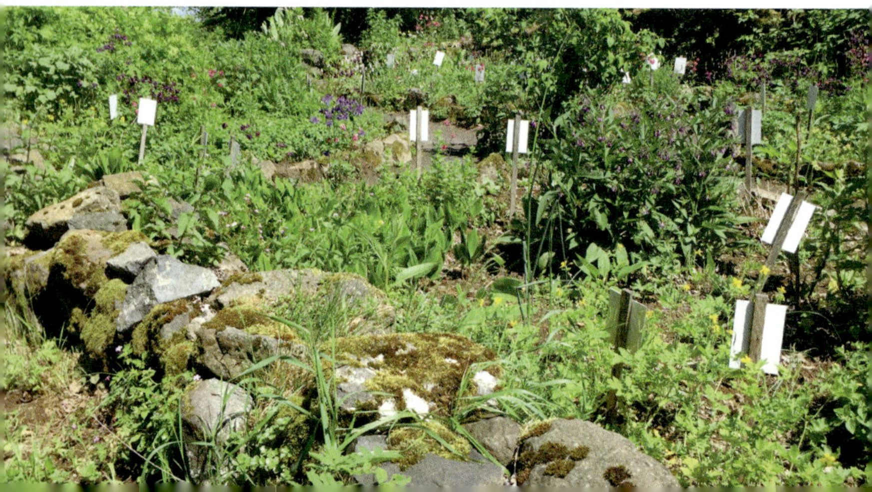

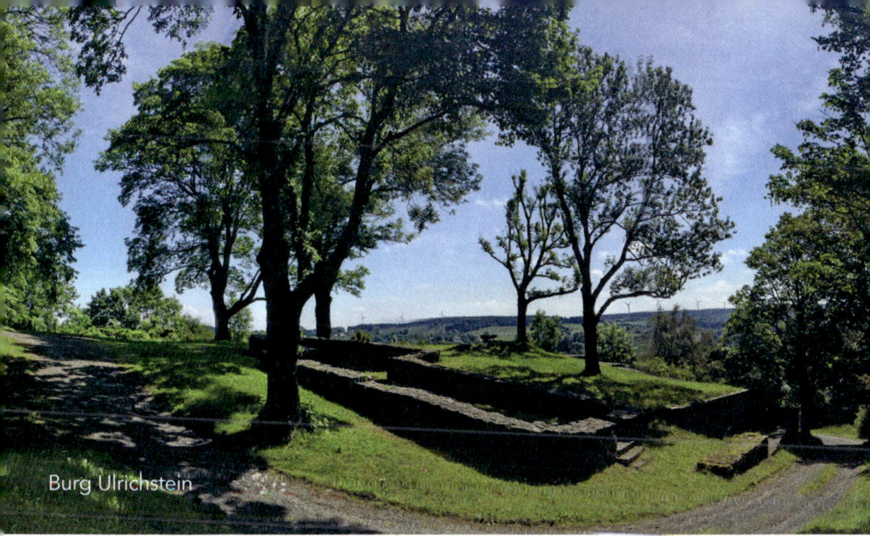

Burg Ulrichstein

dem Betrachter durch das Fehlen von hohen Mauern andererseits ein perfekter Rundumblick – auch ohne, dass man dafür Treppen und Leitern erklimmen müsste.

Haben wir uns sattgesehen, verlassen wir die Burg auf der dem Aufgang gegenüberliegenden Seite wieder und steigen ab. Wir passieren Viehweiden, spazieren in den Ort hinein und über die Hauptstaße direkt auch wieder hinaus. Am „Vorwerk“, einem lang gezoge-

BURG ULRICHSTEIN: Älter als der Ort zu ihren Füßen war die wohl im 13. Jahrhundert errichtete Burg Ulrichstein perfekt gelegen, um im Mittelalter von hier oben wichtige Handelsrouten zu kontrollieren und Zoll abzukassieren. Diese exponierte Lage war es aber auch, die die Festung mehr als einmal zum Zankapfel werden ließ. Von einer Auseinandersetzung im Siebenjährigen Krieg erzählt noch heute eine Gedenktafel. Die Gebeine der damaligen Verteidiger haben auf dem Schlossberg ebenso ihre letzte Ruhe gefunden wie die heimischen Gefallenen der beiden Weltkriege. Dass die Burg nicht komplett „ruiniert“ ist, ist den Ulrichsteinern zu verdanken, die sich mit vereinten Kräften für ihren Erhalt stark machen.

nen Bau, der früher Zehntscheune war und heute Heimatmuseum ist, geht es nach rechts und zunächst weiter talwärts. Über die Ohm – ein Flüsschen, das bei Ulrichstein entspringt und knapp 60 Kilometer weiter in die Lahn mündet – und die Landesstraße 3073 hinweg, war es das dann auch erst mal mit dem Abstieg. Der Vogelsberg hat seinen Namen ja nicht von ungefähr.

Und so zieht denn der Weg auch an – aber alles im erträglichen Rahmen. Kaum ist die Höhe auf 580 Metern passiert und der Wald erreicht, geht es auch schon gleich wieder nach links und ein Stück bergab. Dabei schließt sich dem Piktogramm des Vulkans ein Wanderzeichen an, das man so vielleicht nicht in einem Wald in der hessischen Provinz vermuten würde. Und doch steht der hebräische Buchstabe „Alef" für Menschen jüdischen Glaubens, die über Jahrhunderte hier zu Hause waren. An sie erinnert der **„Judenpfad"**.

Haben wir den Wald verlassen, bietet sich ein schöner Blick über Wiesen und Weiden hinweg auf den Feldataler Ortsteil Stumpertenrod und vor allem auf die Windmühlen des 21. Jahrhunderts. Wohin man auch blickt, wie man sich auch dreht und wendet: die **Windkraftanlagen** sind und bleiben ständige Begleiter auf der gesamten Tour. Und die riesigen Spargelstangen waren lange ein Gewinn – zumindest für Ulrichstein, wenn auch sicher nicht optisch.

Linker Hand der Blick auf die Gegenwart und wohl auch Zukunft der Region, warten hinter Sträuchern rechts des Weges wei-

JUDENPFAD: Aus vielen Städten vertrieben, lebten die meisten Juden im 18. und 19. Jahrhundert auf dem Land. So auch im Vogelsberg. Da sie selbst kein Land erwerben durften, verlegten sie sich auf den Handel mit Vieh und Tuchen. Die sogenannten Judenpfade bezeichnen die Wege, auf denen die Händler zwischen den Orten pendelten. Diesen Gedanken aufgreifend, soll das mit 49 Themen-Tafeln versehene Wanderwegenetz die früheren Stätten jüdischen Lebens in der Region verbinden. www.juedische-geschichte-vogelsberg.de

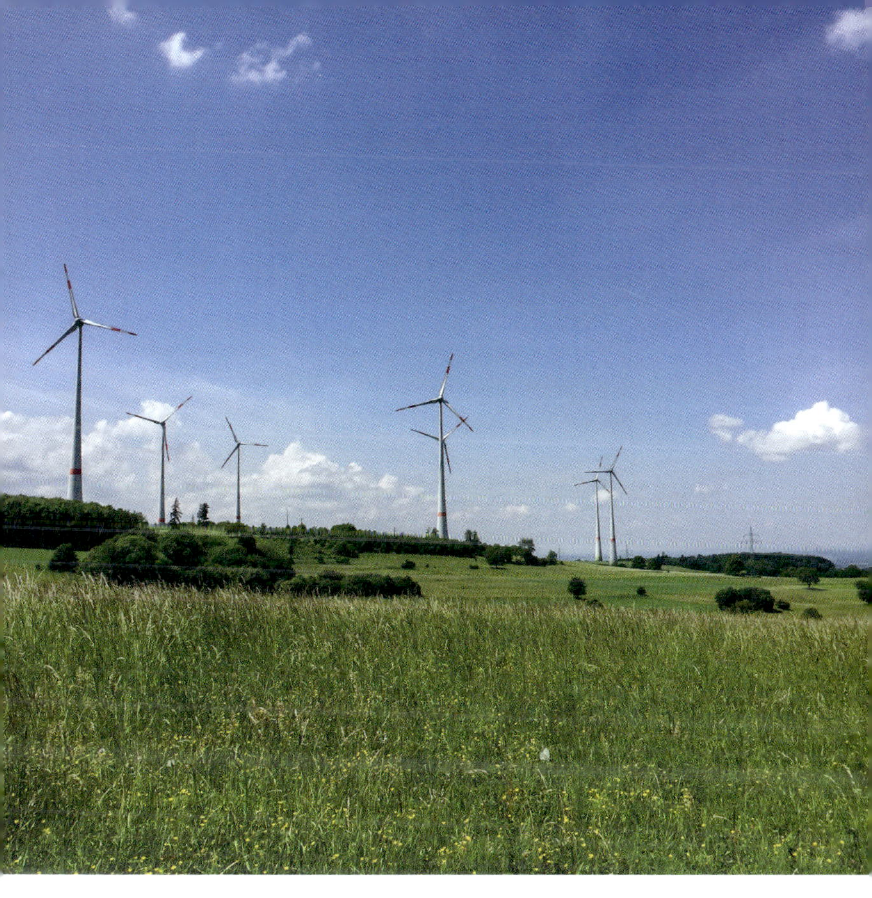

WINDKRAFT: Mit einem Rotorblatt vor dem Rathaus haben die Ulrichsteiner der Windkraft ein Denkmal gesetzt. Und das hat seinen Grund. Schließlich hat die Kommune über Jahre mit dem, was es hier reichlich und kostenlos gibt – nämlich Wind – gutes Geld verdient. Das soll auch so bleiben, auch wenn sich die „Windkraftgemeinde" selbst 2020/2021 aus der rotierenden Stromerzeugung verabschiedet und die beiden kommunalen Bürgerwindparks verkauft hat. Nach wie vor drehen sich mehrere Dutzend Energiespender rund um Ulrichstein.

tere Zeugnisse der eruptiven Vergangenheit, die mystischen **„Dicken Steine“**.

Der Spur des Vulkans folgend, leiten wir die Kehrtwende ein – aber ganz gemächlich. Wir schlagen denn auch keinen Haken, sondern laufen in einem Bogen an Feldern vorbei, zurück in den Wald und dann immer weiter in Richtung der Landesstraße 3162. Zwar signalisiert das Wegzeichen kurz vor Erreichen der Straße, dass es nach rechts geht. Wir aber nutzen die Chance zu einem Rendezvous mit einem Riesen, überqueren die Straße, schauen uns eine Windkraftanlage mal so richtig aus der Nähe an, und verabschieden uns dann ehrfürchtig wieder in Richtung des Waldes. Für kurze Zeit

DICKE STEINE: Hier ist „nomen“ mal nicht „omen“. Denn die heute weitgehend unter Moos abgetauchte Gesteinsformation setzt sich eigentlich aus dünnen Basaltsäulen zusammen. Es wird angenommen, dass die alten Germanen hier vor über 1.000 Jahren ihrer Göttin Hulle (die märchenhafte Frau Holle) Opfer dargebracht haben.

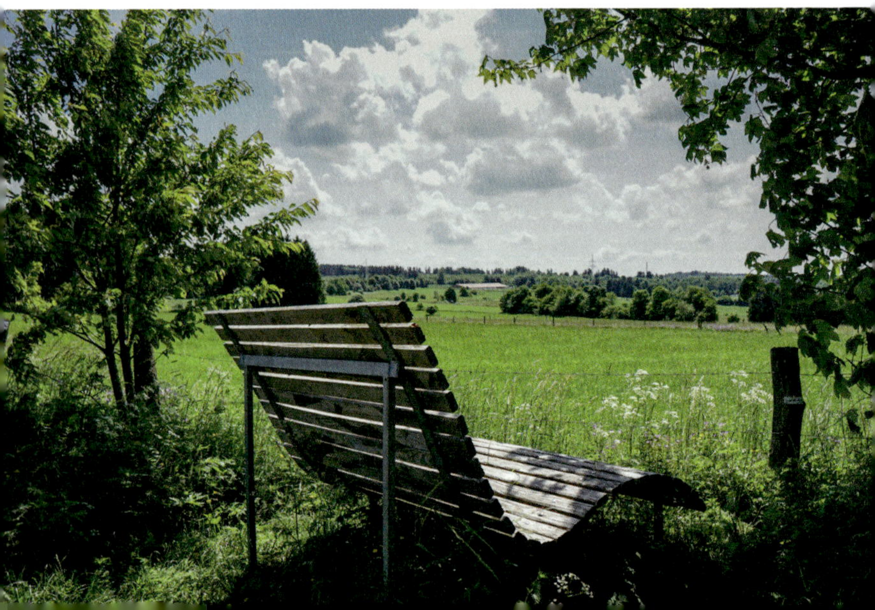

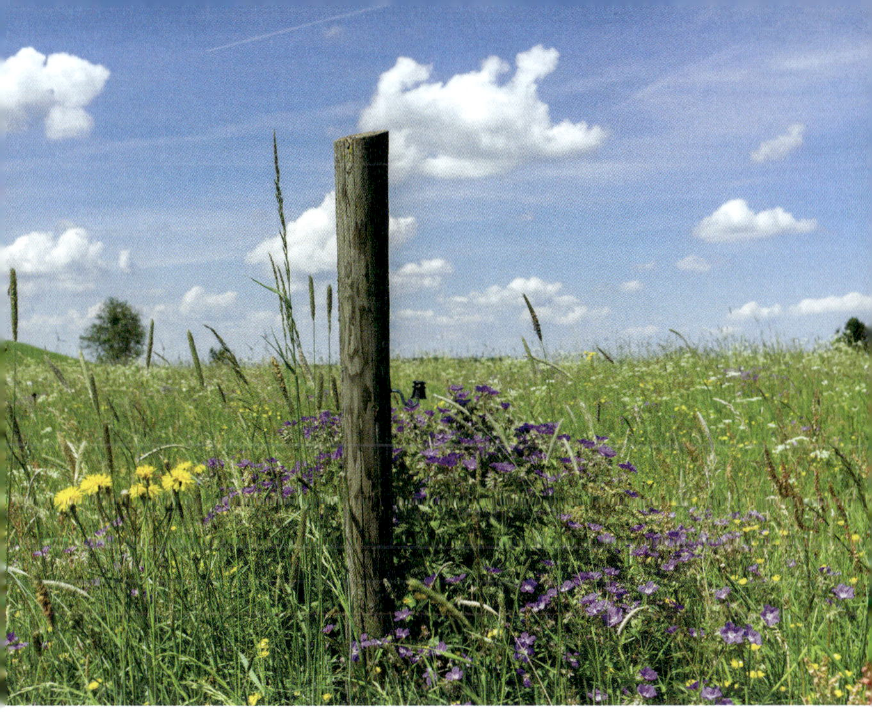

müssen wir zwar mit einem gelben Kreuz als Markierung Vorlieb nehmen, aber schon 200 Meter weiter übernimmt der Vulkan wieder die Führung und gibt sie bis zum Ziel auch nicht mehr ab. Wie wäre es mit einer kurzen Rast? Eine Liegebank mit herrlichem Blick auf Ulrichstein bietet den perfekten Platz dafür.

Frisch gestärkt geht es weiter entlang der Felder bis zur Reitsportanlage „Schlossberg“. Hier kann jeder dann für sich selbst entscheiden, ob er die Tour nach rechts verlässt und direkt nach Ulrichstein zurückkehrt oder auf der heißen Spur des Vulkans bleibt. Letzteres ist auf jeden Fall zu empfehlen, schließlich wartet nur zwei Kilometer weiter noch einmal ein echtes Kleinod aus der Werkstatt von Mutter Natur darauf, durchquert zu werden. Unterhalb der Landesstraße 3073 zieht sich der Gilgbach durch ein kleines, urig geratenes Waldstück, in dem der Wanderer mit bemoosten Basaltbrocken auf Linie gebracht und schließlich zurück in Richtung Ulrichstein gelenkt wird.

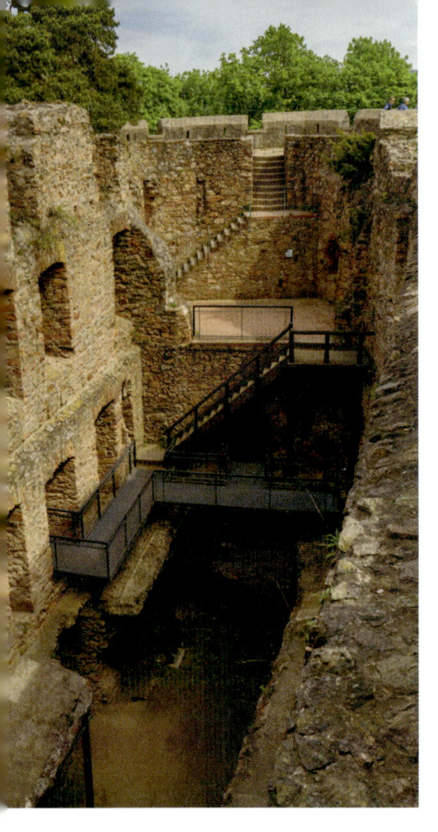

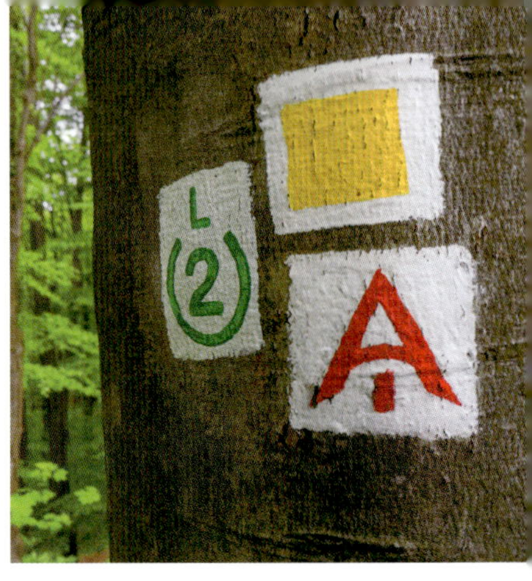

BERGSTRASSE

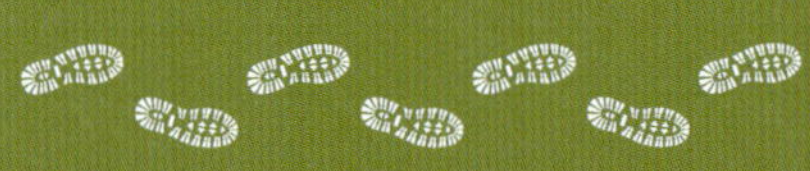

Im Wellness-Dorf der High-Society

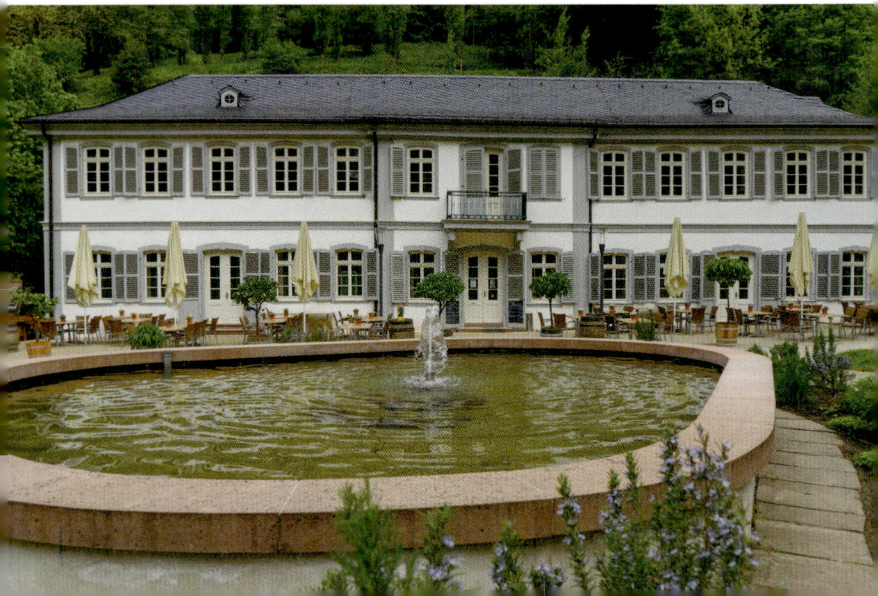

TOUR 14

03:00 h · 9,6 km · moderat · 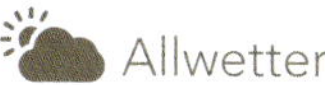 Allwetter

Trotz des einen oder anderen mitunter knackigen Anstiegs alles in allem eine moderate Wanderung. Gute Kondition erforderlich. Gut ausgebaute Wege.

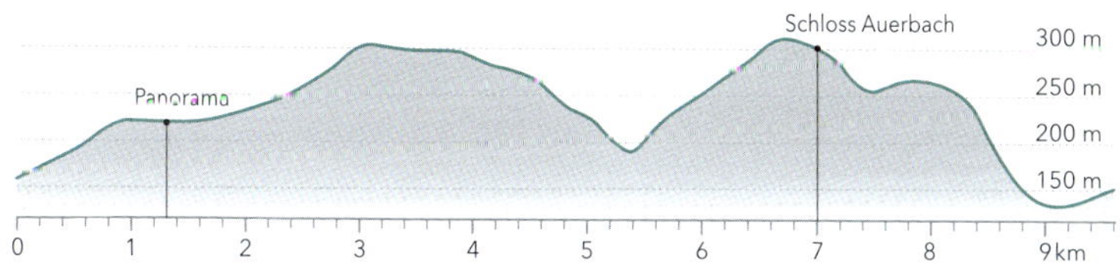

Anfahrt

Auto: Auf der A5 nach Süden, an der Ausfahrt 29 (Zwingenberg) abfahren und über K67 und Berliner Ring nach Bensheim. In der Ortsmitte nach links, dem Brückweg folgen und weiter über Darmstädter Straße und Bachgasse nach Auerbach. Wagen auf dem Parkplatz Fürstenlager abstellen. **ÖPNV:** Mit der Regionalbahn 68 vom Frankfurter Hauptbahnhof zum Bahnhof Bensheim-Auerbach. Von hier aus geht es über Otto-Beck-Straße und Neuer Weg zum Startpunkt in der Bachgasse.

Highlights

Staatspark Fürstenlager (www.schloesser-hessen.de), Goethebrunnen, Schloss Auerbach (www.schloesser-hessen.de).

Einkehrmöglichkeiten

In Auerbach wie auch in Bensheim werden Hungrige und Durstige auf jeden Fall fündig. Zudem bietet Schloss Auerbach (www.schloss-auerbach.de) auf dem Weg Gelegenheit zur Stärkung.

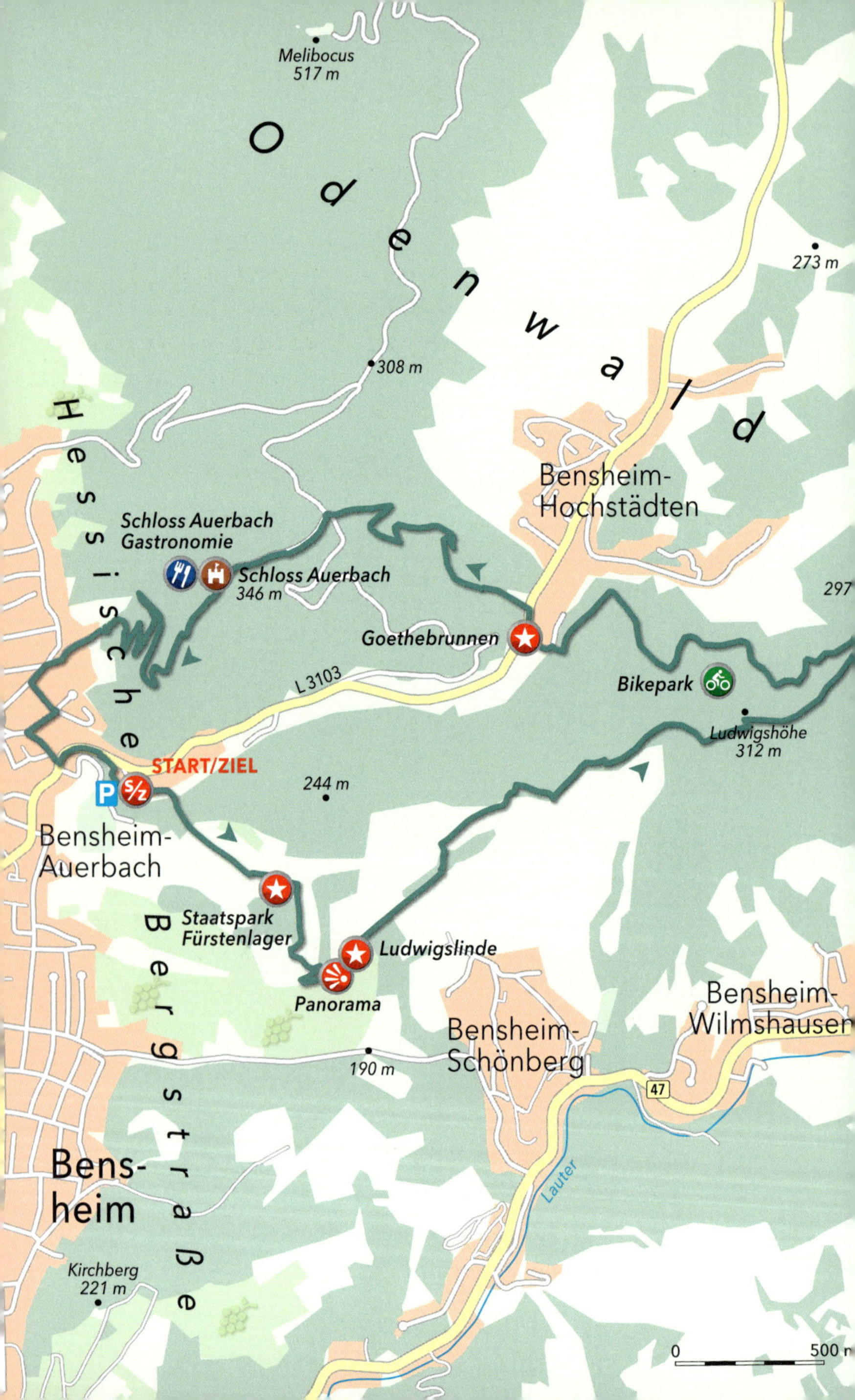
Melibocus
517 m
Odenwald
273 m
308 m
Hessische Bergstraße
Bensheim-Hochstädten
Schloss Auerbach Gastronomie
Schloss Auerbach
346 m
297
Goethebrunnen
L 3103
Bikepark
Ludwigshöhe
312 m
START/ZIEL
P
S/Z
244 m
Bensheim-Auerbach
Staatspark Fürstenlager
Ludwigslinde
Panorama
Bensheim-Wilmshausen
Bensheim-Schönberg
190 m
47
Lauter
Bens-heim
Kirchberg
221 m
0
500 m

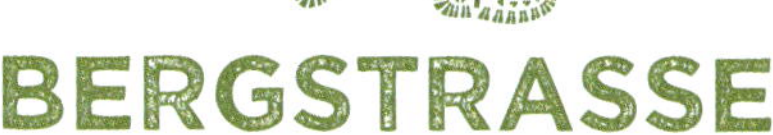

BERGSTRASSE

Im Wellness-Dorf der High Society

Adel schützt vor Krankheit nicht – Erbprinz Ludewig von Hessen-Darmstadt war natürlich nicht der erste Blaublüter, der 1783 diese unangenehme Erfahrung machen musste. Und doch war seine fürstliche Malaise damals wegweisend, und sie ist es – zumindest für die folgende Tour – bis heute geblieben.

Der Grund: Das kleine Seitental oberhalb von Auerbach, in dem der junge Adelige damals Heilung suchte und fand, erfuhr durch seinen Besuch eine unerwartete Aufwertung. Das Idyll mit seiner eisenhaltigen Mineralquelle avancierte zur Sommerfrische des Herrscherhauses und zum perfekten Einstiegstor in diese Wanderung.

Die beginnen wir allerdings etwas weiter unten im malerischen Ortskern von Auerbach. Von hier aus gehen wir die Bachgasse nicht runter, sondern rauf und erreichen nach etwa 400 Metern den Zugang zum heutigen **„Staatspark Fürstenlager“**.

Während wir den Schwanenweiher passieren und uns den ersten Gebäuden nähern, bekommen wir bereits einen Eindruck davon, warum sich Ludewig und seine Frau Luise hier auch noch wohlfühlten, als er 1790 zunächst zum Landgrafen und 16 Jahre später sogar zum Großherzog aufgestiegen war.

Zwar hatte ihn die Regentschaft das „e“ im Vornamen gekostet. Dafür hatte Ludwig als Regent die Mittel, um den grünen Rohdiamanten zu einem Schmuckstück im Stil ei-

FÜRSTENLAGER: Da sage noch einer, der Adel wolle nichts mit dem gemeinen Volk zu tun haben. An der Bergstraße zur Wende vom 18. zum 19. Jahrhundert war das anders. Damals hatte die Bevölkerung freien Zutritt zum Sommersitz ihres Landesherrn. Der wiederum zeigte keine Scheu, ließ sich mit der Familie im Grünen nieder und verhalf dem 42 Hektar großen Park so zu seinem Namen: Fürstenlager.

nes englischen Landschaftsgartens umarbeiten zu lassen. Dazu noch hübsch herausgeputzte Häuschen im klassizistischen Stil. Und das alles gruppiert sich um das Herzstück – jene Quelle, die für Ludwig zum „Gesundbrunnen“ wurde, und aus der in den folgenden Jahren auch viele andere tranken, die Heilung suchten. Sogar der Zar – ein Verwandter des Hessen – kurte zu Beginn des 19. Jahrhunderts im fürstlichen Wellness-Dörfchen.

Gerade erst gestartet, brauchen wir noch keinen Schluck aus dem Brunnen. Wenn wir durstig sind, dann sind wir tatendurstig. Und deshalb steigen wir nach rechts den Hügel der Herrenwiese hinauf. Aus einem ganzen Strauß an Wanderzeichen, die vom Start weg dienstbeflissen um unsere Aufmerksamkeit buhlen, picken wir uns vorerst das rote A des Alemannenwegs als Markierung unseres Vertrauens heraus. In seiner Spur kommen wir einem kleinen Tempel näher, der uns eine besondere Aussicht auf das Fürstenlager verspricht und dieses Versprechen fraglos auch hält. Mehr Fragen wirft da schon die Inschrift auf dem Monopteros auf.

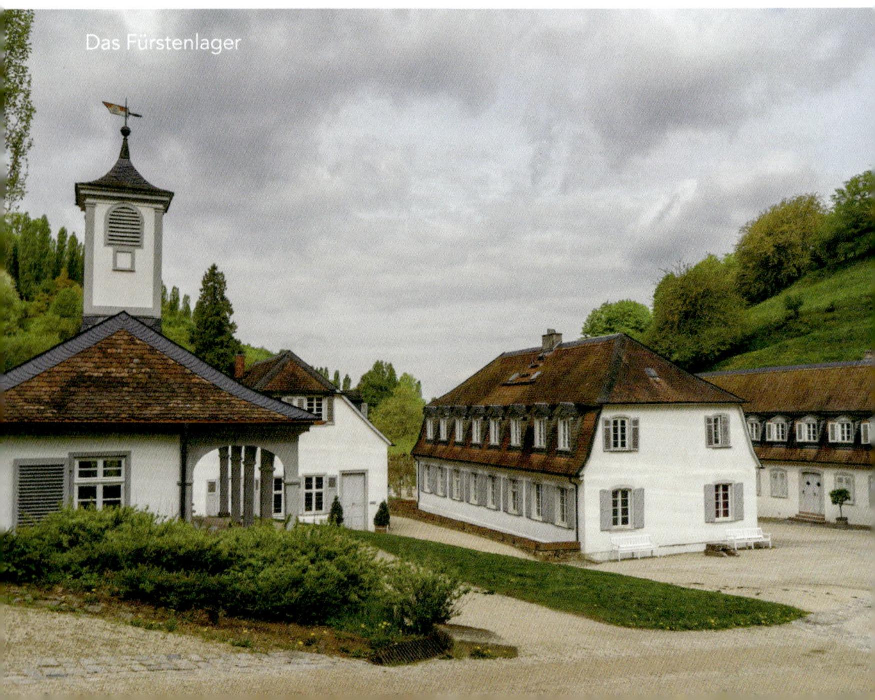
Das Fürstenlager

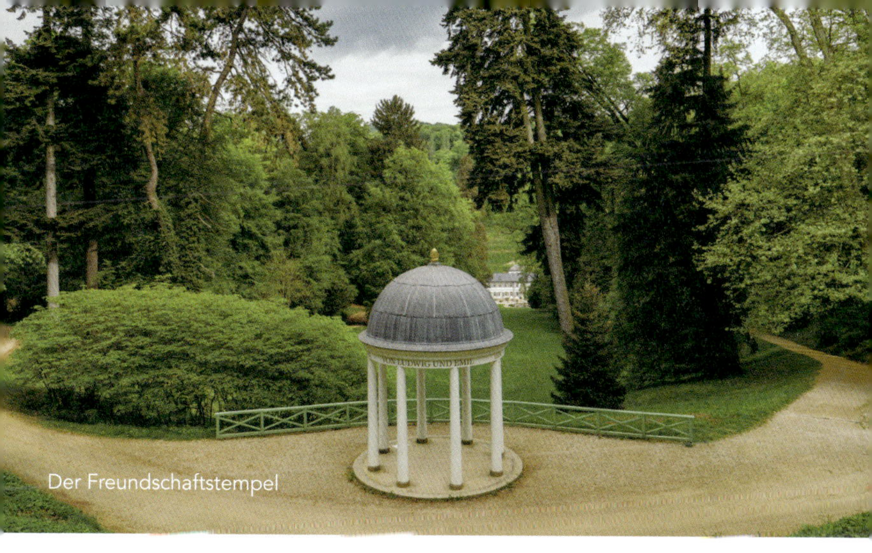
Der Freundschaftstempel

Wir bleiben noch ein wenig auf der Höhe, steigen sogar vom Tempel aus noch ein paar Meter nach oben, wenden uns dann nach links und spazieren an der nicht minder schönen Kehrseite des Fürstenparks entlang. Wird unten im Tal dem Wasser gehuldigt, so wird hier oben auf dem Schönberger Herrnwingert Wein angebaut. Und das vor waldreicher Odenwald-Kulisse. Die genoss offensichtlich auch Ludwig Graf von Erbach-Schönberg, sonst hätte er wohl nicht gleich nebenan Mitte des 19. Jahrhunderts eine Linde gepflanzt, die zwar heute nicht mehr im Original dasteht, aber immer noch seinen Namen trägt.

Auf unserem weiteren Weg kreuzen wir den Franziskanischen Pilgerweg und einen Platz, der die Erinnerungen an Marie Fürstin von Erbach-Schönberg wachhalten soll, bevor wir uns nach links wenden und wieder talwärts wandern. Vorbei an den Obstwiesen des

DER FREUNDSCHAFTSTEMPEL:
Die beiden Söhne Ludwigs – die Prinzen Ludwig und Emil – haben den Freundschaftstempel, so verrät es die Inschrift, 1824 „In kindlicher Liebe“ errichten lassen. Die Adressatin war ihre Mutter Großherzogin Luise. Der Tempel ist allerdings eine Rekonstruktion aus dem Jahr 1999.

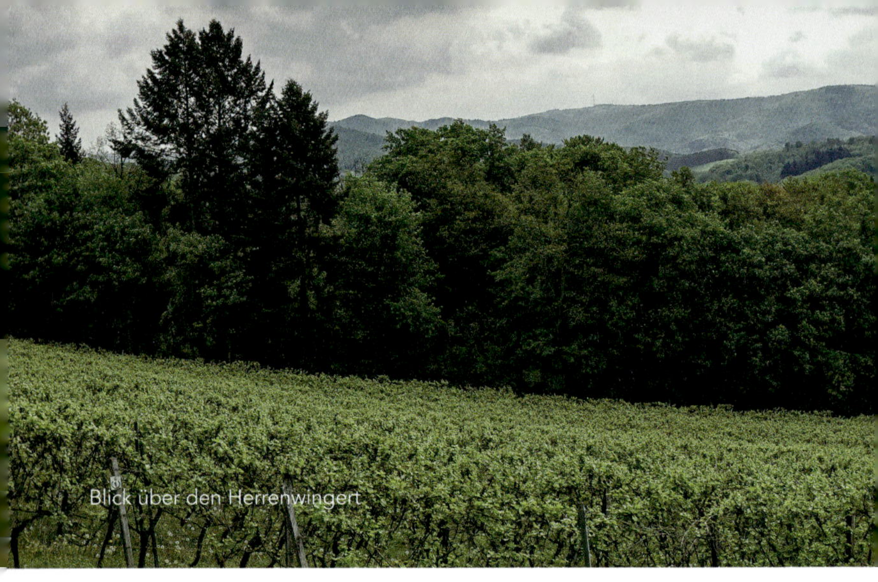
Blick über den Herrenwingert

einstmaligen Fürstenlagers zieht es uns nach links und in den Wald hinein.

Wir nutzen die Gelegenheit, um an der Eremitage vorbeizuschauen, und fühlen uns ins alte Zarenreich zurückversetzt. Die mit Rindenholz verkleidete Einsiedelei wurde einer russischen Kapelle nachgebildet.

Ein Bergpfad bringt uns durch Buchenwald leicht ansteigend wieder nach oben und der nächsten Weggabelung entgegen. Es geht im Gefolge des Alemannenwegs, der kollegiale Hilfe vom grünen L2 bekommt, in einer schnellen Rechts-Links-Kombination weiter nach oben und der Zeppelinhütte entgegen. Wer ob des Namens eine luftig-leichte, extrovertierte Konstruktion erwartet, könnte enttäuscht werden. Es ist ein simpler Holzunterstand, der bei Regen aber sicher seinen nicht minder simplen Zweck erfüllt. Vor allem für die Mountainbiker, die in diesem Teil des Waldes Vorfahrt haben.

Auf dem Weg in Richtung des Bensheimer Stadtteils Hochstädten holen wir deshalb auch etwas weiter aus, nicht ahnend, dass wir am Wegesrand einen **„Toten Mann“** entdecken werden. Keine Sorge, das ist kein Grund, gleich die Polizei zu rufen, aber doch einer,

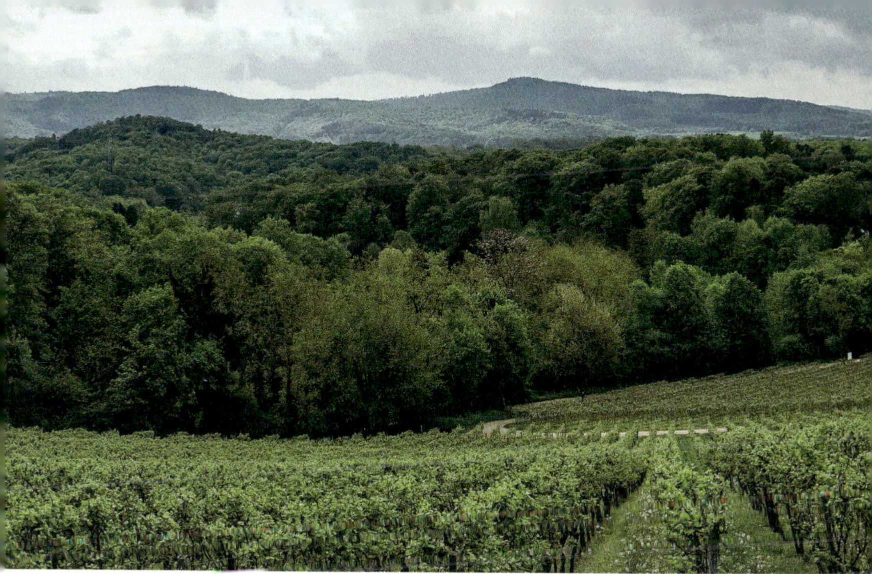

sich mit der Geschichte zu beschäftigen, der die Felsformation ihren merkwürdigen Namen verdankt. Denn die ist schaurig-schön.

Beschaulich hingegen ist der Weg, den wir von hier aus nehmen. An der nächsten Weggabelung nach links verlassen wir zwar vorerst den Alemannenweg, vom Kurs aber kommen wir trotzdem nicht ab. Wir spazieren gemütlich hangabwärts und erreichen den Ortsrand von Hochstädten. Der Ort war über Jahrhunderte vor allem für zwei

DER TOTE MANN: 1555 soll eine Frau in dieser Gegend ihren Mann mit einem Beil erschlagen haben. Die Sage, die darauf gründet, besagt, dass der tote Mann hier auch begraben und so zum Grenzfall wurde. Der Grund: Sein Kopf lag auf dem Gebiet der Grafen von Erbach-Schönberg, der Torso auf dem Land der Landgrafen von Hessen. Beide Herren stritten jahrelang, wer die Mörderin an den Galgen bringen dürfe. Um dem eine Ende zu machen, verhalf man ihr zur Flucht. Bis heute, so heißt es, sitzt ihr Geist zu Mitternacht klagend auf dem Stein und wischt mit ihrem Kopftuch das Blut weg

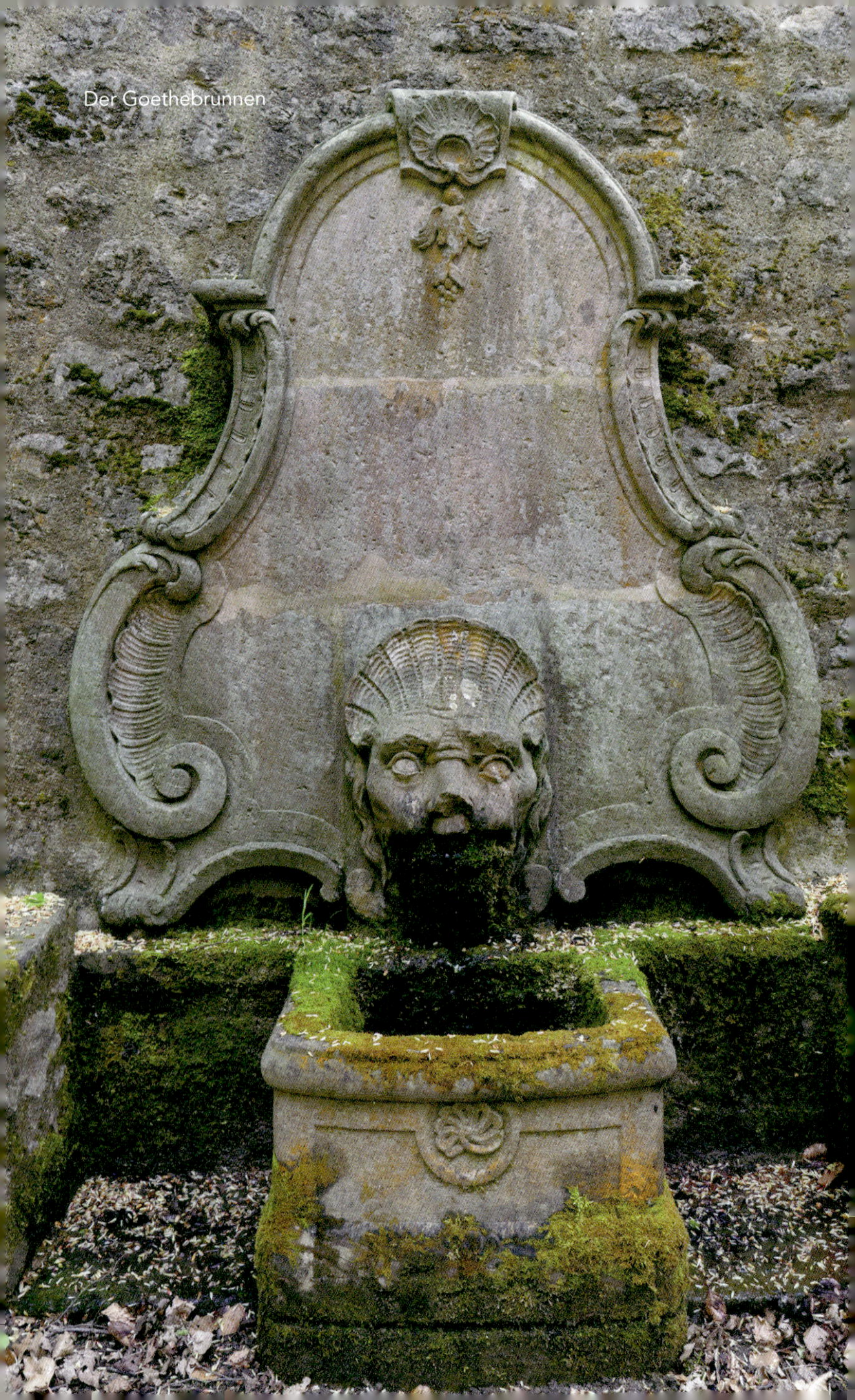

Der Goethebrunnen

GOETHEBRUNNEN: Ob Goethe hier an der Wende vom 18. zum 19. Jahrhundert selbst einmal vor dem löwenköpfigen Wasserspendern stand und vom heilsamen Nass getrunken hat? Gut möglich. Zumindest könnte er den Brunnen gekannt haben. Er schätzte die Bergstraße, war mit Landgraf Ludwig auch persönlich bekannt. Klar ist, dass der um 1784 fertiggestellte Brunnen einer der Hotspots des Fürstenlagers war.

Dinge bekannt: seinen Marmor und seine Heilquelle. Heute ist das Marmoritwerk geschlossen und die Quelle versiegt. An die goldenen Zeiten erinnern nur noch die beiden Hämmer im Wappen des Ortes und der **Goethebrunnen** rechts des Weges.

Schade, dass das Wasser nicht mehr sprudelt, ein kraftspendender Trunk wäre jetzt nicht das Schlechteste. Schließlich steht noch ein letzter knackiger Anstieg an. Den gehen wir an, indem wir zunächst die Mühltalstraße überqueren, uns danach erst rechts halten und bei nächster Gelegenheit nach links in den Wald verabschieden. Aber was heißt hier „Wald". Das Ganze hat schon etwas von einem südhessischen Dschungel.

Vorbei an beachtlichen Farnen, an über und über mit Moos bezogenen Bäumen und Efeu-Strängen, an denen Tarzan seine schwingende Freude gehabt hätte, geht es bergauf. Zunächst nur wenig, dann etwas mehr und mit einem Mal so richtig. Ein schmaler, steil ansteigender Bergpfad verheißt uns, auf dem direkten Weg ganz schnell und ganz nah an unser nächstes Etappenziel heranzukommen. Wer kann dazu schon nein sagen? Also schwenken wir nach links und machen uns an den Aufstieg. Der ist mit seinen knapp 200 Metern kurz, aber eben auch knackig. Dafür hält der Weg sein Versprechen. Oben angekommen schießen die Wanderzeichen wieder wie Pilze aus dem Boden – ein untrügliches Zeichen dafür, dass wir ganz nah dran sind. Woran? An **Schloss Auerbach** und dessen Fernblick.

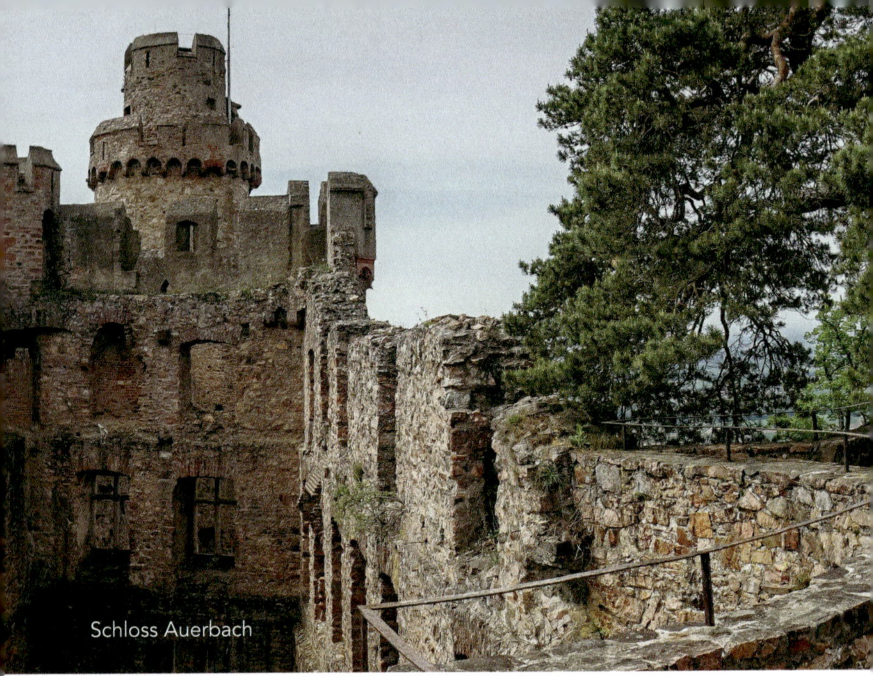
Schloss Auerbach

Haben wir uns gütlich getan am Panorama und vielleicht auch an den Angeboten des Schloss-Restaurants, machen wir uns an den Abstieg. Den können wir entweder ganz klassisch angehen und den reichlich vorhandenen Wanderzeichen folgen. In dem Fall geht es zunächst zurück in Richtung Parkplatz und dann in einer Schlei-

SCHLOSS AUERBACH: Es waren die Grafen von Katzenelnbogen, die im 13. Jahrhundert den Bau von Schloss Auerbach in Angriff nahmen. Und wie so oft in der Burgengeschichte in Rhein-Main waren es französische Truppen, die die Burg – dieses Mal im 17. Jahrhundert – ruinierten. Was sie aber nicht zerstören konnten, ist die spektakuläre Aussicht, die man von dort hat. Zudem wartet die Festung mit einem ganz besonderen Anblick auf: Eine offensichtlich sehr genügsame Waldkiefer hat hoch oben auf der Burgmauer Wurzeln geschlagen.

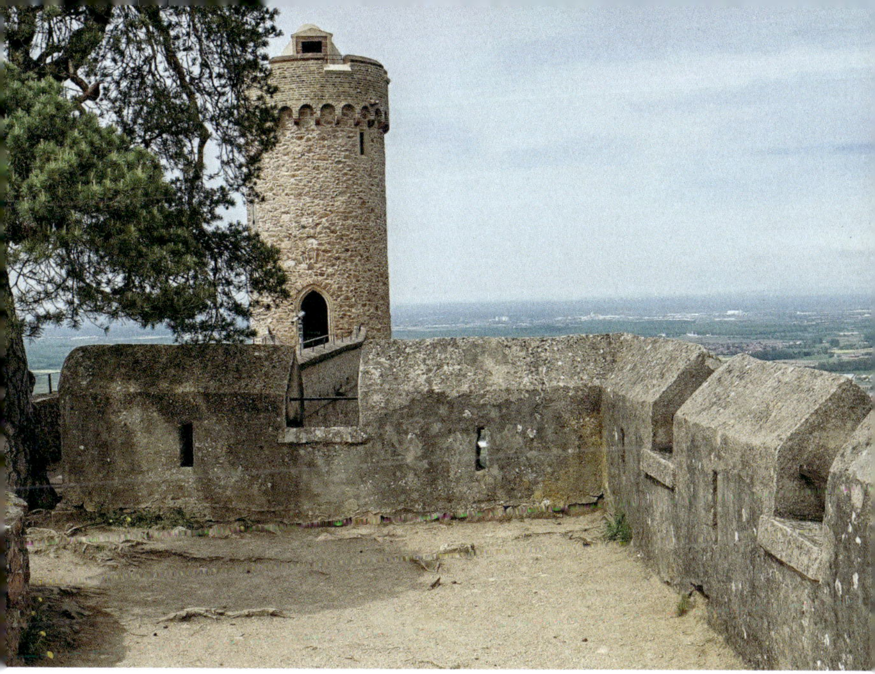

fe nach rechts. Oder aber wir nehmen den Pfad, der gleich vor dem Schloss nach rechts führt. Der ist allerdings etwas abfallender und schmaler. Das Ziel ist das Gleiche. Am Fuße der Festung stoßen beide Varianten denn auch schon wieder aufeinander und ziehen den Wanderer im Verbund nach unten. Das Gefälle ist allerdings gerade auf den ersten 200 Metern beträchtlich. Da empfiehlt es sich, auch einen Gang runterzuschalten.

Ist dieses Stück des Weges geschafft, können wir es wieder rollen lassen. Wir wandern weiter parallel zum Hang auf den Spuren der alten Alemannen, schlagen dann allerdings einen scharfen Haken nach links und schlängeln uns weiter zu Tale. Die in den Wald geschlagenen Serpentinen federn den verbleibenden Abstieg dabei angenehm ab, bringen uns an ein steinernes Türmchen mit „verwachsener" Aussicht und liefern uns letztlich wie gewünscht am Rand von Auerbach ab.

An Wohnträumen von gestern und heute entlang geht es zurück in Richtung Ortsmitte und ein letztes Mal die Bachgasse rauf – und eben nicht runter.

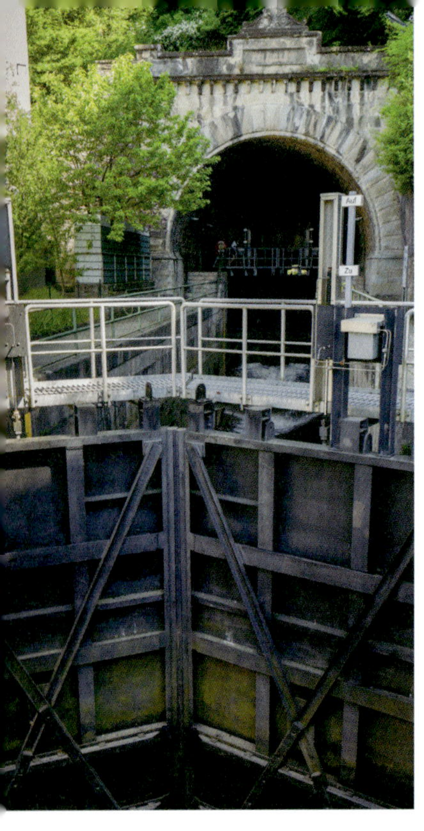

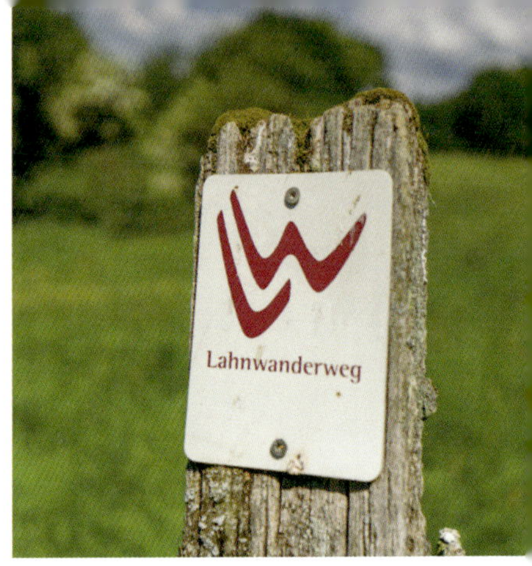

LIMBURG-WEILBURG

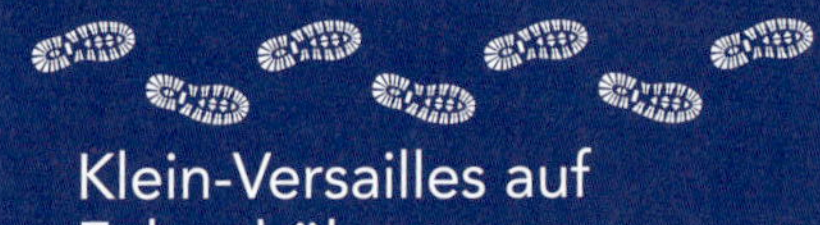

Klein-Versailles auf Felsenhöhe

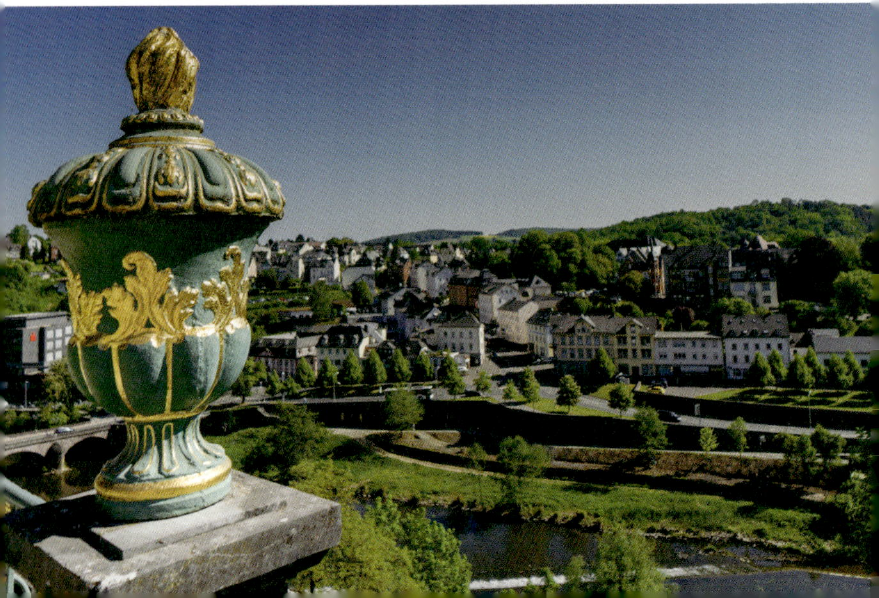

TOUR 15

04:30 h 16,5 km moderat 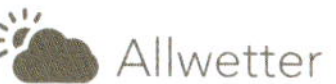 Allwetter

Moderate Wanderung. Gute Kondition erforderlich. Weitgehend gut ausgebaute, leicht begehbare Wege.

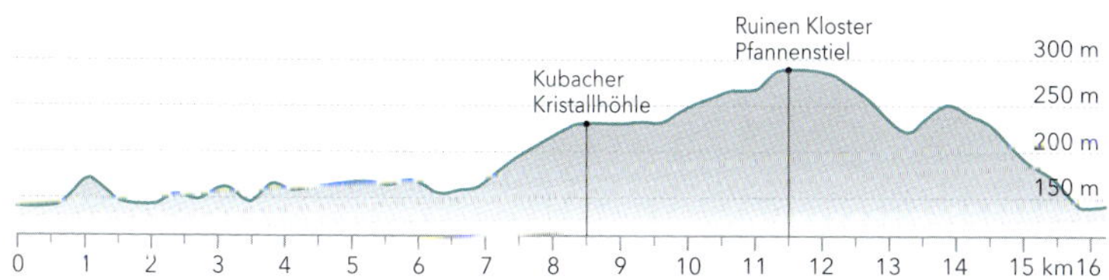

Anfahrt

Auto: Über die A3 nach Limburg und dann nach Osten über B54, B549 und B456 weiter nach Weilburg. Parken: P+R am Bahnhof Weilburg/Löhnberger Straße. **ÖPNV:** Mit der Regionalbahn zum Limburger Bahnhof, von dort aus mit der Regionalbahn 45 zum Bahnhof Weilburg.

Highlights

Schloss Weilburg, Schifffahrtstunnel (www.weilburg.de), Weiltalweg, Kubacher Kristallhöhle (www.kubacherkristallhoehle.de), Wildpark Weilburg (www.wildpark-weilburg.de).

Einkehrmöglichkeiten

In Weilburg gibt es eine ganze Reihe gastronomischer Angebote. Um sicher zu gehen, empfiehlt sich für den Weg der Griff in den Rucksack.

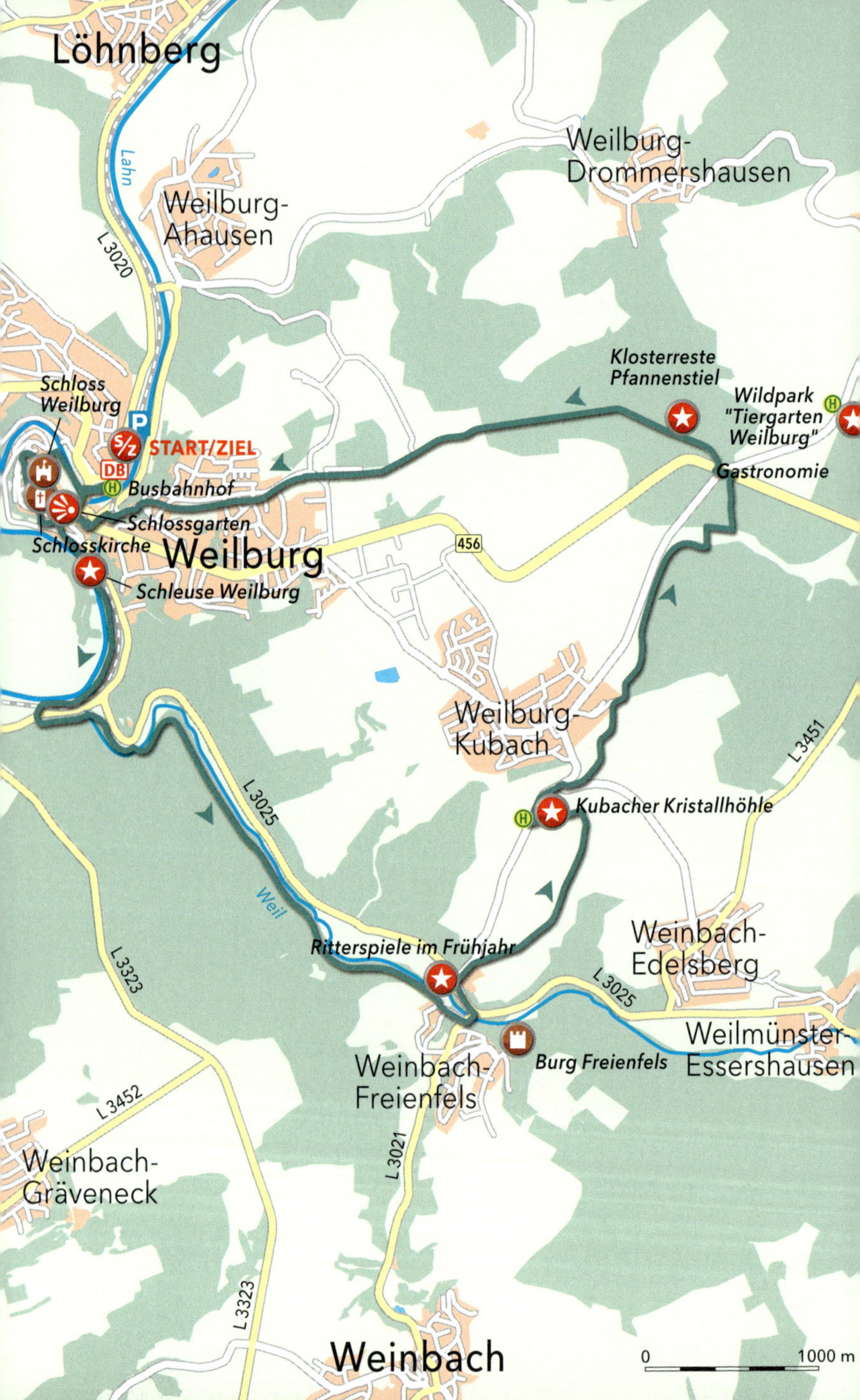

Löhnberg
Lahn
L 3020
Weilburg-Ahausen
Weilburg-Drommershausen
Klosterreste Pfannenstiel
Wildpark "Tiergarten Weilburg"
Gastronomie
Schloss Weilburg
START/ZIEL
DB
Busbahnhof
Schlossgarten
Schlosskirche
Weilburg
456
Schleuse Weilburg
Weilburg-Kubach
L 3451
Kubacher Kristallhöhle
L 3025
Weil
Ritterspiele im Frühjahr
Weinbach-Edelsberg
L 3025
Weilmünster-Essershausen
Burg Freienfels
Weinbach-Freienfels
L 3323
L 3452
Weinbach-Gräveneck
L 3021
L 3323
Weinbach
0
1000 m

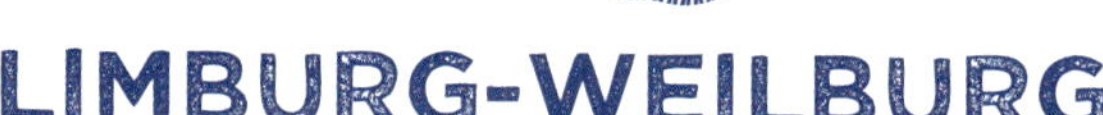

LIMBURG-WEILBURG

Klein-Versailles auf Felsenhöhe

An drei Seiten vom Fluss umgeben, thront Schloss Weilburg auf einem mächtigen Felssporn hoch über der Lahn. In alter Zeit nannte man das vermutlich eine strategisch günstige Lage. Heute spricht man da doch eher von reizvoll. Und genau diese Fülle an Reizen ist es auch, die den Wanderer unwiderstehlich anzieht.

Mag sein, dass es ökonomischer wäre, vom Start am Weilburger Bahnhof aus auf Fluss-Niveau in die Tour einzusteigen und den Besuch auf dem Schlossberg ans Ende anzuhängen. Aber wer denkt schon ökonomisch, wenn er die Aussicht auf phänomenale Aussichten hat?

Also geht es die Bahnhofstraße ein Stück hinauf, nach links in die Bootshausstraße hinein und dann am Ufer der Lahn entlang in Richtung **„Steinerne Brücke“**.

STEINERE BRÜCKE: Früher so etwas wie die Aorta zum Herzen von Weilburg, ist die Brücke mittlerweile „nur mehr“ ein Nebeneingang. Der Besucher ist beim Überqueren der von fünf Korbbögen getragenen Konstruktion allerdings noch heute schwer beeindruckt vom Blick auf die imposanten Schlossmauern.

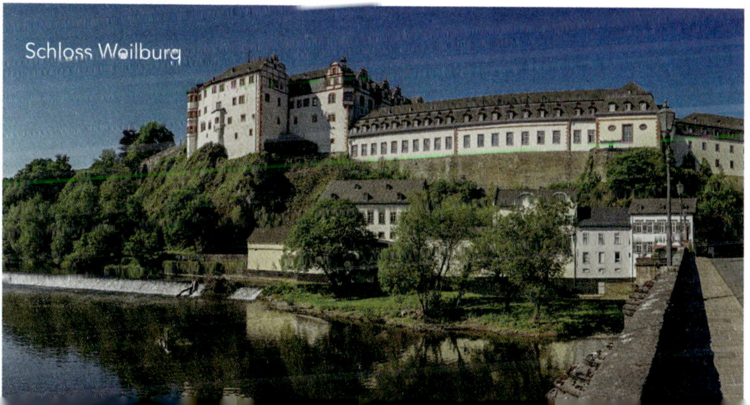
Schloss Weilburg

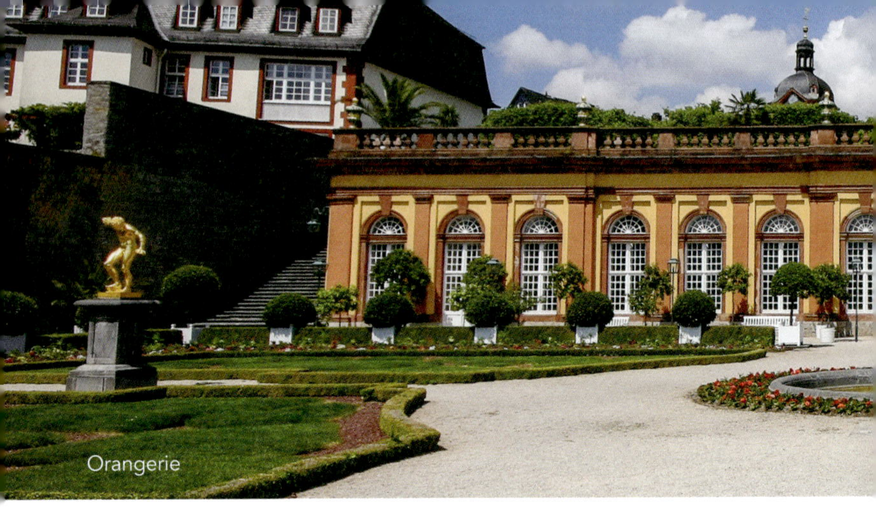
Orangerie

Die Niedergasse hinauf und nach links in die Langgasse hinein passiert der Wanderer mit Schlosshotel wie Stadthalle bereits die ersten Ausläufer des weiträumigen Residenz-Ensembles.

Es steht ganz außer Frage, dass eine ausgiebige Schlossbesichtigung, ein Besuch in der Schlosskirche oder auch nur eine Tasse Kaffee auf dem Marktplatz jetzt verlockend wären. Aber wir sind doch gerade erst losgegangen. Da empfiehlt es sich, mit dem Sightseeing bis zum Ende der Wanderung zu warten. Einen kurzen Abstecher zum früheren Herrschaftssitz der Nassau-Weilburger lassen wir uns aber natürlich nicht nehmen.

SCHLOSS WEILBURG: Alles begann um das Jahr 900 herum mit einer trutzigen wie vermutlich auch ziemlich zugigen Burg und mauserte sich über die Jahrhunderte hinweg zur barocken Residenz mit einem Hauch Sonnenkönig-Flair. 1535 ließen die Grafen von Nassau-Weilburg die alte Burg abreißen und eine vierflügelige Residenz an deren Stelle errichten. Das Schloss, wie es sich heute in seiner ganzen Pracht darbietet, hat Baumeister Julius Ludwig Rothweil seinem Grafen Johann Ernst (1675 – 1719) „hingestellt".

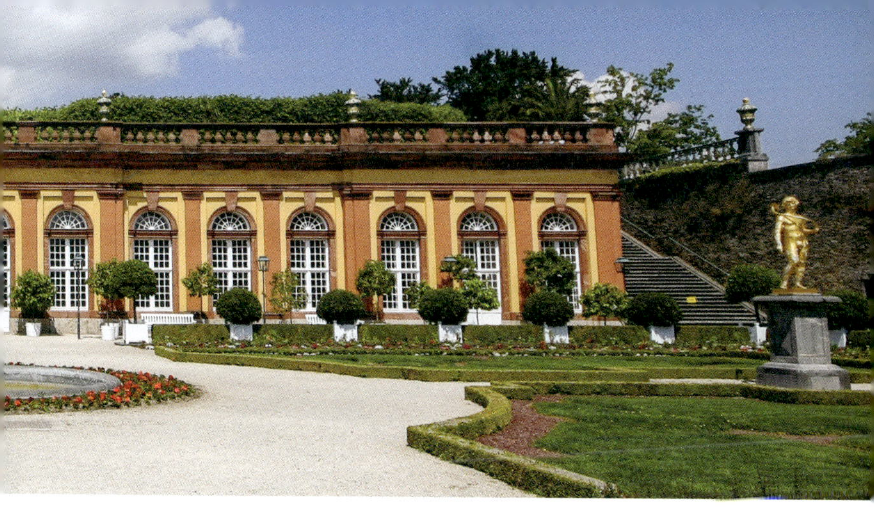

Wir haben Glück, dass quasi alles auf dem Weg liegt, spazieren durch die herrlichen Gärten samt Lahn-Panorama, steigen die grünen Terrassen des Mini-Versailles nach unten und verabschieden uns am König-Konrad-Platz aus der Stadt.

Jetzt nach rechts und den Mühlberg hinunter wartet eine Weilburger Besonderheit mit drei „F" auf uns: der **Schifffahrtstunnel**.

Statt im Bauch des Berges zu verschwinden, zieht es uns an das Ufer der Lahn und weiter auf den alten Leinpfad.

Verdankt der Weg seinen Namen noch der Zeit, da hier Schiffe angeleint wurden, um mit Muskelkraft und echten Pferdestärken

SCHIFFFAHRTSTUNNEL: Herzog Adolph von Nassau war es, der 1867 den Rücken des Mühlbergs durchstechen und für den Schiffsverkehr öffnen ließ. Mit Hilfe des mit Schleusen bewehrten Tunnels sollte der starke Höhenunterschied an der Lahnschleife ausgeglichen und der Fluss so durchgehend schiffbar gemacht werden. Allein, kaum war der Tunnel fertig, lief ihm auch schon bald wieder die Bahn den Rang ab. Pech für den Herzog, Glück für viele Wassersportler, die heute noch durch Deutschlands ältesten Schifffahrtstunnel paddeln können.

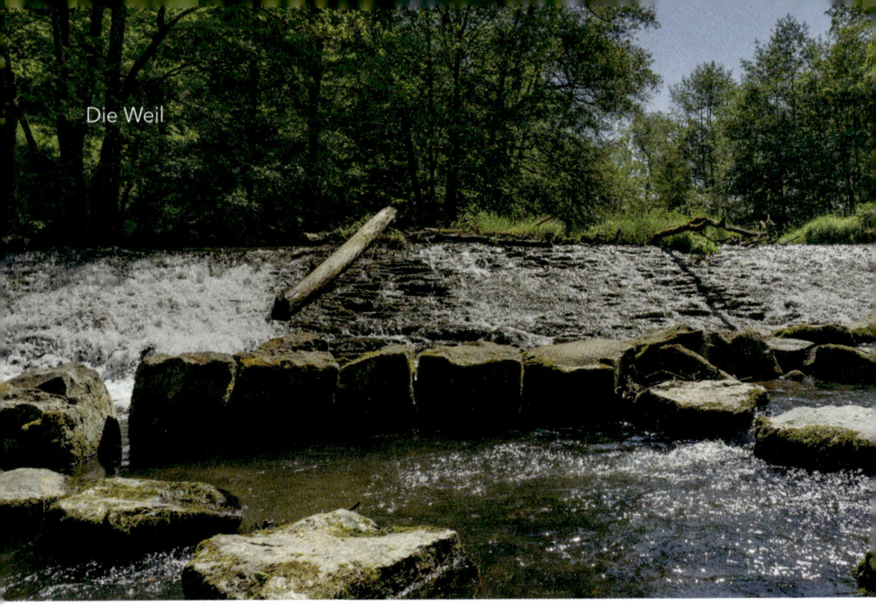
Die Weil

Lastkähne gegen den Strom zu ziehen, lassen wir uns mit der Lahn abwärts treiben. Alles ist im Fluss – wie schon Heraklit wusste. Dies gilt offensichtlich auch für einiges an Plastiktüten und Folien, die an der Uferböschung leider in großer Zahl Halt gefunden haben.

Nach etwa einem Kilometer an der Lahn entlang gilt es, nach links und zur Kehrtwende anzusetzen. Eine Unterführung bringt den Wanderer unbeschadet unter den Gleisen der Lahntalbahn hindurch und auf der Höhe der Straße nach Kirschhofen wieder ans Tageslicht. Jetzt mit Bedacht die Seiten wechseln und auf dem Fußgängerweg nach links, wo bereits die kleine Schwester der Lahn auf

DIE WEIL: Knapp 47 Kilometer legt die Weil auf dem Weg von ihrer Quelle im Feldberggebiet bis zur Mündung in die Lahn zurück. Eine ansehnliche Reise durch den Taunus, auf der sich die Weil vom schmalen Mittelgebirgsbach bis zu einem für die Region prägenden Flüsschen auswächst. Weilnau, Weilrod, Weilmünster oder eben auch Weilburg zeugen davon.

uns wartet. Die **Weil** rauscht heran, um in den Armen der großen Schwester zu versinken.

Wem das jetzt zu viel an Poesie war, der bekommt am Rand der Weilstraße, der wir nach rechts folgen, sogleich gepflasterte Prosa unter die Füße und einen Industriebetrieb vor die Nase gesetzt – allerdings zum Glück nur für wenige hundert Meter. Kaum ist das Werksgelände passiert, geht es nach rechts über eine kleine Brücke und mitten hinein ins Grüne. Wanderzeichen braucht es keine – die Weil ist die perfekte Richtschnur.

Fließt die meist ruhig und beschaulich dahin, so nimmt sie nach 1,6 Kilometern doch mit einem Mal mächtig Fahrt auf. Hier plätschert es nicht, hier rauscht es. Das ist von außen erfrischend anzuschauen, dürfte für die Bewohner der Weil aber doch ein ultimativer Stresstest sein. Der Mensch hat hier für Forelle und Co. deshalb einen Treppenlift eingebaut.

Den brauchen wir nicht. Der Weiltalweg macht sich ganz flach, uns das Vorankommen leicht und zugleich das Abschiednehmen schwer. Im Weinbacher Ortsteil **Freienfels** angekommen, führt aber kein Weg daran vorbei. Gerade noch haben wir den alten Bahnhof passiert, da stehen wir auch schon vor der nächsten Weichenstellung. Wir müssen nach links und über die Weil hinüber. Die Frage aber ist: Biegen wir vorher noch kurz nach rechts ab und steigen wir zur Burg hinauf? Lohnen sollte es sich, tun doch die Freienfelser einiges, um „ihre" Festungsruine in Schuss zu halten.

BURG FREIENFELS: Wie finanziert man den Kauf und Erhalt einer ganzen Burg? Die Freienfelser fanden darauf eine sehr kreative Antwort und hoben zu diesem Zweck Mitte der 1990er Jahre Ritterspiele aus der Taufe. Ein Rechnung, die offensichtlich aufgeht. Das beweisen die große Mittelalter-Arena am alten Bahnhof und die Burg, die vermutlich seit dem 13. Jahrhundert an ihrem Platz steht.

Wie angenehm es doch war, auf dem Weiltalweg entlang zu spazieren, merken wir spätestens dann, wenn wir Freienfels verlassen haben. Nach der

KRISTALLHÖHLE KUBACH: 30 Meter misst die Kubacher Kristallhöhle vom Boden bis zur Decke. Damit ist sie die höchste Schauhöhle der Republik und zugleich die einzige Calcit-Kristallhöhle. 1974 erstmals von Menschen betreten, ist sie heute für die Öffentlichkeit zugänglich und ein Zentrum des Geoparks „Westerwald-Lahn-Taunus". Für eine Führung sind 45 Minuten einzuplanen.

Überquerung der Weiltalstraße nämlich kommen wir nicht umhin, ein kurzes Stück am Straßenrand entlangzugehen. Etwa 300 Meter sind es, die wir so dem Kubacher Weg einen Anstieg hinauf folgen müssen. Dann geht es aber auch schon wieder nach rechts und zurück ins Grüne. Wir passieren Felder und Wiesen, erblicken zur Rechten noch Burg Freienfels und nehmen dann Kurs auf ein beliebtes Ausflugsziel, dessen Glanzpunkte 50 bis 70 Meter unter unseren Füßen liegen. Die **Kubacher Kristallhöhle** lädt ein zur Reise in die Unterwelt.

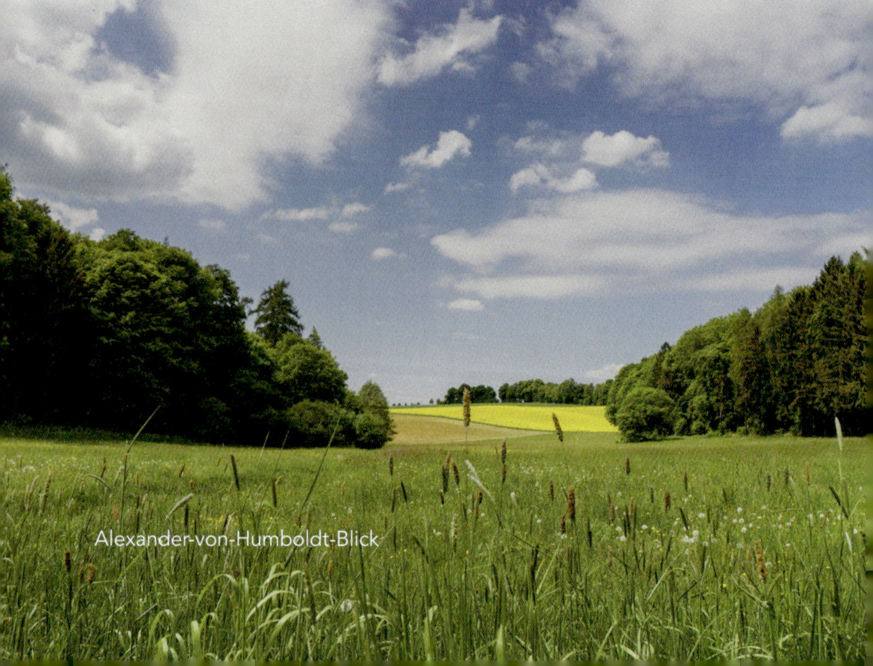

Alexander-von-Humboldt-Blick

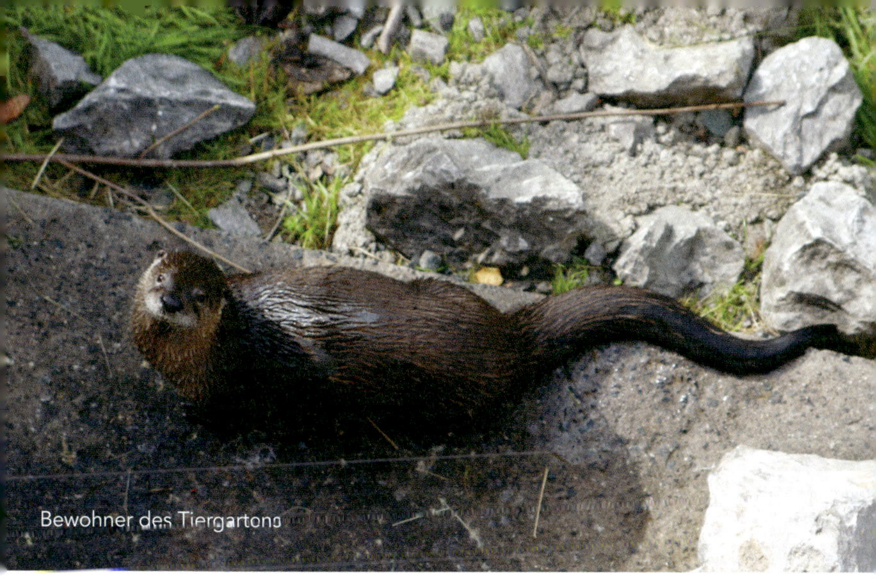
Bewohner des Tiergartens

Hat uns die Erde erst einmal wieder, führt die Tour am Ortsrand von Kubach vorbei. Bei der Kurssetzung machen der Lahnwanderweg und der Pfaffenhäuser Bach auf den nächsten rund drei Kilometern gemeinsame Sache. Doch Vorsicht: So reibungslos das Zusammenspiel der beiden auch klappt, sollten wir ihnen nicht blindlings folgen, sonst verpassen wir womöglich die „Abfahrt". Eben noch traumwandeln wir vorbei an einem dichten Teppich aus Wildblumen und Gräsern, da holt uns der Lahnwanderweg zurück und zieht uns nach links einen Waldpfad hinauf. An dessen Ende stehen wir mit einem Mal an der Bundesstraße 456 und vor der Frage, wie es weitergehen soll: Nach links und direkt zurück nach Weilburg oder doch noch einmal nach rechts ausholen und bei Elchen, Bären sowie Wölfen vorbeischauen? Ein Besuch im **„Tiergarten Weilburg"** klingt schon sehr verlockend, ist allerdings auch einen eigenen Ausflug wert.

So oder so müssen wir zunächst die B456 überqueren. Die Direttissima nach Weilburg führt uns anschließend auch noch über die Tiergartenstraße hinüber. Mit dem schwarzen „L" als Weggefährten geht es durch Wald und Flur – genau in dieser Reihenfolge – und

TIERGARTEN WEILBURG: Wo einst die Grafen von Nassau jagten, haben Wildtiere unter der Obhut des Weilburger Forstamtes heute ein durchaus angenehmes Leben. Niemand legt es hier mehr darauf an, auf Damwild oder Hirsch anzulegen. Der fast einen Quadratkilometer große Park ist eine Arche für Tierarten, die wir so heute in heimischen Wäldern nur noch selten oder gar nicht mehr finden.

nach etwa drei Kilometern am **Windhof**, dem wohl feudalsten Studentenwohnheim weit und breit, vorbei.

Wenn es von jetzt an nur noch bergab geht, dann ist das einzig der Topografie geschuldet. Wir kehren auf dem Braunfelser Weg nach Weilburg zurück, nutzen eine etwas heruntergekommene, aber zweckmäßige Treppenanlage unterhalb der Goethestraße, erreichen so das Ufer der Lahn und stehen am Ende wieder staunend am Fuße des Weilburger Schlossbergs.

DER WINDHOF: Zu Beginn des 18. Jahrhunderts hatte Graf Johann Ernst von Nassau-Weilburg den „Windhof" errichten lassen – als Jagd- und Lustschloss. Was man damals so als barocker Landesherr eben brauchte. Heute hat sich das mit der Jagd und der Lust wohl weitgehend erledigt. Hier wird gelernt, gearbeitet und ganz bürgerlich gewohnt. Die Staatliche Technikakademie Weilburg hält hier für ihre Studenten rund 145 Einzelzimmer bereit.

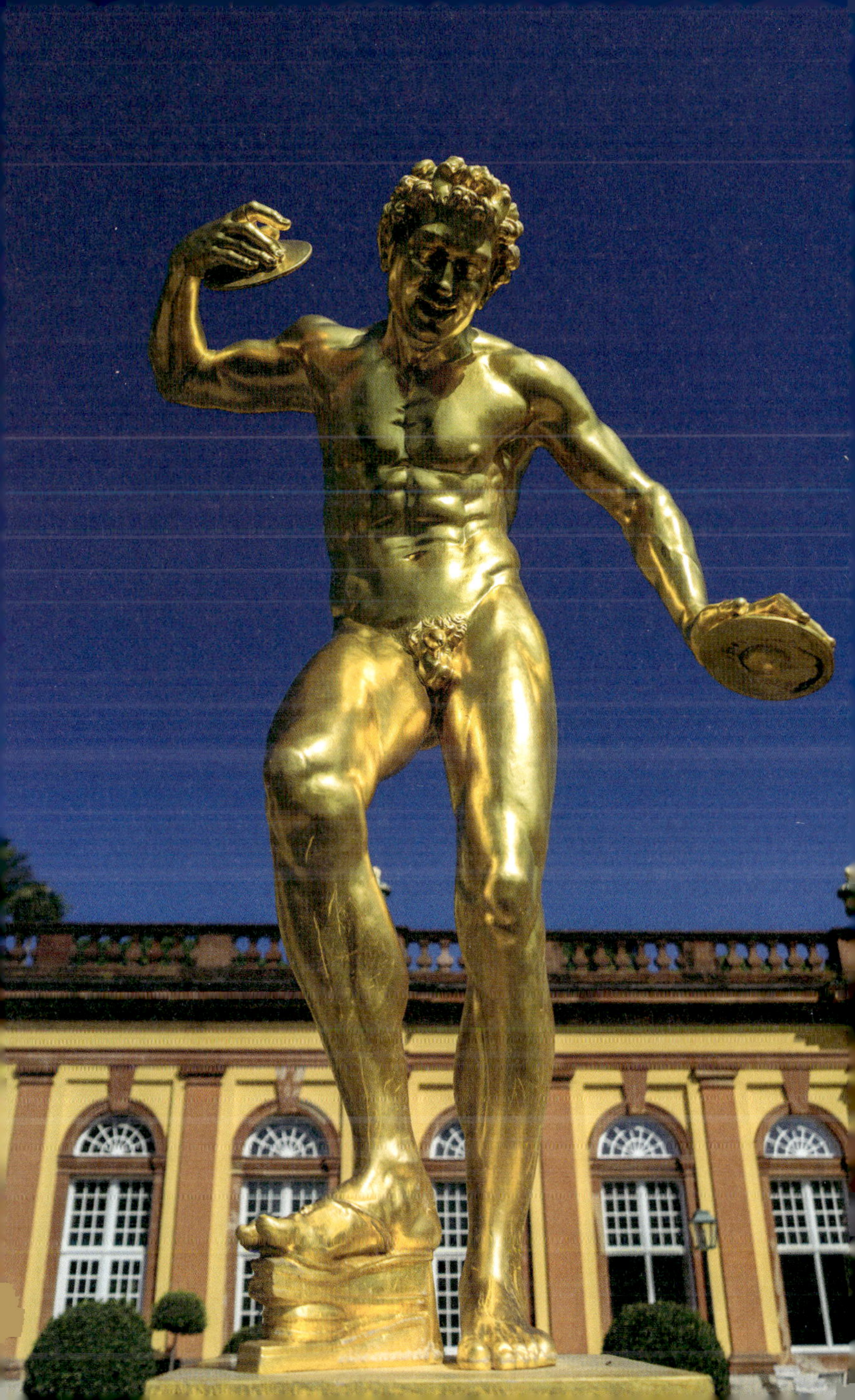

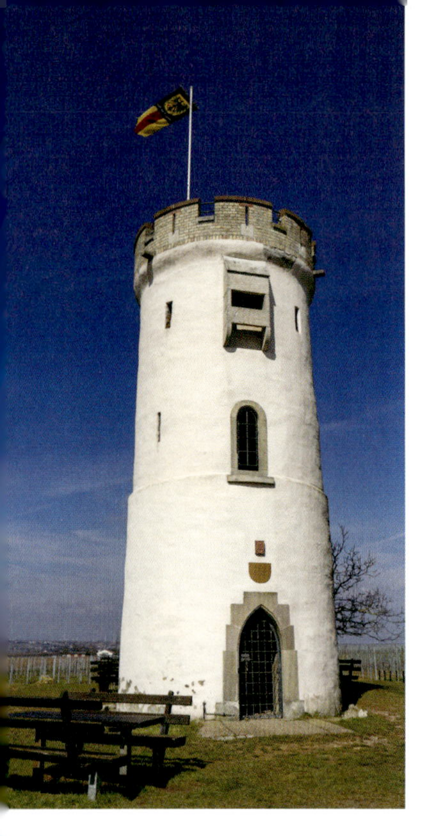

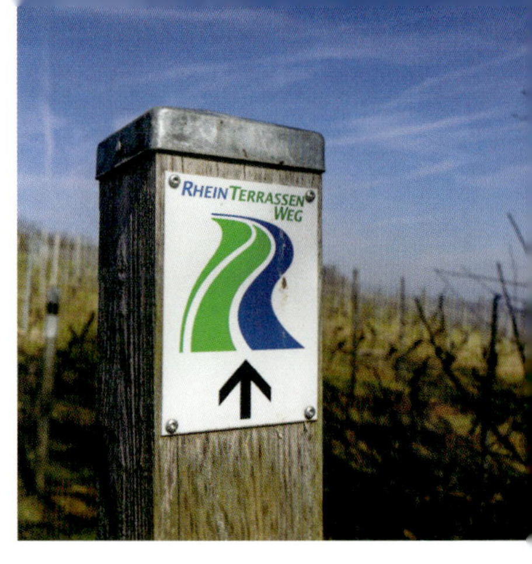

RHEINHESSEN

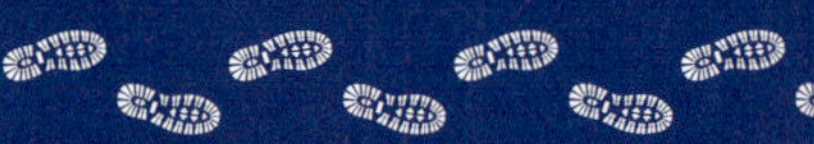

Rebengold am Roten Hang

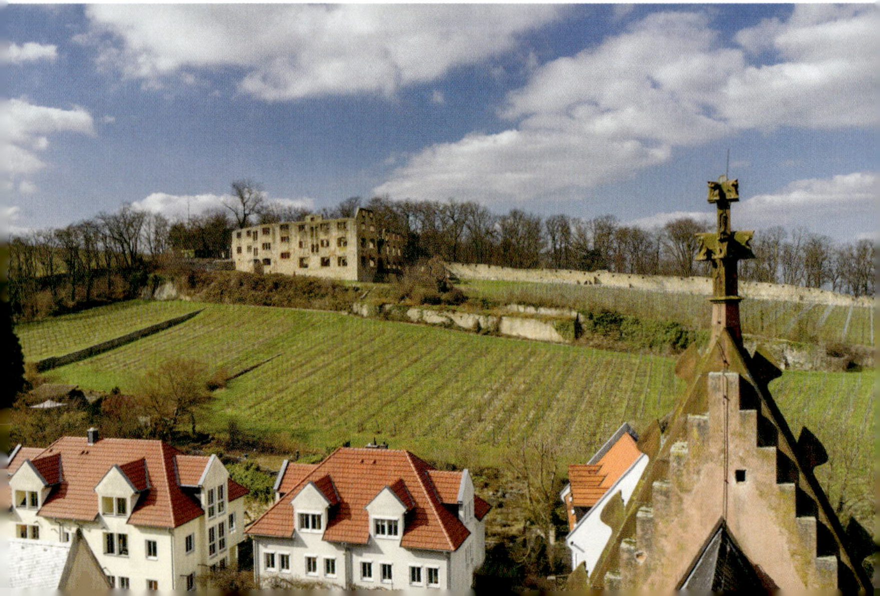

TOUR 16

03:55 h 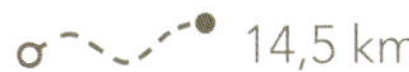 14,5 km 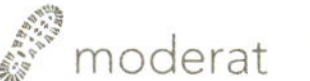 moderat 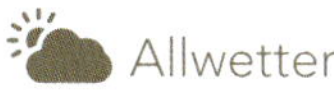 Allwetter

Mittelschwere Wanderung. Gute Grundkondition erforderlich. Überwiegend gut begehbare Wege.

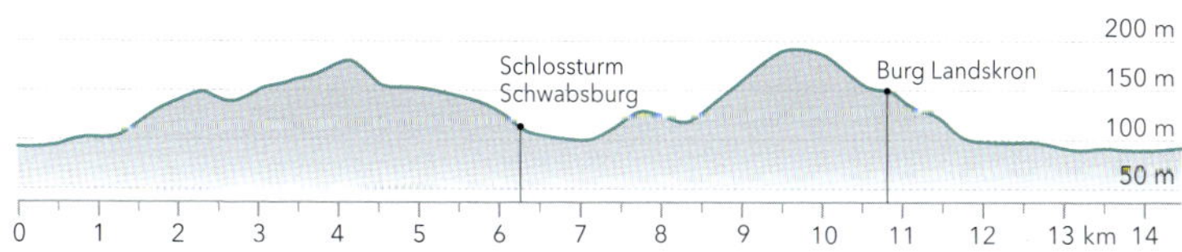

Anfahrt

Auto: Über die A60 und die B9 in Richtung Worms. Am Rhein entlang liegt Nierstein direkt auf dem Weg. Parken bietet sich in der Flügelgasse an den Heyl'schen Gärten an. **ÖPNV:** Vom Mainzer Hauptbahnhof aus fährt die S-Bahn-Linie 6 zum Bahnhof Nierstein. Von dort ist es ein kurzer Fußweg zum Startpunkt.

Highlights

Roter Hang (www.roter-hang.de), Humboldt-Blick, Schwabsburg (www.nierstein.de), Burg Landskron, Katharinenkirche (www.oppenheim.de).

Einkehrmöglichkeiten

Zahlreiche Restaurants und Weinstuben in Nierstein und Oppenheim.

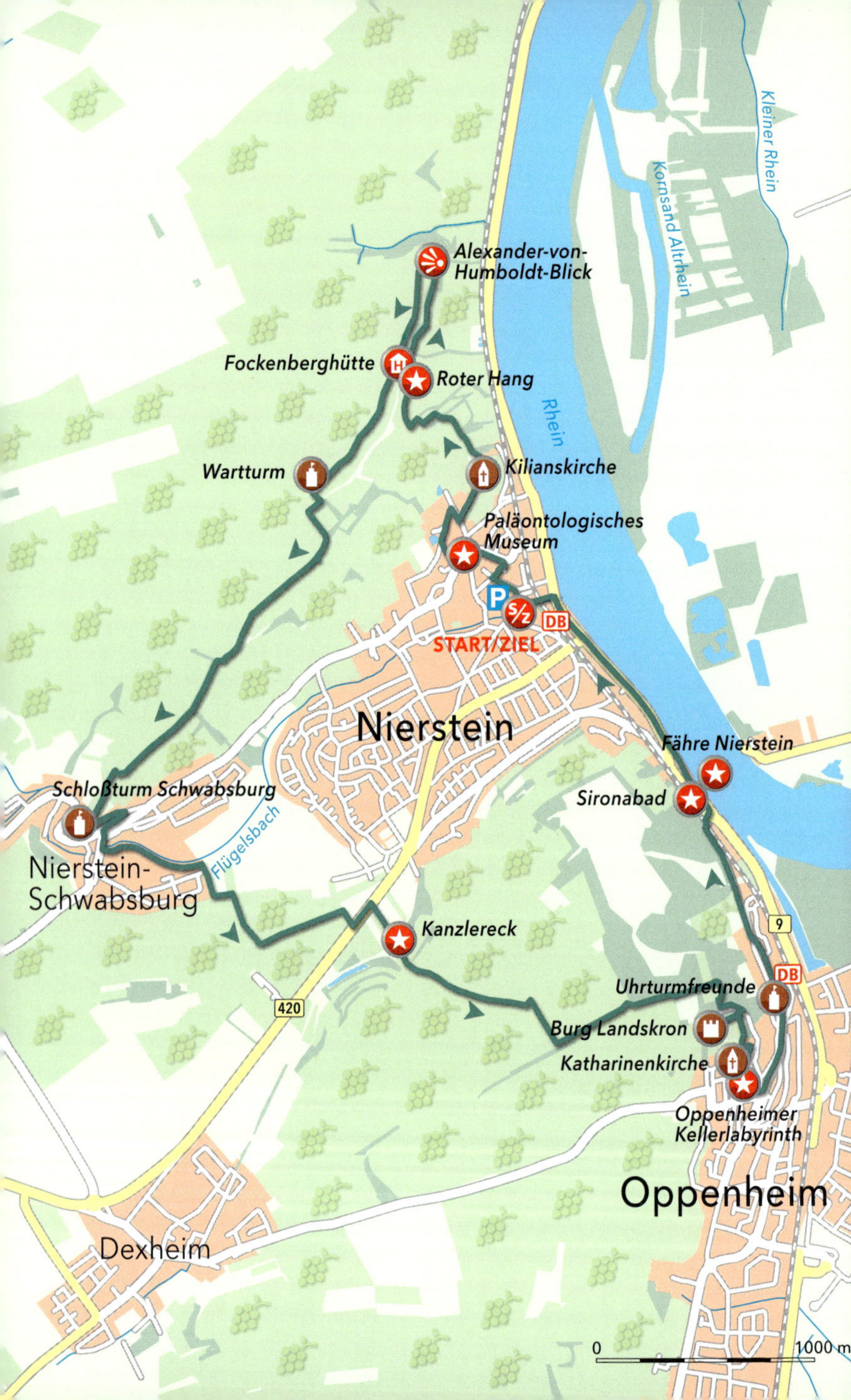
Alexander-von-Humboldt-Blick
Fockenberghütte
Roter Hang
Wartturm
Kilianskirche
Paläontologisches Museum
START/ZIEL
DB
Rhein
Kleiner Rhein
Kornsand Altrhein
Nierstein
Fähre Nierstein
Sironabad
Schloßturm Schwabsburg
Flügelsbach
Nierstein-Schwabsburg
Kanzlereck
9
420
Uhrturmfreunde
Burg Landskron
Katharinenkirche
Oppenheimer Kellerlabyrinth
Oppenheim
Dexheim
0
1000 m

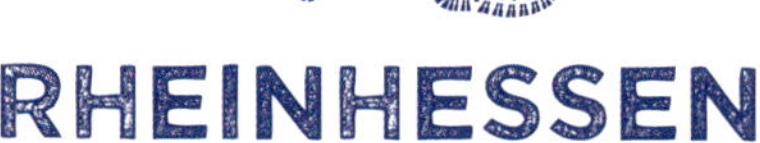

RHEINHESSEN

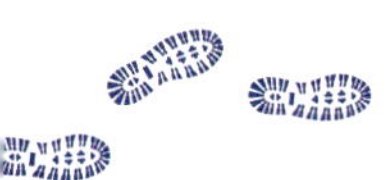

Rebengold am Roten Hang

Wenn Gäste nach einem Besuch in Nierstein vom besonderen Terroir schwärmen, müssen das nicht zwingend Weinfreunde sein. Auch Wanderer haben allen Grund, die Reize dieses besonderen Fleckchens Erde hochzuhalten. Und das nicht nur wegen der außergewöhnlichen, steinalten Färbung. Den Beweis hierfür treten wir am Heyl'schen Garten und damit mitten im heutigen Nierstein an.

Von dort aus nehmen wir Kurs auf das eigentliche Herz der Weinbaugemeinde. Und keine Sorge: Wenn uns auf dem Weg dorthin die Ohren klingeln, dann nicht, weil jemand über uns spricht, sondern weil wir gerade die Glockengasse durchwandern.

Weiter nach rechts und durch die Langgasse erreichen wir den Marktplatz – oder sollten wir, in Anlehnung an eine bekannte Hollywood-Reihe, besser „Jurassic Markt" sagen? Das **Paläontologische Museum** im alten Rathaus könnte dafür durchaus Pate stehen.

Wer ein süffiges Glas Riesling den naturgemäß staubtrockenen Fossilien vorzieht, bekommt beim Gang durch das angrenzende Saalpförtchen einen Vorgeschmack. Allerdings nicht im Glas, sondern am Rande des Weges. Die bekanntesten Rebsorten aus der Region stehen hier Spalier. Sie geleiten uns nach rechts durch die Straße „Hinter Saal" und weiter mit einer schnellen Rechts-Links-

DAS PALAONTOLOGISCHE MUSEUM: An der Ecke von Gegenwart und Erdgeschichte bekommen die Besucher einen Eindruck davon, was in und um Nierstein – und nicht nur da – so alles kreuchte und fleuchte, als an den Menschen auch noch nicht ansatzweise zu denken war. Die Sammlung basiert auf den Funden von Arnulf Stapf.

ROTER HANG: Selten war ein Name wohl so Programm wie bei dieser Hanglage. Das tiefe Rot des Weinbergs ist außergewöhnlich und das Vermächtnis einer Zeit, da in Rheinhessen noch subtropische Temperaturen herrschten. 280 Millionen Jahre ist das jetzt her. Die Vorzüge der durch Eisenverbindungen kolorierten Ton- und Sandsteine genießen heute die Niersteiner Winzer und ihre Kunden. Das sogenannte „Rotliegende" ist nicht nur ein echter Hingucker, es verleiht den hier gezogenen Trauben auch eine ganz besondere Note.

Kombination über die Karolingerstraße zur katholischen Kilianskirche hinauf.

Außerhalb des Ortes gelegen, mit einem herrlichen Blick auf den Rhein gesegnet – da bekommt man schnell eine Idee davon, warum schon die alten Franken vor über 1.300 Jahren diesen Ort nutzten, um Gott zu ehren und ihre Toten zu bestatten. Die heutige Kirche wurde allerdings erst 1773 erbaut.

Am barocken Gotteshaus vorbei, erwartet uns schon das Zeichen des Rheinterrassenwegs, das auf den nächsten Kilometern den Kurs vorgeben wird. Auf gut gangbarem Weg lassen wir Nierstein vorerst hinter uns. Es geht durch die Weinberge und einer der bekanntesten Lagen des Landes entgegen. Der **„Rote Hang“** zeigt schon von Weitem unübersehbar Flagge und beweist Mut zur Farbe.

DER ALEXANDER-VON-HUMBOLDT-BLICK: Mitglieder des Schuljahrgangs 1946/47 waren es, die die Schaffung des Humboldt-Blicks hoch über dem Rhein anstießen, um daran zu erinnern, dass 1790 zwei junge wie vielversprechende Forscher in Nierstein zu Gast waren, um den Roten Hang unter die Lupe zu nehmen. Der eine, Georg Forster, war da bereits mit James Cook um die Welt gesegelt. Der andere, Alexander von Humboldt, sollte wenige Jahre später einer der größten Entdecker seiner Zeit werden.

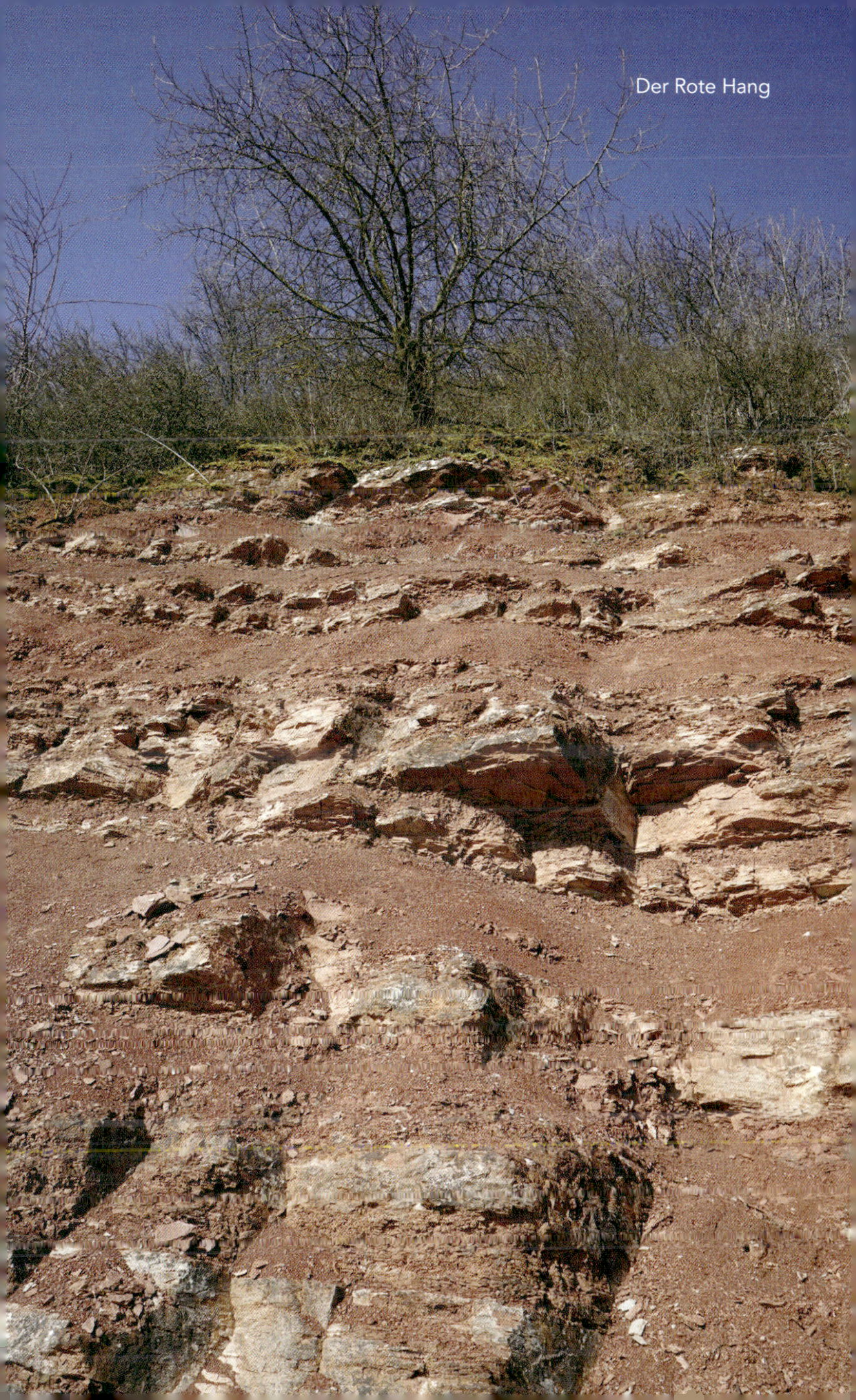

Der Rote Hang

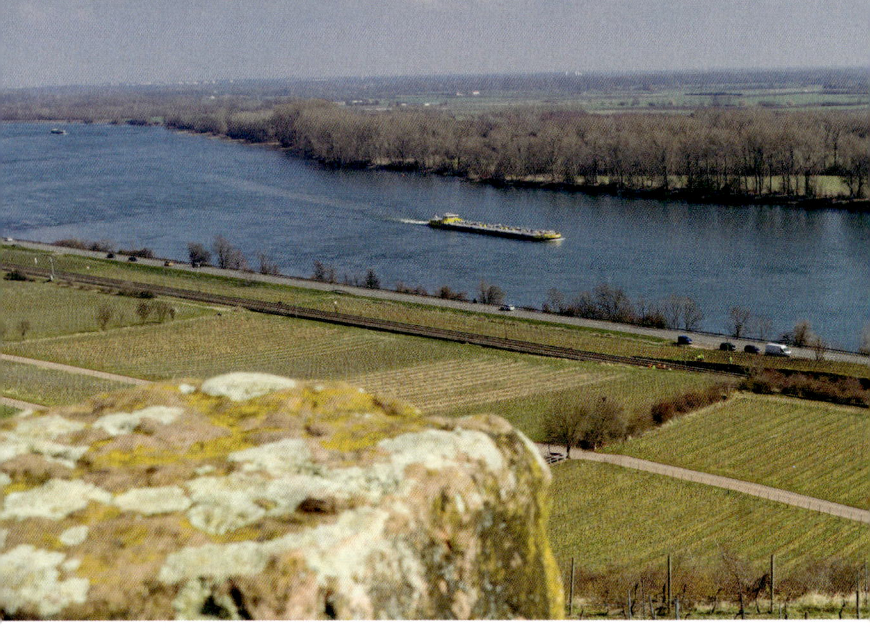

Wer im Vorübergehen dem Reiz des Rotliegenden vom Rhein erliegt und ein wenig davon in die Hand nimmt, um es genauer zu betrachten, darf sich spätestens nach der nächsten 180-Grad-Wende des Weges sicher sein, dass er in bester Gesellschaft ist. Daran erinnert seit 2009 der Alexander-von-Humboldt-Blick.

Weiter geht es auf der mit schönen Blicken reich gesegneten Wanderung durch die Weinberge. Zwar haben wir dem Rheinterrassenweg bereits bei der Kehrtwende den Rücken gekehrt. Dafür aber übernimmt an der Fockenberghütte der Schloss-Schwabsburg-

WARTTURM: Im Mittelalter hochgezogen, um aus großer Höhe die Niersteiner vorwarnen zu können, ob da nun Freund oder Feind im Anmarsch ist, diente der etwa 10 Meter hohe Signalturm später vor allem der „Flugabwehr". Feldschützen koordinierten von hier aus den Schutz der Weintrauben vor allzu verfressenen Staren-Geschwadern.

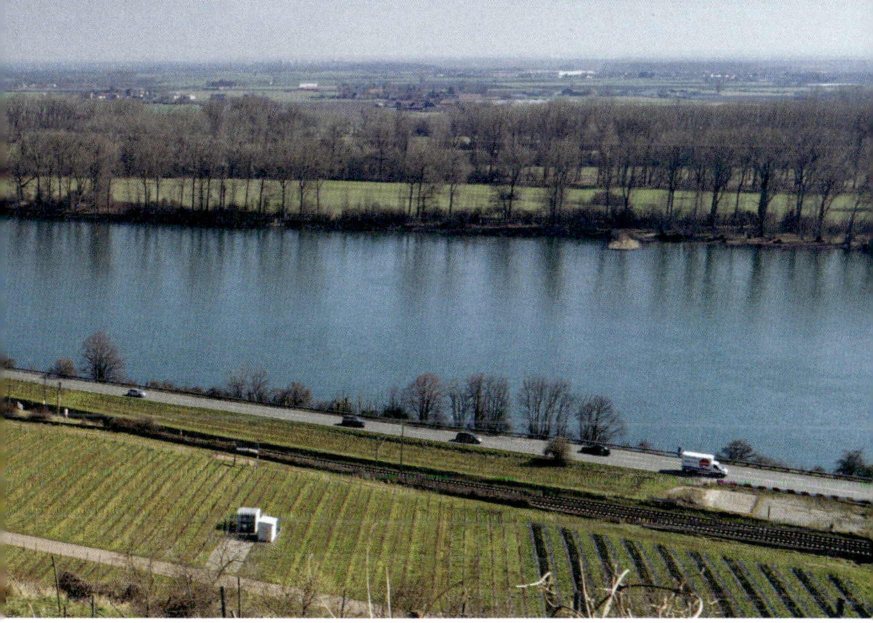

Weg samt Zeichen die Führung – zunächst in Richtung des hiesigen **Wartturms**.

Auf dem Weg ins Niersteiner Hinterland ist schnell zu erkennen, wie stark der Ort zuletzt gewachsen ist. Neubaugebiete mit ihren frisch verputzten Fassaden und noch hellgrauen Dächern weisen das Städtchen als bevorzugte Wohnlage aus. Den optischen Kontrast zur neuen, weißen Wohnlichkeit bildet der über Jahrhunderte

DIE SCHWABSBURG: Die Staufer waren es, die die Höhenburg um 1210 hatten errichten lassen. Dass heute nur noch der Bergfried und ein paar Mauerreste zu sehen sind, ist vor allem kaisertreuen Spaniern zuzuschreiben, die im Dreißigjährigen Krieg die Region verheert haben. Der über 20 Meter in den Himmel ragende Turm hatte seine Bedeutung damit zwar verloren. Bei Liebhabern perfekter Rundumblicke und wohnungslosen Dohlen steht er allerdings nach wie vor hoch im Kurs.

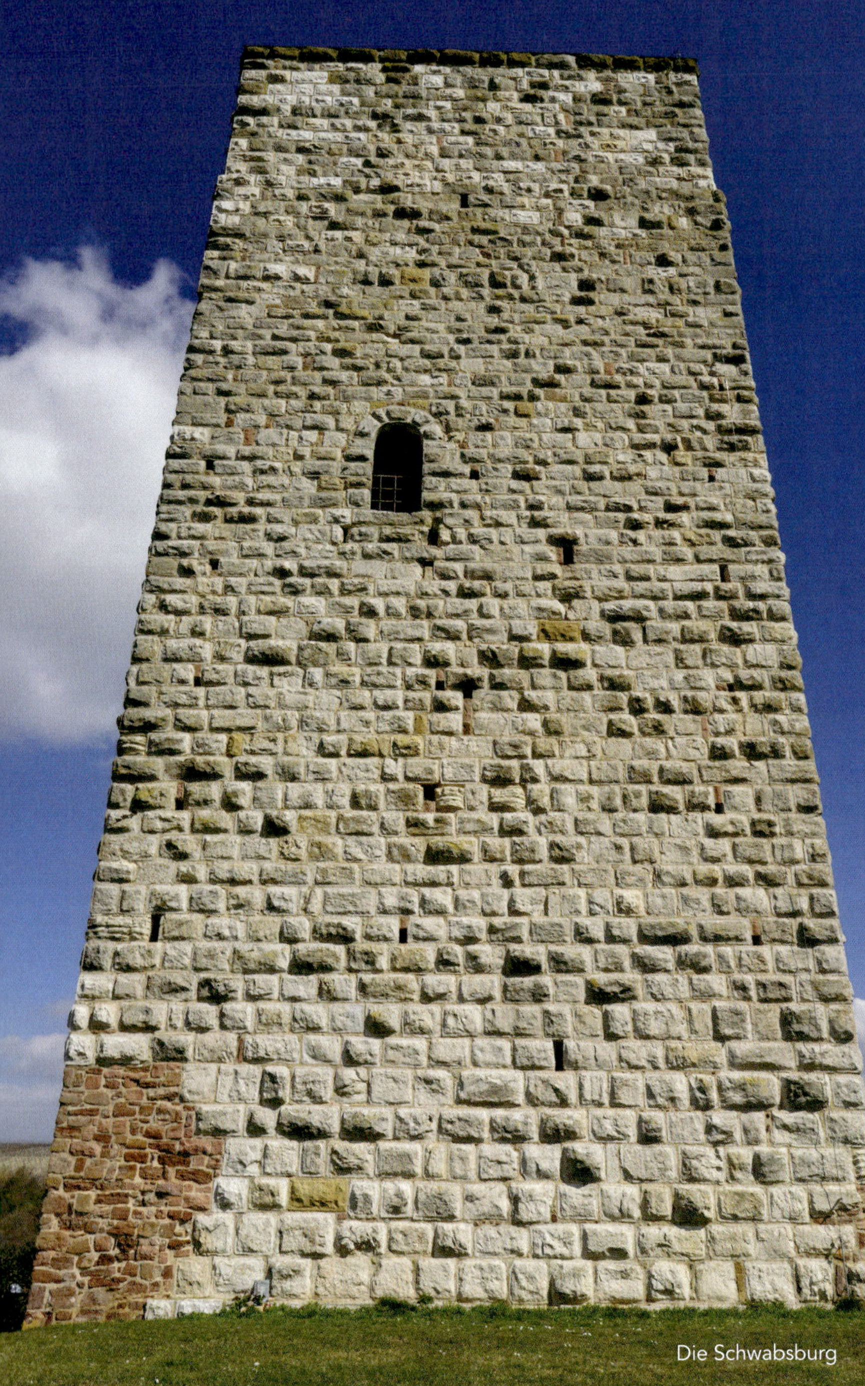
Die Schwabsburg

gewachsene, heutige Niersteiner Ortsteil Schwabsburg. Schon die alten Römer sollen hier Wein angebaut haben. Die ersten schriftlichen Hinweise auf den Ort finden sich jedoch erst in Quellen aus dem 13. Jahrhundert und stehen in enger Verbindung zur steinernen Namenspatronin, der Schwabsburg, die uns bereits auf einem Plateau erwartet.

Eine Treppe bringt uns hinunter in den Ort. Über Burgweg sowie Schloßstraße geht es weiter in die Kirchstraße und dann auch schon bald wieder aus Schwabsburg hinaus. Der Flügelsbach übernimmt vorerst die Rolle eines Wanderzeichens. An seinem Ufer entlang folgen wir dem Rohrwiesenpfad einige Meter, um das Tal dann aber auch wieder zu verlassen. Rechts ab und am Ortsrand entlang geht es an Wiesen und Weiden vorbei. Einzig die Bundesstraße 420 unterbricht unseren Weg nach oben. Allerdings nur kurz. Bei einem Supermarkt lässt sich die Straße am besten überqueren und die Tour fortsetzen. Dabei passieren wir das sogenannte Kanzlereck, das gleich an zwei Größen vergangener Tage erinnert: Altkanzler Adenauer und das „Valtinsche".

Das waren noch Zeiten, als die Amiche, das Bawettche oder das Zuckerlottche durch Rheinhessen dampften. Jede noch so kleine Bahn, die die Weinorte miteinander verband, hatte ihren ganz eigenen Kosenamen. Zwischen Nierstein und Köngernheim war es nach 1900 das „Valtinsche". Bevor die Strecke 1960 stillgelegt wurde, rollte 1957 sogar noch Bundeskanzler Konrad Adenauer mit seinem Wahlkampfzug über die Gleise.

Wir steigen weiter in die Weinberge hinauf, lassen zu-

BURG LANDSKRON: Nur noch das fensterlose Gerippe ist geblieben von dem, was erst Burg und dann Schloss Landskron war. Französische Truppen waren es, die die Wächterin von Oppenheim 1689 sprengten und damit den Schlusspunkt unter eine über 450-jährige Geschichte setzten, in deren Verlauf die „Landskron" mehrfach zerstört und wieder aufgebaut wurde. Heute dienen die alten Mauern nur noch zivilen Zwecken – vornohmlich als Kulisse für Kultur- und Freizeitangebote.

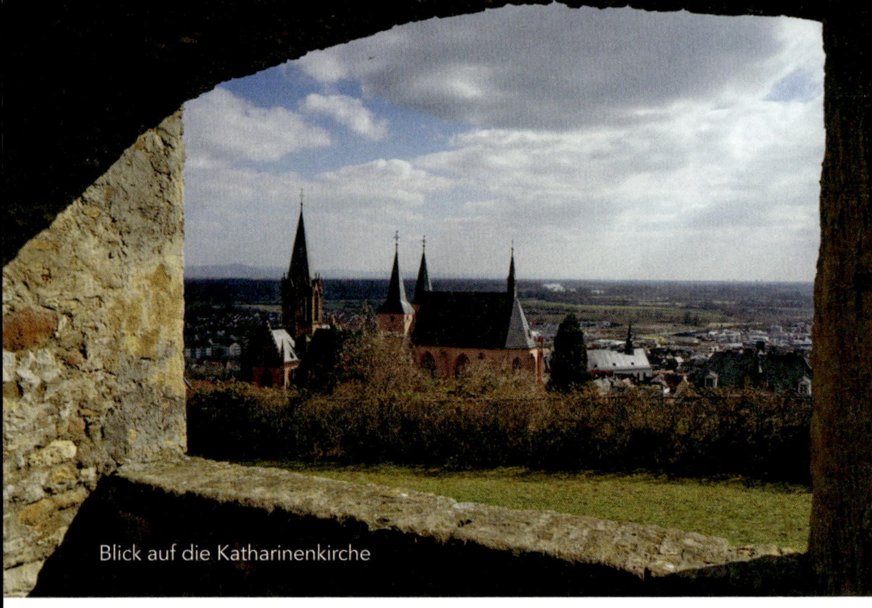
Blick auf die Katharinenkirche

nächst noch einen Pferdehof hinter uns, um uns dann selbst noch einmal die Sporen zu geben. Der letzte Aufgalopp steht an. Ist der bewältigt, geht es bergab und der **Burg Landskron** entgegen.

Dass die Burgruine nicht die einzige Sehenswürdigkeit in Oppenheim ist, zeigt schon ein Blick durch einen der steinernen Fensterbögen. Ein imposantes Gotteshaus fällt sofort ins Auge und zieht uns in der Folge an. Auch wenn die Zeit für eine ausgiebige Stadtführung oder gar eine Tour durch das berühmte Kellerlabyrinth etwas

KATHARINENKIRCHE: Ein derart prächtiges Gotteshaus würde man in einer knapp 7.500-Seelen-Gemeinde, wie Oppenheim es ist, nicht zwingend vermuten. Die im 13. Jahrhundert errichtete und seit 1648 offiziell evangelische Katharinenkirche zeugt von der einstigen Bedeutung des Ortes. Was auf eine irgendwie morbide Art auch für das angegliederte Beinhaus gilt. Hier stapeln sich die sterblichen Überreste von gut 20.000 Oppenheimern, die zwischen 1400 und 1750 das Zeitliche gesegnet haben.

knapp werden dürfte: Ein Besuch in der **Katharinenkirche** ist ein Muss. Schließlich gilt sie als bedeutendste gotische Kirche am Rhein zwischen Köln und Straßburg. Wer noch ausreichend Kraft in den Beinen hat, sollte sich das Besteigen des über 60 Meter hohen Kirchturms nicht entgehen lassen, der Ausblick ist spektakulär.

Wieder auf Bodenniveau angekommen, führt unser Weg die Merianstraße hinunter zum Marktplatz. Dabei kommen wir auch an der Stelle vorbei, an der der alte Kupferstecher zu Beginn des 17. Jahrhunderts wirkte. Und Matthäus Merian war nicht der einzige Promi, den die Stadt übergangsweise beheimatete. Kein Geringerer als Martin Luther fand 1521 in Oppenheim Unterkunft, als er auf dem Weg zum Reichstag von Worms war. Das erfahren wir beim Gang entlang der Mainzer Straße. Auf der verlassen wir letztlich auch wieder den Ort, machen aber noch einen kurzen Abstecher in die Turmstraße, um am dortigen Uhrturm aus dem Jahr 1843 vorbeizuschauen.

Zurück auf der Mainzer Straße fällt unser Blick womöglich auf eine Wandtafel, die von einem Kloster erzählt, das einst hier stand. Der Name: Mariacron. Na, klingelt oder klirrt da was? Vielleicht ein Weinbrandschwenker?

Von Oppenheim aus geht es jetzt geradewegs nach „Buconica" zurück. Zurück? Ja, und das gewissermaßen in Zeit und Raum. Buconica nämlich hieß die Siedlung, die sich vor fast 2.000 Jahren dort befand, wo heute Nierstein liegt. Hier lebten schon die alten Römer friedlich neben romanisierten Galliern – und hier badeten sie auch. Daran erinnert das Sironabad und die gleichnamige Straße, die uns zum Rhein hinunterführt.

Am Fähranleger angekommen, lassen wir uns jetzt stromabwärts treiben. Es geht am Rhein entlang und am herrschaftlichen Sitz der renommierten Winzerfamilie Guntrum vorbei dem Ende dieser Tour entgegen.

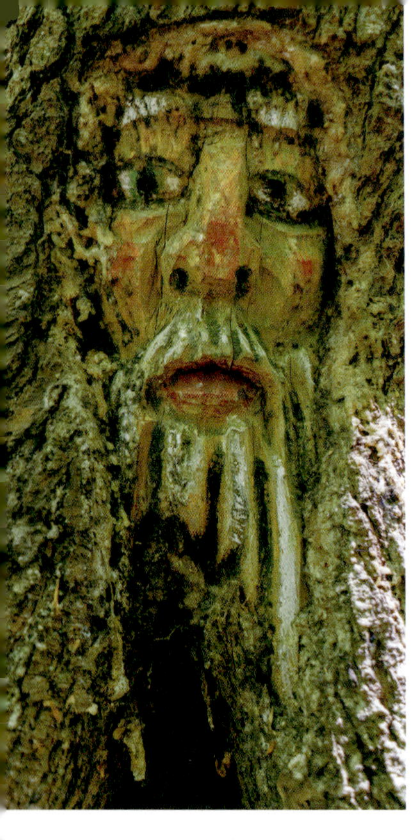

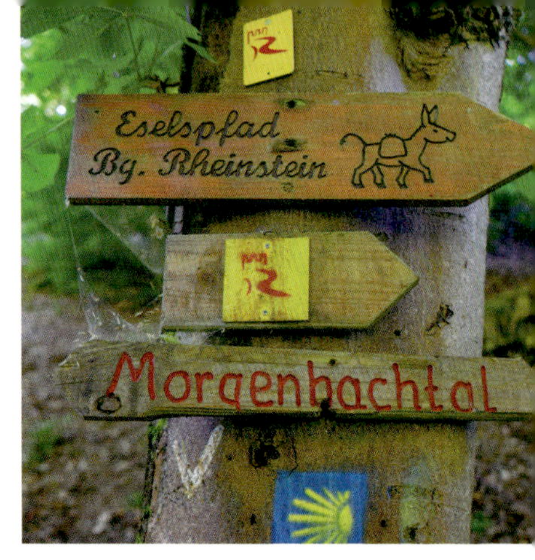

RHEINHESSEN

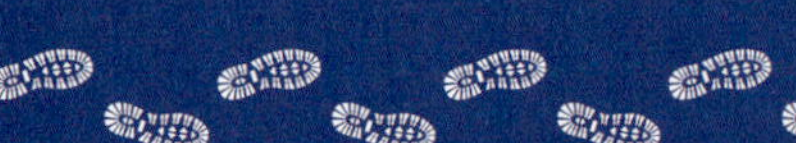

In den Steilhängen des Rheintals

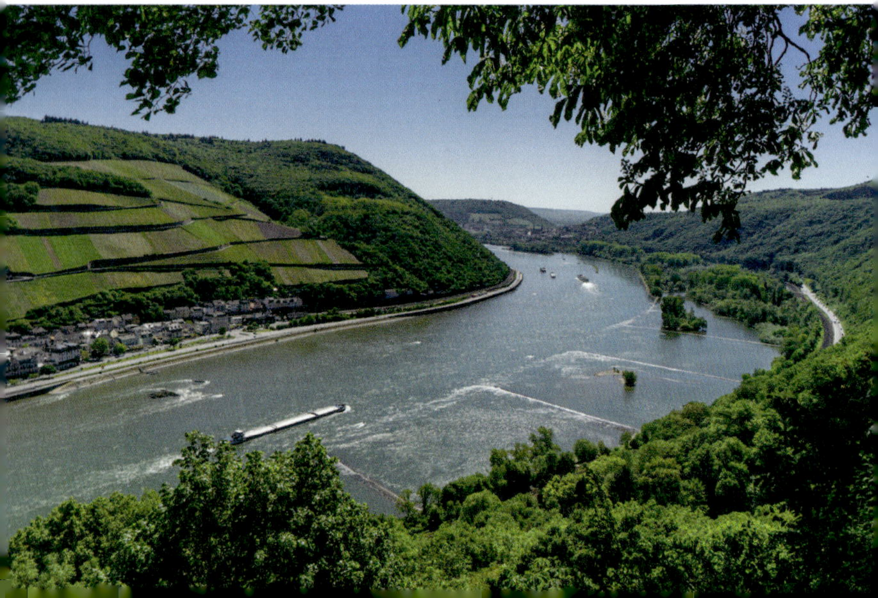

TOUR 17

04:20 h 14,5 km Moderat Trocken

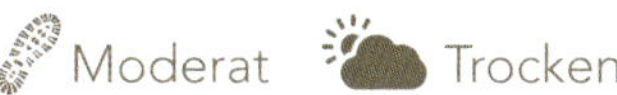

Moderate Wanderung. Gute Trittsicherheit, festes Schuhwerk erforderlich. Überwiegend gut begehbare Wege.

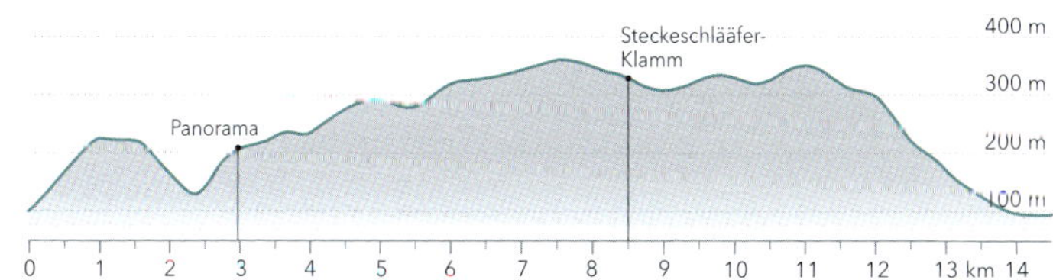

Anfahrt

Auto: Auf der A60 und A61 aus Richtung Mainz nach Bingen. An der Abfahrt 49 (Bingen Mitte) abfahren und Kurs auf die B9 nehmen, die durch den Ort und am Rhein entlang nach Trechtingshausen führt. Das Auto kann auf einem Parkstreifen am Ortseingang abgestellt werden. **ÖPNV:** Vom Mainzer Hauptbahnhof aus fährt die Regionalbahn 26 zum Bahnhof Trechtingshausen. Von dort ist es ein kurzer Fußweg zum Startpunkt.

Highlights

Burg Reichenstein (www.burg-reichenstein.com), Burg Rheinstein (www.burg-rheinstein.de), Villa Rustica (www.erlebnispfad-bingen.de), Steckeschlääferklamm.

Einkehrmöglichkeiten

Waldgaststätte Schweizerhaus, Forsthaus Heilig Kreuz (www.forsthausheiligkreuz.de), Forsthaus Jägerhaus (www.forsthaus-jägerhaus.de).

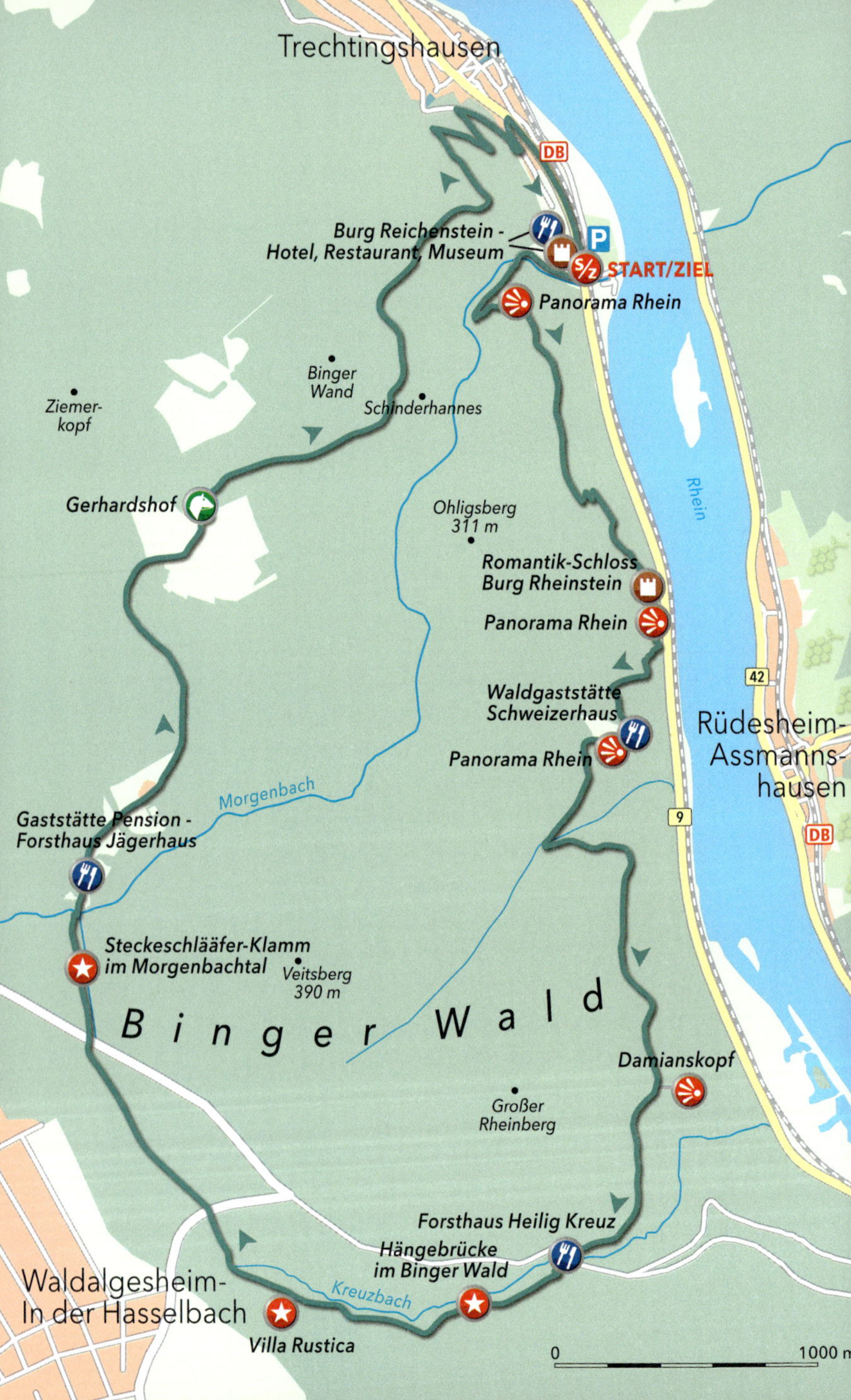
Trechtingshausen
DB
Burg Reichenstein -
Hotel, Restaurant, Museum
P
S/Z
START/ZIEL
Panorama Rhein
Binger
Wand
Schinderhannes
Ziemer-
kopf
Gerhardshof
Ohligsberg
311 m
Rhein
Romantik-Schloss
Burg Rheinstein
Panorama Rhein
42
Waldgaststätte
Schweizerhaus
Rüdesheim-
Assmanns-
hausen
Panorama Rhein
Morgenbach
9
DB
Gaststätte Pension -
Forsthaus Jägerhaus
Steckeschlääfer-Klamm
im Morgenbachtal
Veitsberg
390 m
Binger Wald
Damianskopf
Großer
Rheinberg
Forsthaus Heilig Kreuz
Hängebrücke
im Binger Wald
Kreuzbach
Waldalgesheim-
In der Hasselbach
Villa Rustica
0
1000 m

RHEINHESSEN

In den Steilhängen des Rheintals

Ein Stahlseil zum Festhalten, eine Leitplanke am Abgrund – solche Sicherungsmaßnahmen erwartet man vielleicht von Touren in den Alpen, aber sicher nicht vom Wandern im Rheintal. Und doch haben diese Hilfestellungen genau hier durchaus ihre Bewandtnis. Schließlich geben sie uns ein gutes Gefühl auf einer ansprechenden wie in Teilen anspruchsvollen Tour um Trechtingshausen.

Ausgehend vom Wanderparkplatz an der B9 überqueren wir mit gebotener Vorsicht die vielbefahrene Bundesstraße und treten ein in das **Tal des Morgenbaches**. Ein grünes Kleinod, über das von oben **Burg Reichenstein** wacht. Und ein echter Wanderklassiker am Rhein noch dazu.

Am Fuße des Burgbergs entlang wird es mit jedem folgenden Schritt nicht nur immer grüner und ruhiger, sondern zunächst auch ambitionierter. Es sind zwar laut Schild nur 2,4 Kilometer bis zum Schweizerhaus. Unser erstes Etappenziel liegt aber auf 206 Metern Höhe und wir starten im Tal bei 90 Metern. Man muss kein Mathe-Ass sein, um sich auszurechnen, wo es erst einmal hingeht – bergauf. Und das nicht etwa gemütlich und auf die ganze Strecke verteilt, sondern in einem Rutsch. Wenn wir schon Höhenmeter machen müssen, dann richtig. Den Kurs gibt hier wie auch über weite Teile der Tour das „R" des Rheinburgenwegs vor.

Sind es zunächst noch Treppen, die uns den Einstieg in den Aufstieg erleichtern, so zieht sich der Weg auf den nächsten Metern in einen steilen, mitunter beachtlich engen Bergpfad zusammen. Ein Problem für Höhenängstige? Eher nicht. Zumal an den Passagen, an denen die Felsen dann doch zu arg auf Kuschelkurs gehen, ein Stahlseil angebracht ist, das ausreichend Halt und Sicherheit gibt. Zur Belohnung wird dem Wanderer im Anschluss der erste Aussichtspunkt auf Burg Reichenstein und das Rheintal auf dem Präsentierteller geliefert. Bis hinüber in den Rheingau geht der Blick.

An einer Bank zur Rechten schlagen wir in der Folge noch einmal einen Haken nach links und nehmen ein paar von den Metern, die wir gerade gemacht haben, wieder vom Höhenmesser. Warum? Weil das R es so will und weil es sich lohnt.

Der breite Wanderweg verengt sich bergab wieder zu einem Pfad, der mit jedem Schritt etwas schmaler zu werden scheint. Nicht, dass das nicht machbar wäre. Trittsicherheit ist allerdings schon gefragt. Denn ein Halteseil gibt es hier nicht. Dafür aber – zumindest im Frühjahr 2018 – reichlich in den Weg wucherndes Grün sowie einige große Äste und Wurzeln, die meinen, sich querlegen zu müssen. Es hat ein klein wenig was von Abenteuer – vor allem, wenn der Pfad auch noch feucht ist und die darin eingebetteten Felsbröckchen womöglich etwas rutschig sind.

Wer sich darauf lieber nicht einlassen möchte, kann diese Passage auch aussparen und an der Bank einfach weiter geradeaus gehen. Alle anderen Expeditionsteilnehmer werden das überschaubare Stück durch den rheinischen Urwald sicher auch ohne Machete bewältigen können.

Mit Erreichen von **Burg Rheinstein** ist es dann auch vorbei mit dem Schlängeln und Zwängen. Zwar zeigt uns die Festung erst einmal ihren massigen, Schatten werfenden Rücken. Immer am Zaun entlang bekommen wir sie jedoch wenig später auch noch von ihrer Sonnenseite zu sehen. Was für ein Blick!

BURG RHEINSTEIN: Fautsburg klingt irgendwie so gar nicht rheinromantisch. Das dachte sich vielleicht auch Friedrich Wilhelm Ludwig Prinz von Preußen, als er 1823 die damals vollends ruinierte „Zollstelle" aus dem 13. Jahrhundert erwarb. Nach den Plänen des preußischen Baumeisters Karl-Friedrich Schinkel ließ der Prinz die Festung zur standesgemäßen Wohnstatt und in seinen Augen „schönsten Burg am Rhein" aufrüsten. Ob der Hohenzoller da richtig lag? Davon können sich auch ganz bürgerliche Gäste heute selbst ein Bild machen. Die Burg ist in Privatbesitz, wartet mit Restaurant, Café und Museum auf. www.burg-rheinstein.de

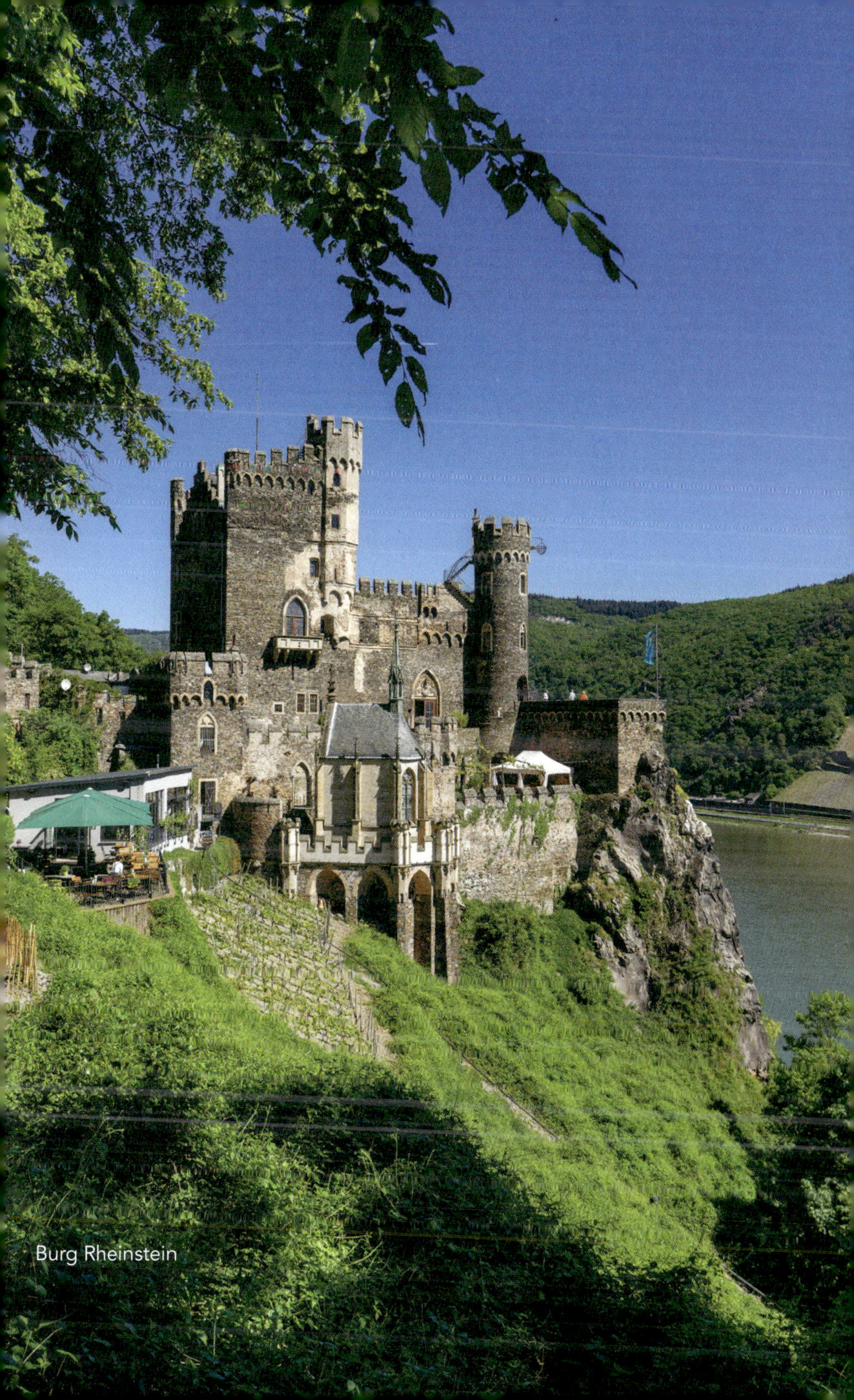

Burg Rheinstein

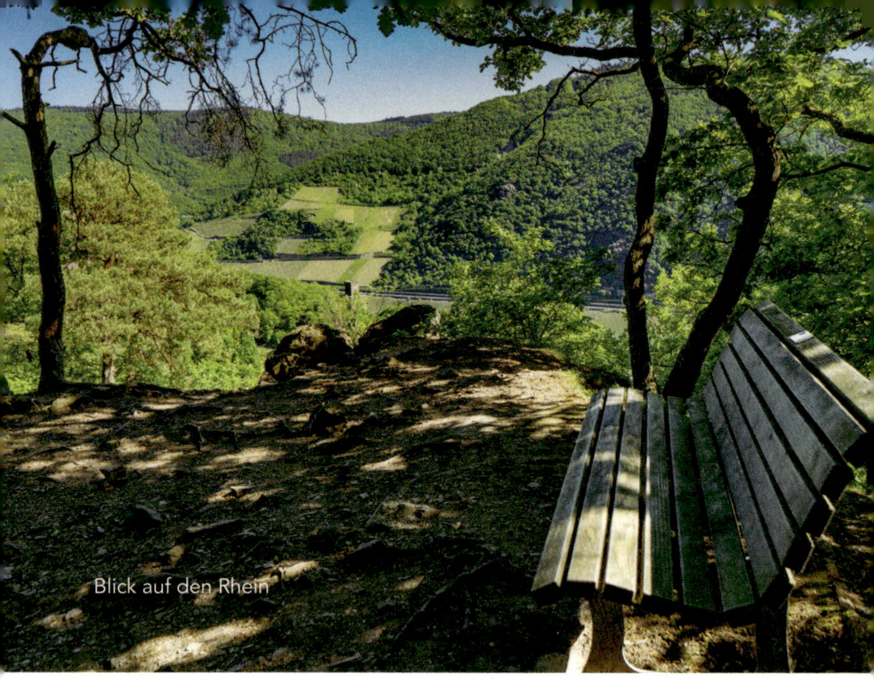
Blick auf den Rhein

Hätten wir uns einige hundert Meter weiter vorne vielleicht noch ein Halteseil gewünscht, so gibt es jetzt die volle Dosis an Sicherung. Eine Leitplanke, wie man sie sonst nur von Autobahnen kennt, flankiert den Wanderer zur Linken. Kann man mal machen. Aber ob es an dieser Stelle sein muss? Egal. Wir fühlen uns absolut sicher und streben dem nächsten Aussichtspunkt entgegen – natürlich wieder mit hohem Wow-Effekt.

Wie nicht anders zu erwarten, holen wir uns in der Folge die Meter an Höhe zurück, die wir zuvor freiwillig (aus gutem Grund) abgegeben haben. Da kommt das **Schweizerhaus** mit seinem Biergarten und dem perfekten Fernblick gerade recht.

Erfrischt und aufgetankt geht es zwar auch von hier noch weiter nach oben. Aber ganz geruhsam und Schritt für Schritt. Das Durchschnaufen ist denn auch nicht der eigentliche Grund, weshalb wir am Damianskopf unbedingt noch einmal den Weg nach links verlassen und einen Ruheplatz ansteuern sollten. Es geht einzig darum, einen der schönsten Blicke auf das Mittelrheintal ausgiebig zu genießen.

Zurück auf der Strecke wartet mit dem Forsthaus Heiligkreuz keine 1,5 Kilometer weiter dann auch schon die nächste Einkehrmöglichkeit. Natürlich bleibt es jedem Wanderer selbst überlassen, wo, wann und wie er rastet. Ein Blick auf die an Sonnentagen voll besetzte Terrasse lässt allerdings erahnen, dass eine Einkehr hier sicher nicht die schlechteste Option ist.

SCHWEIZERHAUS: Wer hat's gebaut? Die Schweizer. Und wer genau? Eidgenossen, die Prinz Friedrich Wilhelm Ludwig von Preußen 1842 an den Rhein rief, um auf dem Gelände des ehemaligen Faitsberger Hofes ein Gästehaus im Schweizer Stil und ganz im Sinne der Rheinromantik errichten zu lassen.

Auch wenn der ohnehin schon bunt bestückte Strauß an Wanderzeichen an dieser Kreuzung noch einmal Zuwachs bekommt, konzentrieren wir uns weiter auf den wegweisenden Rheinburgenweg und seinen Kollegen, den Soonwaldsteig. Beide führen uns noch einmal ein kurzes, aber steiles Stück hinauf und geradewegs auf einen Erlebnispfad durch den Binger Stadtwald.

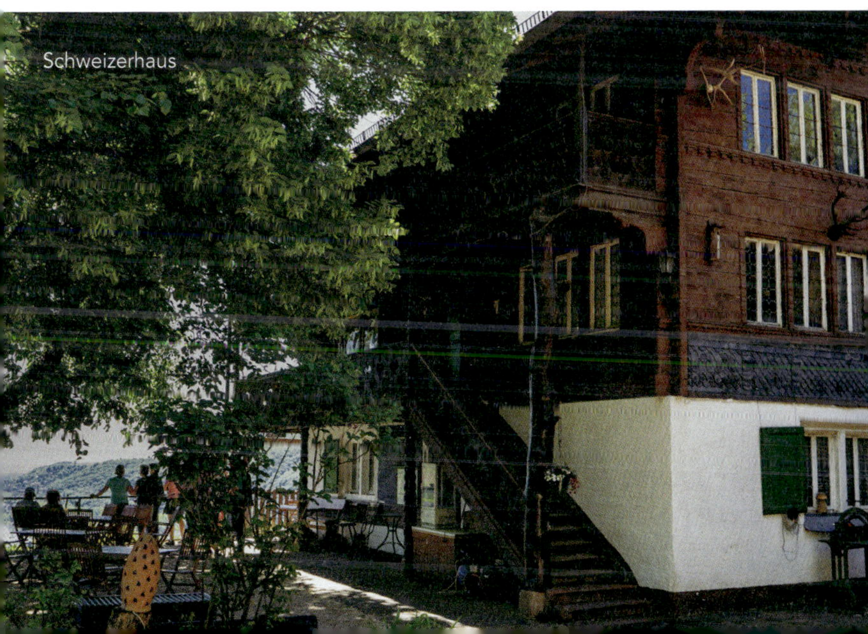
Schweizerhaus

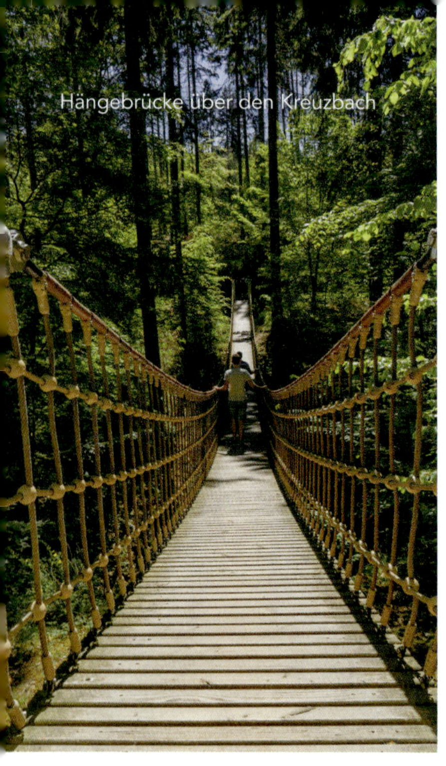
Hängebrücke über den Kreuzbach

Im Unterschied zu so manchem Pendant beschränkt sich das Erlebnis bei diesem Pfad nicht auf das Lesen von Info-Tafeln. Dem Prinzip „learning by doing" folgend ist gerade der Nachwuchs hier zum Mitmachen aufgefordert. Für Groß und Klein ein Muss ist natürlich der Gang über die Hängebrücke, die rechts des Weges den Kreuzbach überspannt.

Auf den nächsten gut eineinhalb Kilometern geht es weitgehend eben durch den Wald und zugleich merklich in der Zeit zurück. Wir reisen in die Antike. Schon damals nämlich wussten die alten Römer dieses Fleckchen Erde hier zu schätzen. Darauf weisen die Reste einer alten Villa Rustica hin.

Der alte Lateiner, der hier um 150 nach Christus sein Landgut errichten ließ, wusste, was es heißt, gut zu leben. Ihm und den späteren Generationen fehlte es in den 270 Jahren, in denen hier gewirtschaftet wurde, an nichts. Allein das Herrenhaus hatte 690 Quadratmeter Wohnfläche samt fließend Wasser und Fußbodenheizung.

Zwei asphaltierte Straßen und ein Wanderparkplatz, die wir queren, holen uns zwar rasch in die Gegenwart zurück, aber nur, um kurz darauf in das urige Tal der rheinischen Waldgeister einzutreten. Die **Steckeschlääferklamm** ist erreicht.

Über hölzerne Stege hinweg, durchqueren wir die Klamm und begeben uns auf die Suche nach den Spukgestalten, die uns aus Rinden entgegen grinsen oder sich in Astlöchern verbergen. Sind alle entdeckt und abgezählt, verlassen wir das Nadelöhr und gehen eine kurze, aber knackige Steigung an. Ist die bewältigt, wartet mit dem

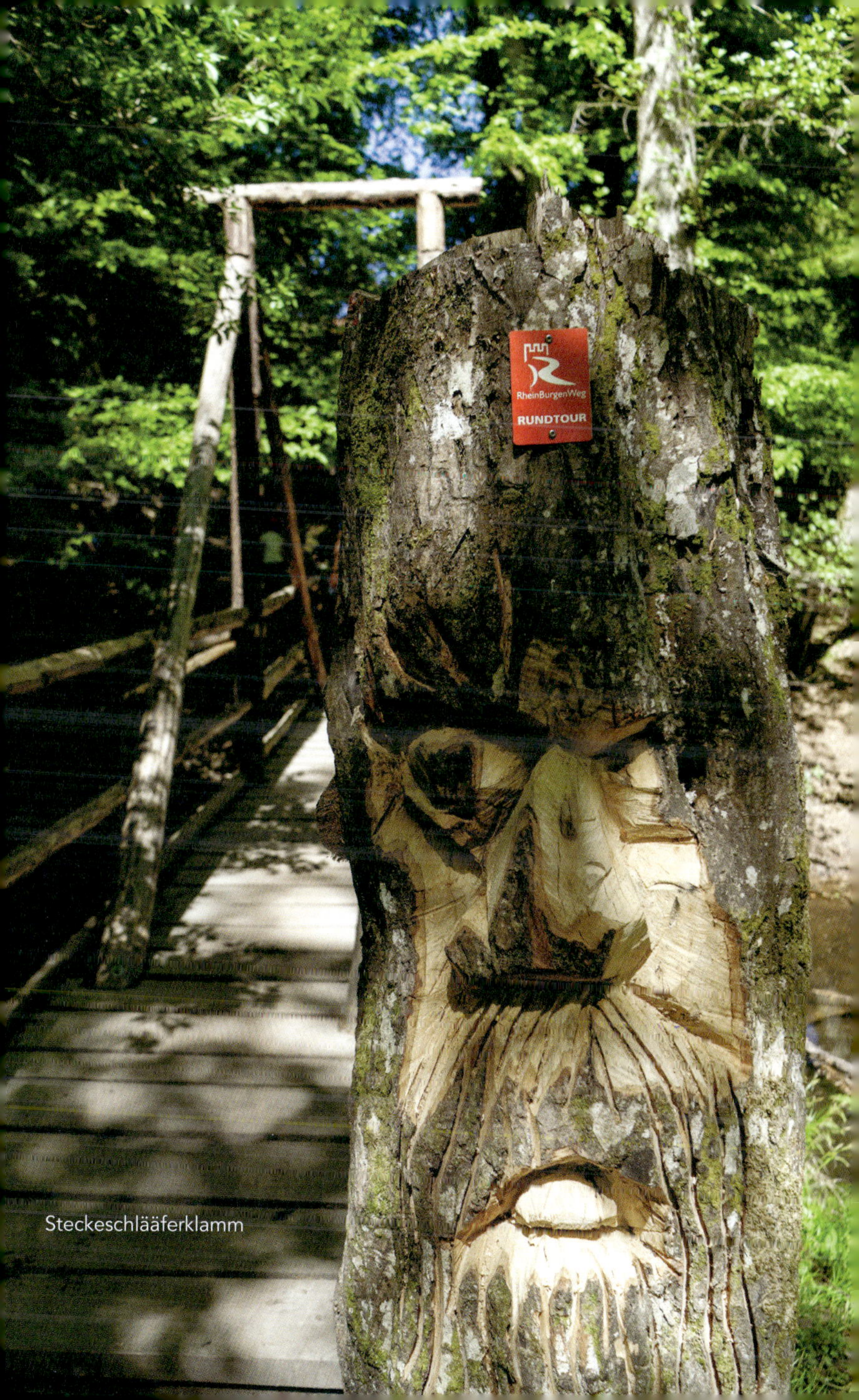

Steckeschlääferklamm

STECKESCHLÄÄFERKLAMM: Was um alles in der weiten Wanderwelt ist ein Steckeschlääfer? Das ist, so erklärt es eine Info-Tafel am Eingang zur Klamm, ein Wanderer, der seinen Stock beim Gehen auf dem Boden schleifen lässt. Nun braucht man heute ganz sicher keine Gehhilfe, um sicher durch die Klamm zu kommen. Gute Augen aber sind von Vorteil. Denn dann kann man beim Passieren der hölzernen Stege und Brücken Ausschau halten nach den Geistergrimassen, die hier in Baumstämme und Wurzeln geschnitzt wurden. Wer genau mitzählt, sollte am Ende 66 hölzerne Gesichter erblickt haben.

Jägerhaus bereits die nächste Einkehrmöglichkeit. Durch Schatten spendenden Wald führt der Weg uns von hier aus entspannt in Richtung des Gerhardshofes. Es ist ein ländliches Idyll umgeben von Pferdekoppeln und Wiesen, das irgendwie so weit weg zu sein scheint vom Rheintal mit seinen Winzerstuben und seinem Touristentrubel. Dabei trennen uns hier gerade noch vier Kilometer vom Ausgangspunkt unserer Tour. Irgendwie wandert sich der Rest auch wie von selbst. Und das nicht nur, weil es vorrangig bergab geht.

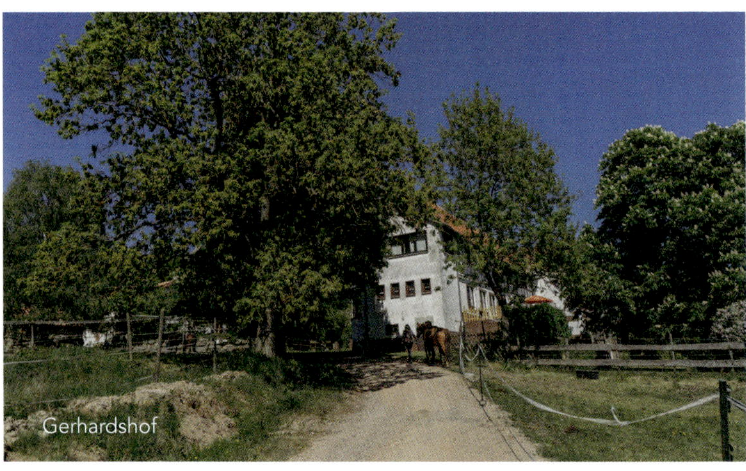
Gerhardshof

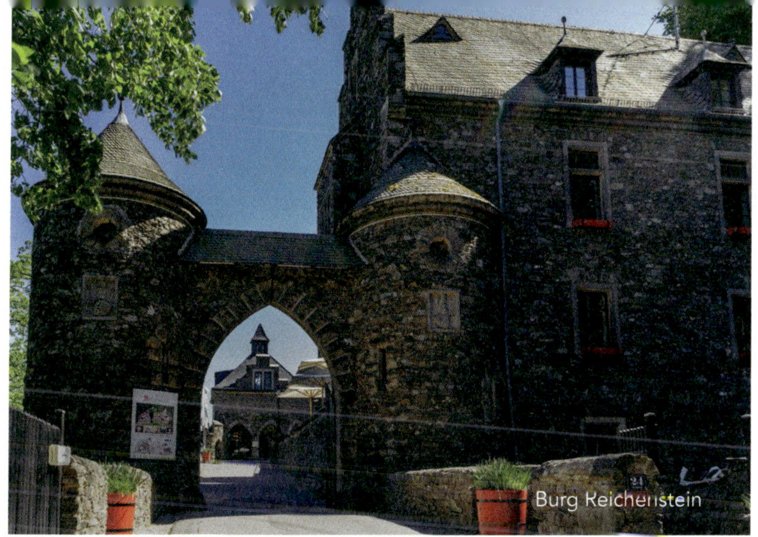

Burg Reichenstein

Während die Kletterer, die oberhalb des Morgenbachtals ihre Ausrüstungen präparieren, den Weg über Frankfurter oder Klüver Wand nach unten nehmen, mäandern wir lieber talwärts. Letztlich ist es der „alte Kuhweg", der uns auf schmalem, mit etwas Geröll durchsetztem, aber gangbarem Pfad zurück nach Trechtingshausen bringt. Jetzt auf direktem Weg zurück zum Ausgangspunkt der Tour oder doch noch ein kurzer Abstecher zur **Burg Reichenstein** gefällig?

Wer sich für Letzteres entscheidet, muss den Weg nicht wieder zurückgehen, sondern kann über eine Treppe den Hang hinunter ins Tal steigen.

BURG REICHENSTEIN: Vom üblen Raubritternest zum romantisierten Industriellen-Sitz – Burg Reichenstein hat in den wohl fast 1.000 Jahren, die sie über dem Rhein thront, schon einiges erlebt. Der mit seiner Eisenhütte zu Reichtum gekommene Niklaus Kirsch-Puricellis war es letztlich, der die Burg 1899 so annehmlich umgestalten ließ, dass sie heute noch als Hotel samt Restaurant und Museum genutzt werden kann.

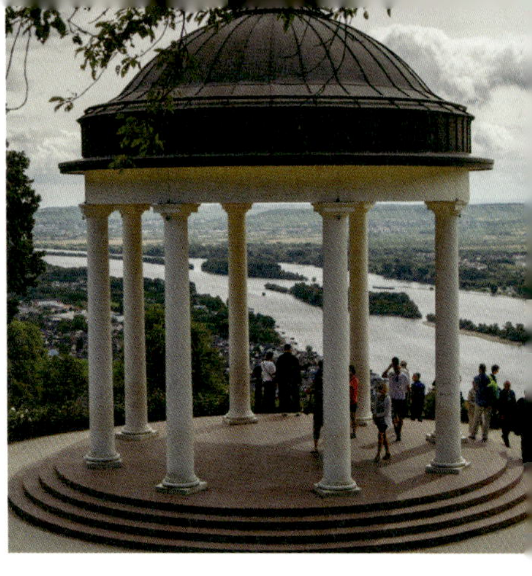

RHEINGAU-TAUNUS

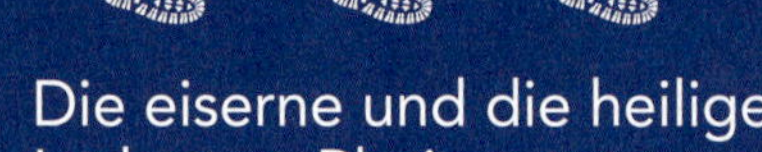

Die eiserne und die heilige Lady vom Rhein

TOUR 18

03:20 h 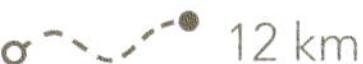 12 km 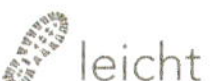 leicht 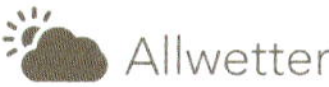 Allwetter

Schlicht und ergreifend eine entspannte Runde. Die Wege sind allesamt leicht begehbar.

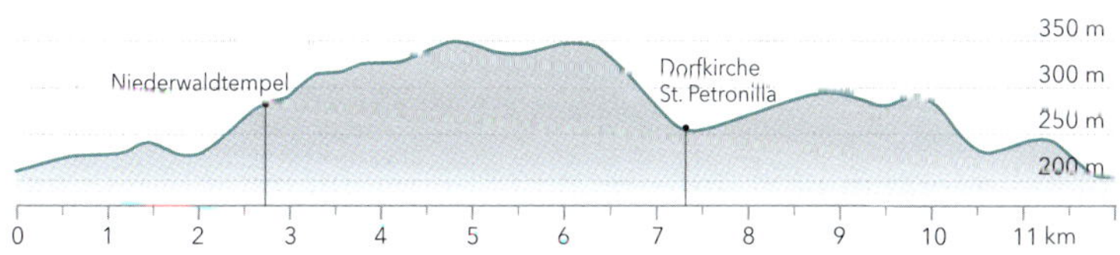

Anfahrt

Auto: Über die A66 aus Richtung Wiesbaden und weiter auf der B42 nach Rüdesheim. Dort angekommen an der zentralen Gabelung nach rechts und über Grabenstraße, Eibinger Straße und Marienthaler Straße aufwärts in Richtung Windeck. Die Abtei samt Parkplatz liegt links. **ÖPNV:** Mit der Regionalbahn 10 zum Rüdesheimer Bahnhof und dann der Einfachheit halber am besten mit der Drahtseilbahn hinauf zum Niederwalddenkmal und von dort die Tour starten.

Highlights

Abtei St. Hildegard (www.abtei-st-hildegard.de), Niederwaldtempel (www.niederwalddenkmal.de), Germania, Eremitage, Ponyland Ebental (www.ebental.de).

Einkehrmöglichkeiten

Klosterweingut St. Hildegard, Jagdschloss Niederwald (www.niederwald.de), mehrere Einkehrmöglichkeiten in Aulhausen (www.ruedesheim.de), Bauernhof-Café Ebental.

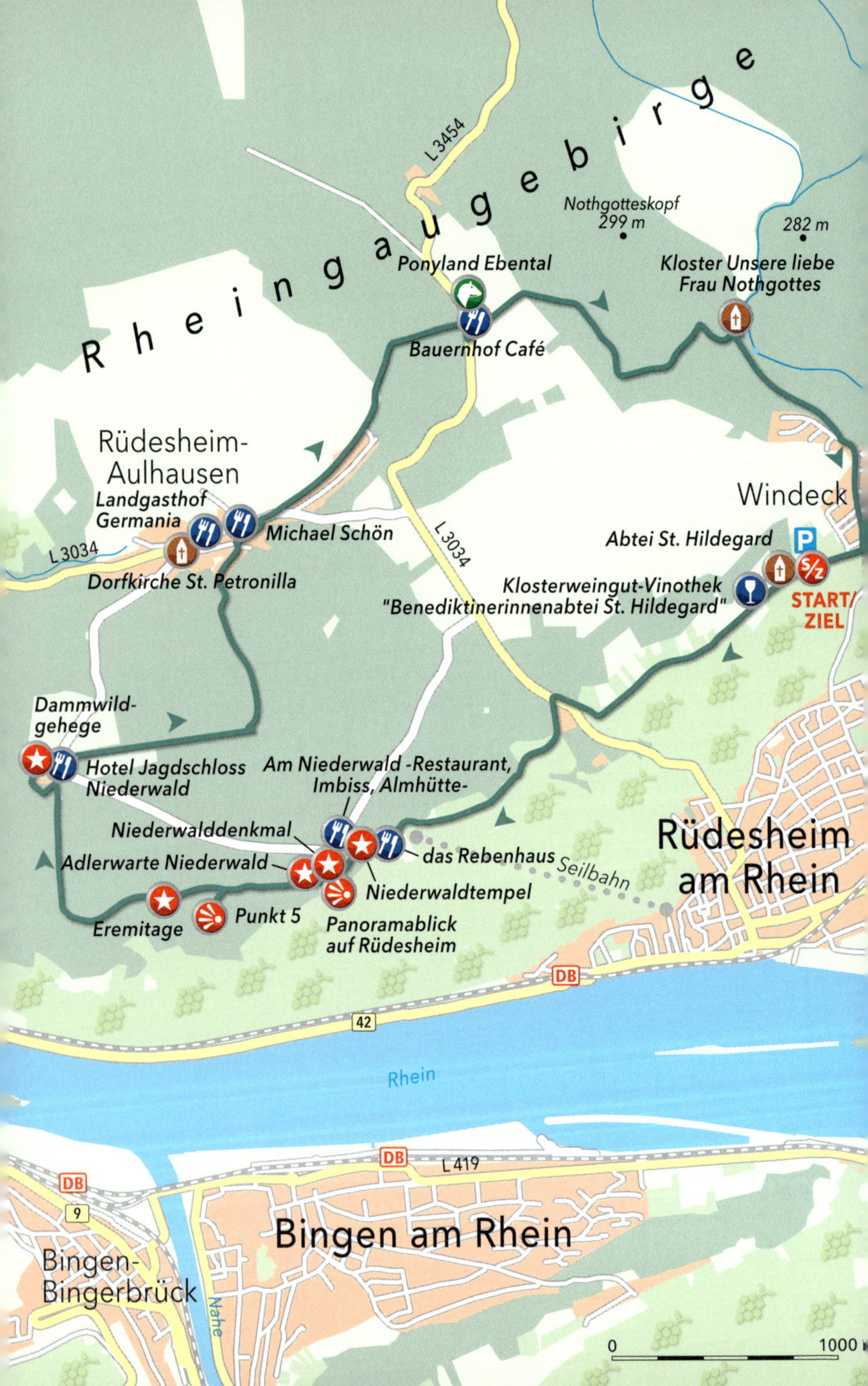

Rheingaugebirge
L 3454
Nothgotteskopf 299 m
282 m
Ponyland Ebental
Kloster Unsere liebe Frau Nothgottes
Bauernhof Café
Rüdesheim-Aulhausen
Windeck
Landgasthof Germania
Michael Schön
L 3034
Abtei St. Hildegard
Dorfkirche St. Petronilla
Klosterweingut-Vinothek "Benediktinerinnenabtei St. Hildegard"
START/ZIEL
Dammwild-gehege
Hotel Jagdschloss Niederwald
Am Niederwald -Restaurant, Imbiss, Almhütte-
Niederwalddenkmal
das Rebenhaus
Seilbahn
Rüdesheim am Rhein
Adlerwarte Niederwald
Niederwaldtempel
Eremitage
Punkt 5
Panoramablick auf Rüdesheim
DB
42
Rhein
L 419
Bingen am Rhein
9
Bingen-Bingerbrück
Nahe
0
1000

RHEINGAU-TAUNUS

Die eiserne und die heilige Lady vom Rhein

Es sind zwei wahrhaft große Frauen der deutschen Geschichte, die die Weinberge hoch über Rüdesheim dominieren. Die eine im visionären Geiste, die andere von schierer Gestalt. Die eine aus Fleisch und Blut, die andere aus Stahl und Nieten. Die eine im Dienste des Herrn, die andere im Sinne des Kaisers. Wir können auf dieser Tour beiden einen Besuch abstatten. Obschon wir für die eine, die Heilige Hildegard von Bingen, nach Abschluss der Tour noch einen kleinen Umweg einplanen müssen. Dennoch ist die **Abtei St. Hildegard** der perfekte Ort, um in diese Tour einzusteigen. Schließlich werden die Werte der Heiligen Hildegard hier noch heute gelebt.

An den Klostermauern entlang wandern wir durch die Weinberge nach Westen und erfreuen uns im Vorübergehen am makellosen Blick auf den Rheingau. Dass uns dabei der Rheinsteig die Hand reichen will, kann nicht überraschen. Dieser Streckenabschnitt ist natürlich ein Muss für einen Wanderweg seines Kalibers. Aber greifen wir doch an dieser Stelle lieber auf den Dienst eines noch nicht ganz so berühmten „Kollegen" zurück. Der Klostersteig führt vorerst in die gleiche Richtung.

Und als wäre das noch nicht genug an wegweisenden Handreichungen, winkt uns auch schon von weitem die Eiserne Lady zu

DIE ABTEI ST. HILDEGARD: Von außen betrachtet könnte die burgenartige Abtei St. Hildegard mit ihren wuchtigen Türmen hier schon seit dem Mittelalter stehen. Tut sie aber nicht. Sie ist ein im neoromanischen Stil gehaltener und 1904 eingeweihter Neubau. Über 40 Benediktinerinnen leben hier ihren Glauben. Die Ordensfrauen bieten zudem Gästezimmer an, betreiben einen Klosterladen und produzieren sogar ihren eigenen Wein.

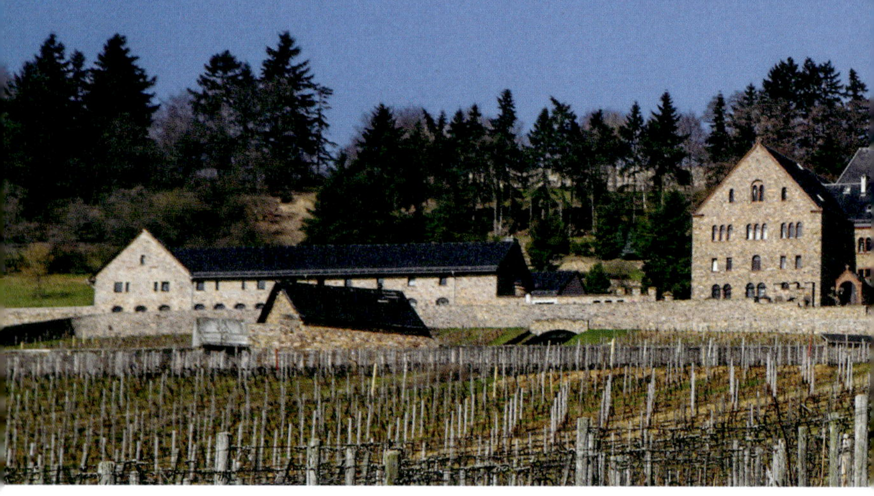

Abtei St. Hildegard

KLOSTERSTEIG: Sich zu Ehren des Herrn auf den Weg zu machen, gehörte in alter Zeit für viele Christen zu ihrem Glauben dazu. Als Pilger zu Gott und vor allem auch zu sich selbst zu finden – dieser Gedanke erlebt heute eine Renaissance und spiegelt sich auch hierzulande in der Schaffung oder Wiederbelebung von Pilgerwegen wider. Der 2016 auf den Weg gebrachte Rheingauer Klostersteig verbindet auf 29,5 Kilometern Länge eine Vielzahl an zentralen Stätten des christlichen Glaubens.

– zumindest könnte man das aus der Ferne meinen. Um der Dame näherzukommen, überqueren wir die Landesstraße 3034 und setzen unseren Weg fort. Dabei „müssen" wir damit leben, dass einige Zeitgenossen über unsere Köpfe hinweg „gondeln".

Schon Ende des 19. Jahrhunderts konnten **Rhein-Touristen** von Rüdesheim aus mit einer Zahnradbahn hinauf zum Niederwald dampfen. Der Betrieb wurde 1939 eingestellt und an ihrer Stelle 1954 eine Gondelbahn in Dienst gestellt.

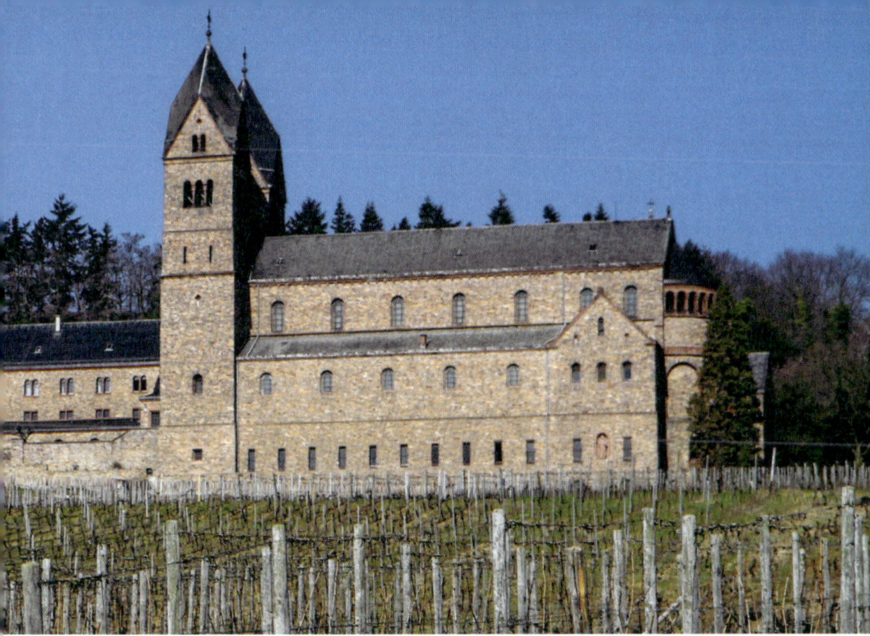

Für uns geht es derweil per pedes weiter und nach rechts eine Treppenanlage nach oben. Oben angekommen erwarten uns der Niederwaldtempel, eine tolle Aussicht und Touristen aus aller Herren Länder, die sich selbst und die Rheinromantik auf Selfies bannen wollen.

Ähnlich beliebt – vor allem für Gruppenfotos – sind die Stufen zu Füßen der Germania gleich nebenan. Die alte Dame erträgt das

RÜDESHEIM UND DER TOURISMUS: Drosselgasse und Germania sind weltweit zum Inbegriff deutscher Weinseligkeit geworden. Täglich legt in Rüdesheim ein halbes Dutzend an Kabinenschiffen an, 400.000 Übernachtungen und mehr als eine Million Tagestouristen werden übers Jahr gezählt. Wer den Niederwald und die Aussicht lieber für sich genießen will, sollte frühmorgens oder am späteren Abend hier hinaufkommen. Dann versteht man, was schon die Romantiker ins Schwärmen brachte.

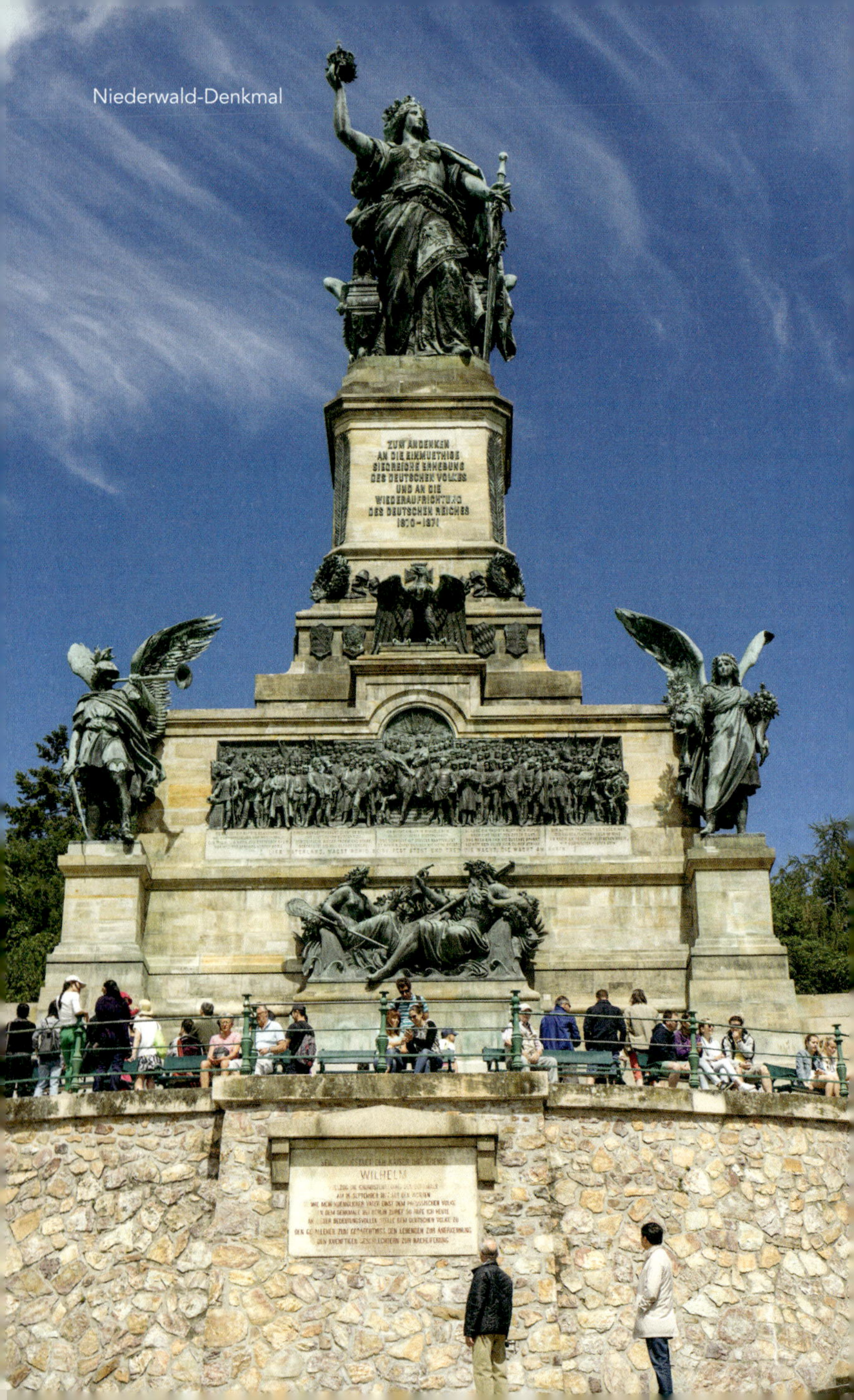

Niederwald-Denkmal

stoisch, sie hat nicht nur Nerven aus Stahl, sondern auch schon härtere Zeiten mitgemacht. Die „Wacht am Rhein“ scheint altersmilde geworden zu sein, auch wenn ihr in jungen Jahren der Ruf vorauseilte, dass sie durchaus aufbrausend sein konnte.

DAS NIEDERWALD-DENKMAL: 38,18 Meter hoch, 75 Tonnen schwer – schon seine Maße lassen erahnen, dass das 1883 eingeweihte Niederwald-Denkmal mehr war als schmückendes Beiwerk. Die Germania verkörperte den eisern behaupteten Machtanspruch des noch jungen deutschen Reiches auf den Rhein. 135 Jahre später ist die alte Dame zum Glück nur noch ein etwas überdimensionierter Anachronismus.

Machen wir noch schnell unser eigenes Selfie mit der eisernen Lady und verabschieden uns dann vom Trubel in die Ruhe des angrenzenden Niederwaldes. Das gibt uns die Gelegenheit, einen Abstecher zum Hunsrückblick zu machen und uns die Eremitage anzuschauen. Auch wenn hier nie ein Eremit gehaust hat, erinnert sie uns doch daran, dass hier in der Nähe einst ein alter Romantiker residierte – der **Graf von Ostein.**

Der Herr Graf war es auch, der in der zweiten Hälfte des 18. Jahrhunderts hier oben ein schmuckes Jagdschloss errichtete, das heute Ausflugslokal und Hotel ist. Vor allem für die jüngeren Gäste dürfte das Damwild, das gleich neben dem Schloss auf Streicheleinheiten und Möhren wartet, allerdings von sehr viel größerem Interesse sein.

Ließen sich die feinen Herrschaften zu Zeiten des Grafen gerne noch bis vor die Tür der Rheinromantik kutschieren, so bleiben wir natürlich unserer Linie treu. Wir verabschieden uns vom Schloss aus nach links und ein kleines Stück die Straße hinunter, biegen dann nach rechts und spazieren auf der kerzengerade in den Wald getriebenen „Großen Allee“ entlang. Haben wir die etwa bis zur Hälfte hinter uns gelassen, schlagen wir uns nach links in den Wald und nehmen talwärts Kurs auf den Rüdesheimer Ortsteil Aulhausen.

Der liegt zwar auf der dem Rheintal abgewandten Seite des Höhenzuges und hat optisch doch schon mehr vom ländlich-rustikalen

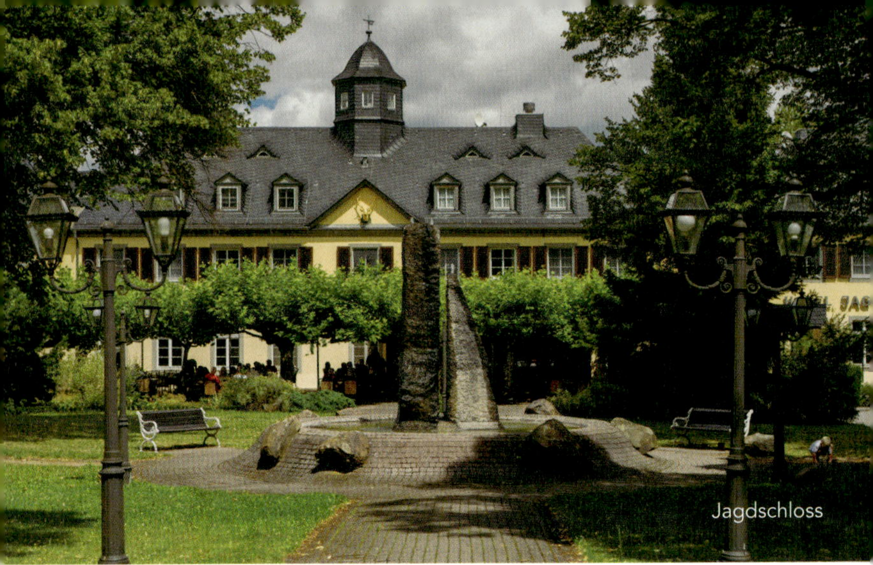

Jagdschloss

Taunus. Weinstuben und Einkehrmöglichkeiten gibt es aber auch hier. Wohnen lässt es sich hier sicher gut und schön. Für uns aber ist der Ort nur Durchgangsstation – also geht es über den Röderweg hinein und über die Vincenzstraße dann auch schon wieder hinaus.

Durch den Wald hindurch erreichen wir die Landesstraße 3454, gehen an ihr ein kleines Stück entlang nach rechts, queren die Straße und satteln auf für die letzte Etappe. Das mit dem „Aufsatteln" ist natürlich nur bildlich gesprochen. Obwohl wir es hier durch-

DER OSTEIN'SCHE PARK: 1764 zog es Johann Friedrich Karl Maximilian Graf von Ostein hierher. Erst nur ob des reichen Wildbestandes, dann immer stärker auch wegen der Schönheit der Natur. Ostein war es, der den Niederwald zum Landschaftspark umgestaltete, hier vermeintlich magische Orte wie die Eremitage, die Zauberhöhle oder den Niederwaldtempel schaffen ließ. Alles also fake? Das mögen wir heute vielleicht so sehen, echte Romantiker wie Clemens von Brentano waren jedoch begeistert.

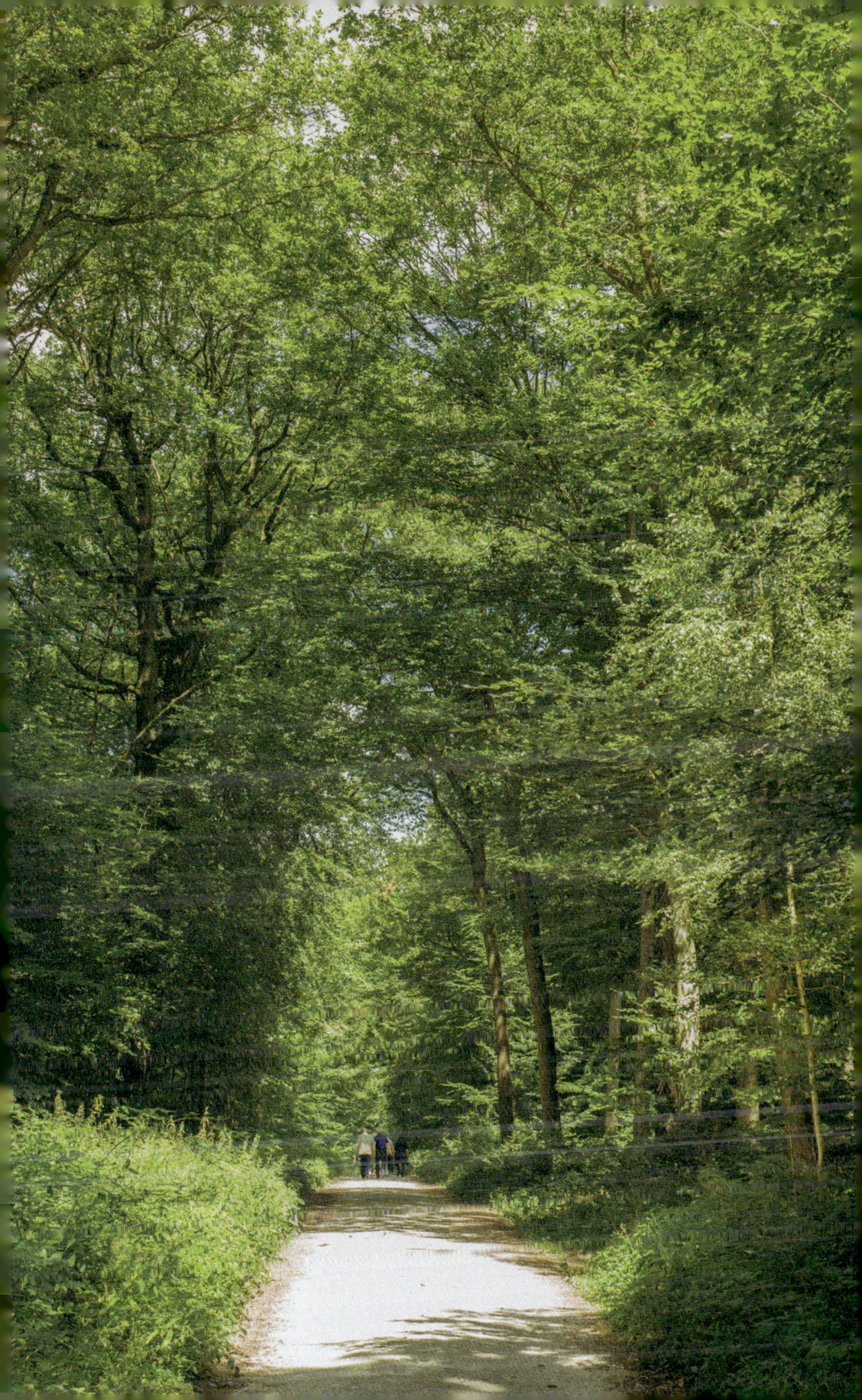

PONYLAND EBENTAL: „Auf dem Ebental" – das ist schon richtig so. Schließlich liegt es auf rund 300 Metern Höhe. Wie das zu einem „Tal" passt? Es ist wohl eine Rheingauer Art der Sprachverschiebung. Vom ebenen Teil zum Ebental. Das Ponyland ist ein Klassiker unter den Ausflugszielen im Rheingau. Ein Großbrand (2019) und Corona hatten den Betrieb zuletzt jedoch stark eingeschränkt.

aus tun könnten, führt uns die Tour doch geradewegs „auf" das Ebental und durch das **„Ponyland"**.

War die Antwort auf die Frage nach „Auf" oder „Ab" eben noch verwirrend, so fällt sie nur ein paar hundert Meter weiter eindeutig aus: Es geht durch den Wald und bergab in das Tal des Blaubachs, ein Idyll fernab des Trubels am Rhein und ein Zufluchtsort, woran heute noch

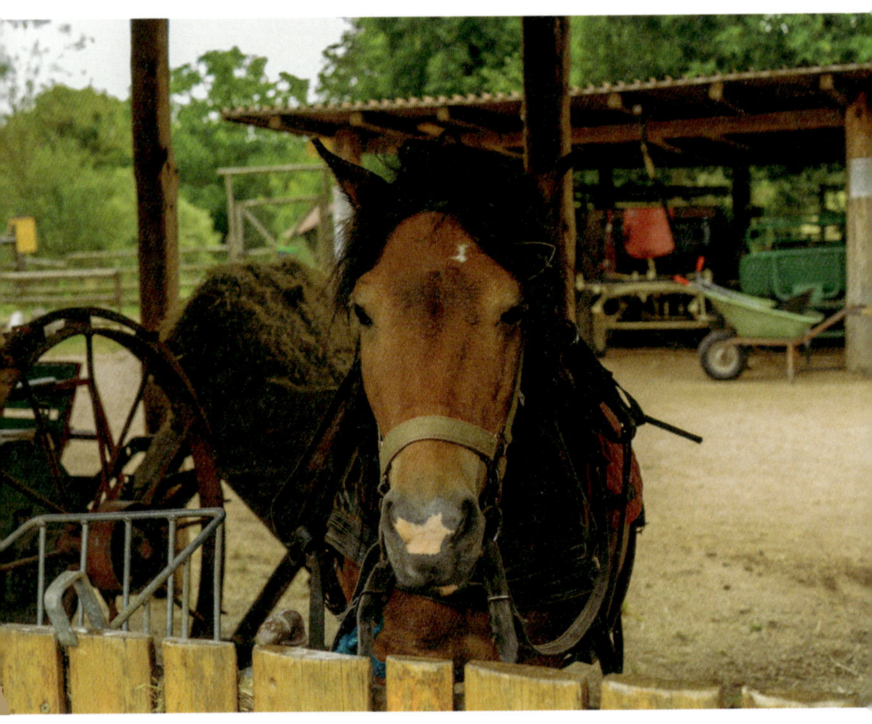

das **Kloster Nothgottes** erinnert.

Die Zufahrt zum Kloster hinauf erreichen wir die zu Eibingen zählende Siedlung „Windeck“, wandern hangabwärts durch den Ort und kehren ausgangs der Nothgottesstraße nach rechts zu unserem Ausgangspunkt an der Abtei St. Hildegardis zurück. Am Ziel angelangt, steht noch der eingangs erwähnte kleine Umweg an, der eigentlich eine Selbstverständlichkeit sein sollte.

KLOSTER NOTHGOTTES: Als die Pest und andere Seuchen im 14. Jahrhundert auch den Rheingau heimsuchten, sollen die Menschen Schutz in der Abgeschiedenheit der Wälder und Hilfe bei Gott gesucht haben. Was vermutlich als kleine Ölbergskapelle im Blaubachtal begann, entwickelte sich in der Folge zum Wallfahrtsort und Kloster. Seit einigen Jahren ist das Kloster die Heimat für Zisterzienser-Mönche aus der südvietnamesischen Provinz Lâm Dong.

Wer nämlich annimmt, dass die Heilige ihre letzte Ruhe in dem nach ihr benannten Kloster hoch über dem Rüdesheimer Ortsteil Eibingen gefunden hat, der geht fehl. Beide Klöster – Rupertsberg links und Eibingen rechts des Rheins –, die Hildegard gegründet hat, haben die Jahrhunderte nicht überdauert. Heute steht die Eibinger Pfarrkirche dort, wo früher die Klosterkirche stand. Und hier wird das Reliquiar der 2012 heiliggesprochenen Hildegard aufbewahrt.

HILDEGARD VON BINGEN: Ein Mädchen aus gutem Hause mit gerade einmal acht Jahren in ein Kloster zu geben, war im Mittelalter alles andere als ungewöhnlich. Dass dieses Mädchen dann aber in einer von Männern dominierten Welt zur Klostergründerin, angesehenen Gelehrten und Kaiserberaterin aufstieg – das alles spricht dafür, dass Hildegard von Bingen zu Lebzeiten (1098–1179) eine außergewöhnliche Frau war und wohl auch heute wäre.

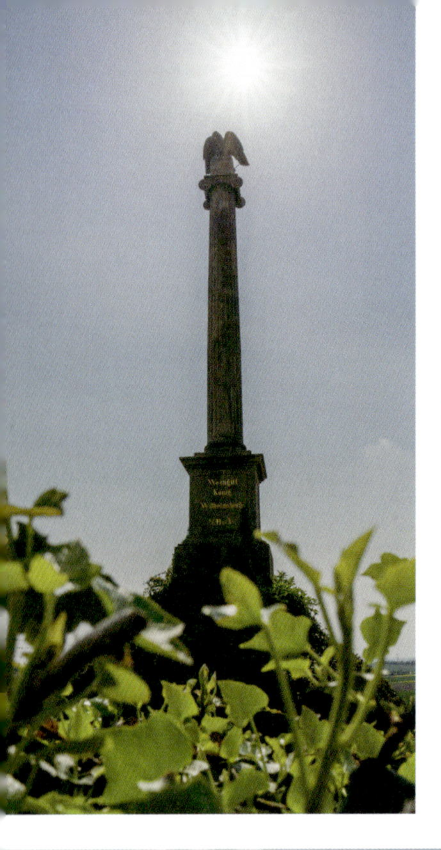

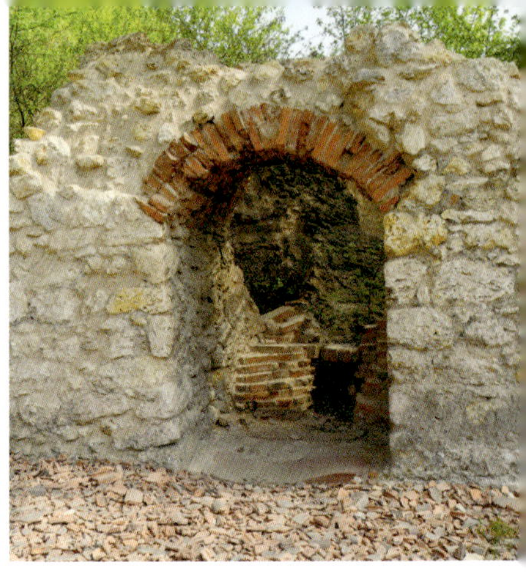

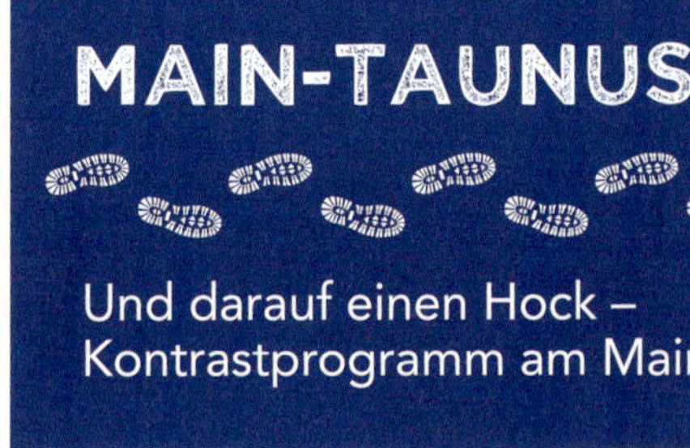

MAIN-TAUNUS

Und darauf einen Hock – Kontrastprogramm am Main

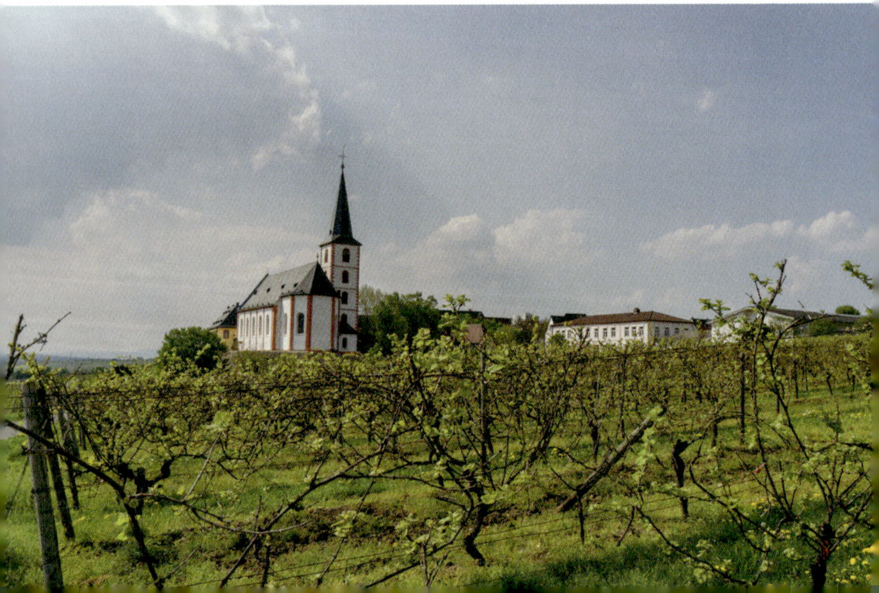

TOUR 19

04:30 h 17,2 km moderat 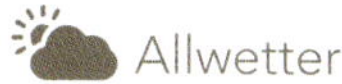 Allwetter

Mittelschwere Wanderung. Gute Grundkondition erforderlich. Überwiegend gut begehbare Wege.

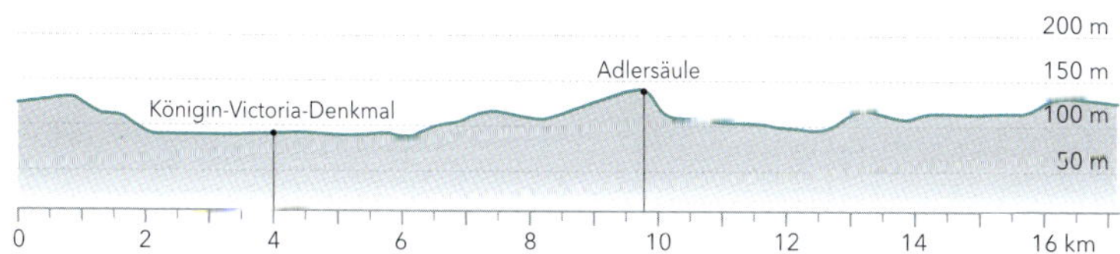

Anfahrt

Auto: Je nach Anfahrtsrichtung zur B40 und weiter nach Hochheim. Parken am Rande des großen Festplatzes an der Ecke Königsberger Ring und Am Weiher. **ÖPNV:** Mit der S1 aus Richtung Wiesbaden oder Frankfurt zum Bahnhof Hochheim, hier aussteigen. Da der Bahnhof nicht zentral, sondern etwas außerhalb des Ortes an der Wanderstrecke liegt, empfiehlt es sich, von hier in die Tour einzusteigen.

Highlights

Hochheimer Weinbaumuseum (www.hochheim-tourismus.de), Weinerlebnisweg (www.kulturland-rheingau.de), Königin Victoria-Denkmal, alte Kalkbrennofen, Eisenbaum (www.regionalpark-rheinmain.de), Adlersäule Wicker, Altstadt Hochheim.

Einkehrmöglichkeiten

Flörsheimer Warte (www.floersheimer-warte.de), Weinprobierstand und weitere Einkehrmöglichkeiten in Wicker (www.winzerverein-wicker.de) sowie verschiedene Angebote in der Hochheimer Altstadt.

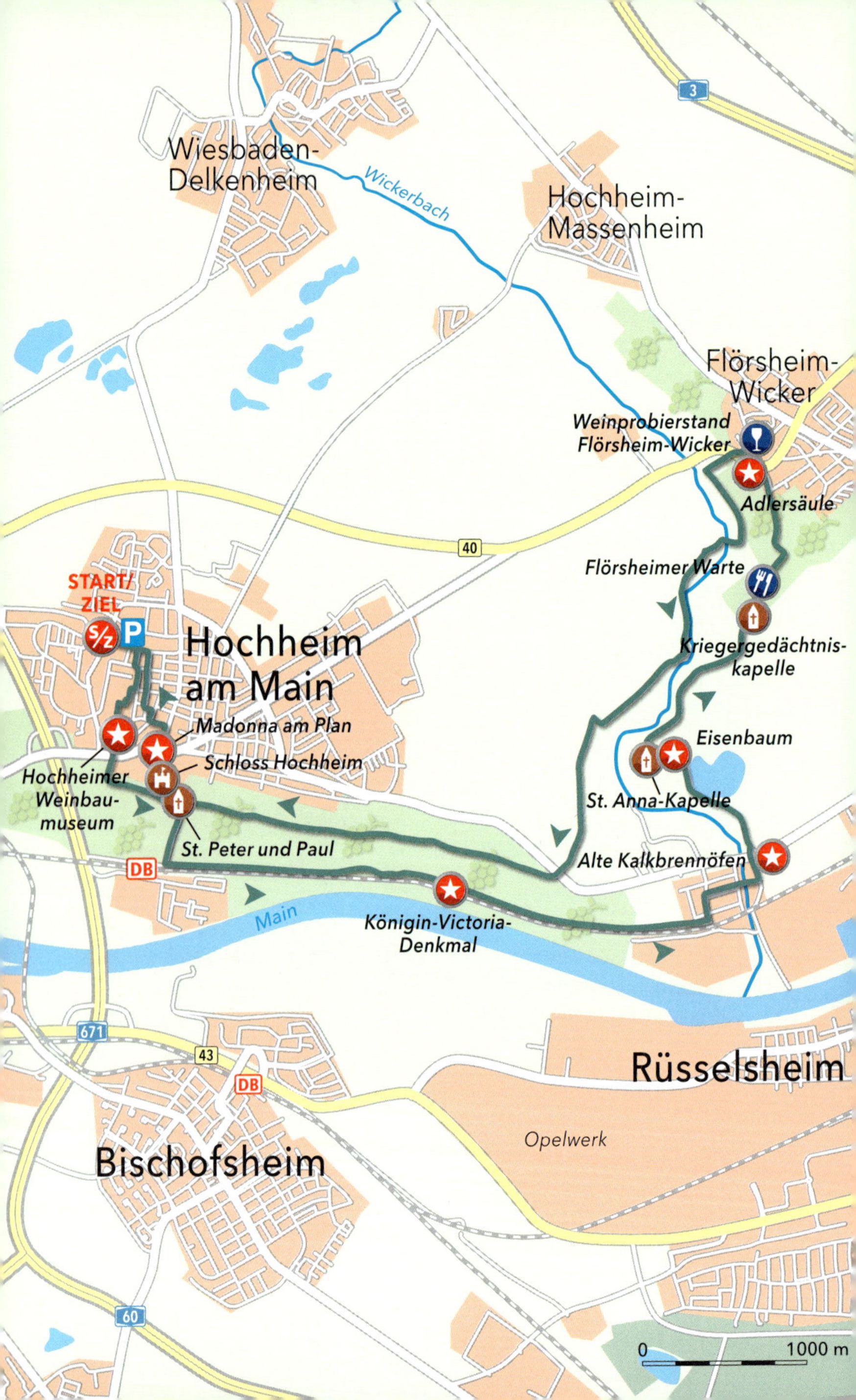

Wiesbaden-
Delkenheim
Wickerbach
Hochheim-
Massenheim
3
Flörsheim-
Wicker
Weinprobierstand
Flörsheim-Wicker
Adlersäule
40
Flörsheimer Warte
Kriegergedächtnis-
kapelle
START/
ZIEL
S/Z
P
Hochheim
am Main
Madonna am Plan
Schloss Hochheim
Hochheimer
Weinbau-
museum
St. Peter und Paul
Eisenbaum
St. Anna-Kapelle
Alte Kalkbrennöfen
DB
Main
Königin-Victoria-
Denkmal
671
43
DB
Rüsselsheim
Opelwerk
Bischofsheim
60
0
1000 m

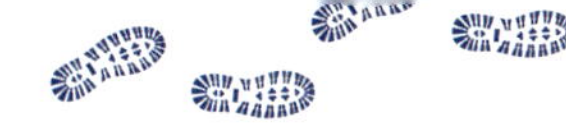

MAIN-TAUNUS

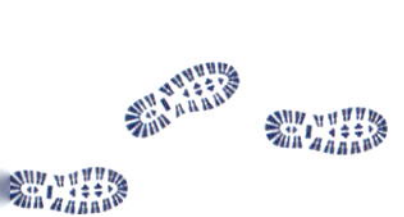

Und darauf einen Hock – Kontrastprogramm am Main

Stählerne Kolosse über dem Kopf, eine Mülldeponie in Sichtweite und „nur" der kleine Bruder des Altvaters an der Seite – das klingt so gar nicht nach wanderbarer Weinseligkeit. Und doch sind es gerade diese Kontraste, die diese Tour durch das Tor zum Rheingau so ungemein reizvoll machen.

Könnte es einen besseren Start- und Zielpunkt für eine Wanderung auf dem „Weinerlebnisweg Oberer Rheingau" geben als den Hochheimer Weinstand? Wohl kaum. Und das nicht nur wegen des Rieslings, sondern vor allem auch wegen der durchaus prominenten Lage. Schließlich feiern hier alljährlich im November Hunderttausende den Hochheimer Markt.

Von diesem Trubel merkt man übers restliche Jahr allerdings nichts. Wir können also ohne zu drängeln und zu schieben ganz gemütlich durch das Städtchen in Richtung des Mains spazieren. Schon auf den ersten Metern bekommen wir dabei einen guten Eindruck davon, wie wichtig der Weinbau für Hochheim seit eh und je ist. Hier ein Weingut, da eine Sektkellerei und dort natürlich das Weinbaumuseum. Das erste seiner Art in Hessen.

Mit Erreichen und Überqueren der Mainzer Straße sind wir dann auch ganz offiziell in der Spur. Der **Weinerlebnisweg** empfängt uns mit einer Info-Tafel – einer ersten. Eines kann man jetzt

WEINERLEBNISWEG: Seit 2011 können sich Interessierte quasi im Vorübergehen mit der Tradition des Weinbaus im Oberen Rheingau vertraut machen. Auf einer Strecke von 18 Kilometern mit insgesamt 40 Info-Stationen verbindet der Weg die Orte Kostheim, Hochheim, Wicker sowie Massenheim.

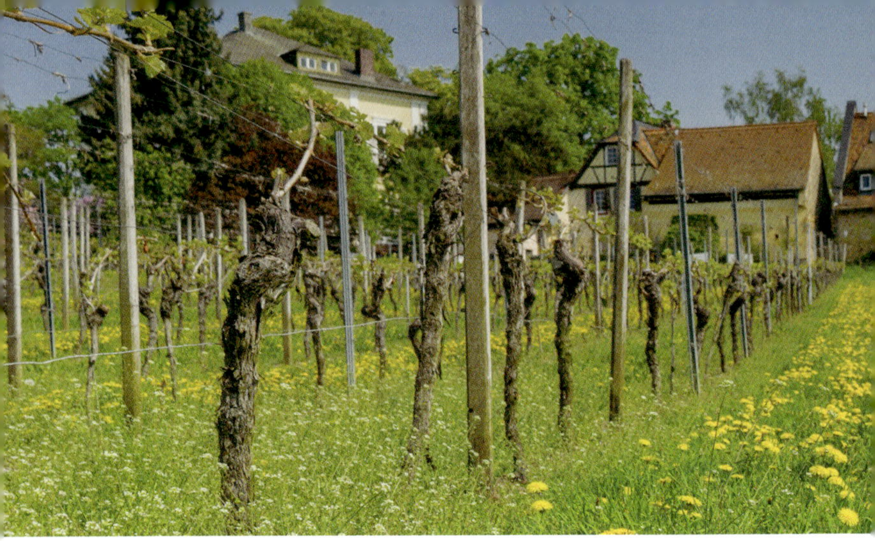

schon sagen: Lesestoff wird es auf den kommenden Kilometern genug geben.

In die Weinberge hinein, dann nach links und am Ortsrand von Hochheim entlang, schaltet der Weg umgehend auf Kontrastprogramm. Linker Hand eine schon fast zu idyllisch gedrechselte Kulisse aus Weinstöcken, Fachwerk, Bruchstein und Villenoptik. Und zur Rechten, am Fuße der Weinberge: der Main, die Autobahnbrücke bei Gustavsburg und dann am anderen Ufer auch schon die Ausläufer der Rüsselsheimer Opel-Werke. Das mag am Anfang etwas befremden. Aber mit jedem Schritt freundet man sich mehr mit dem Perspektivwechsel an, erkennt darin sogar einen besonderen Reiz.

Unterhalb der schmucken Barockkirche St. Peter und Paul biegen wir nach rechts ab und folgen der Bahnhofsstraße weiter in Richtung Mainufer. Erreichen werden wir das allerdings nicht. Da legen sich die Gleise quer. Wir biegen schon vor Erreichen des Bahnübergangs nach links in den Sandweg ab, der für die kommenden gut 3 Kilometer unsere Richtschnur gen Flörsheim sein wird. Wir passieren dabei so illustre Weinlagen wie die Obere und die Untere Gans oder den Knackfuss und können über die Bahnschienen hinweg den Booten zuschauen, die auf dem Main entlang schippern. Bei aller Leichtigkeit des Wanderer-Daseins an dieser Stelle sollten wir uns al-

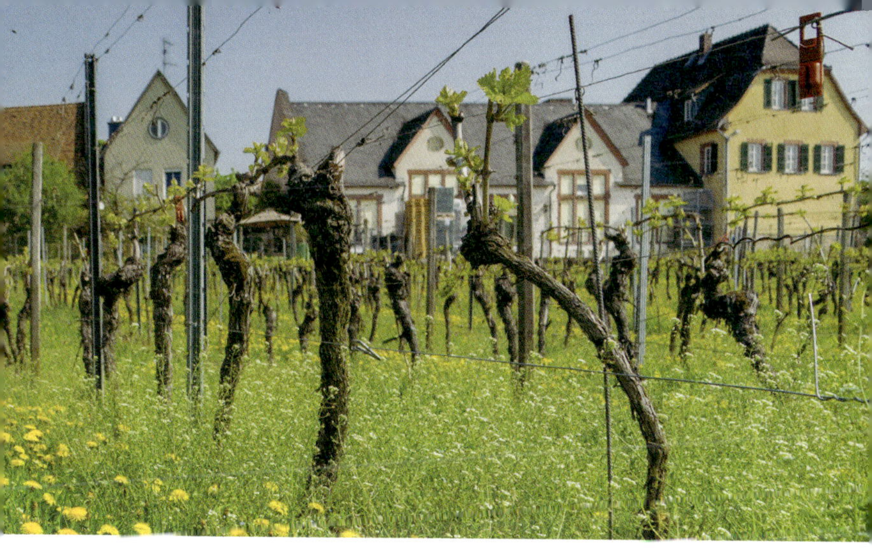

lerdings nicht komplett gehen lassen. Immerhin steht noch eine Audienz bei der **Queen** an: Victoria, nicht Elisabeth.

Eben noch auf Tuchfühlung mit Rebengold und Blaublüter, ändert die Tour ausgangs des Sandwegs schlagartig ihr Gesicht. Wir

DIE QUEEN UND DER HOCK: Was muss das für ein Ereignis gewesen sein, als 1845 Königin Victoria von England Hochheim einen Besuch abstattete? Die Queen wurde natürlich mit allen Ehren und einer Weinprobe empfangen. Die Gastgeber holten das Beste aus ihren Kellern, wohlwissend, dass gerade ihre Weine auf der Insel in aller Munde waren. Zwar taten sich die Briten schwer damit, den Ort richtig auszusprechen. Als „Hock" wurde das Rebengold aus Hochheim jedoch für sie zum Inbegriff des deutschen Rieslings. Einen Winzer vom Main bedachte die Königin sogar mit einem ganz besonderen Privileg. Er erhielt die hoheitliche Erlaubnis, seinen Wingert künftig „Königin Victoriaberg" zu nennen. Eine Auszeichnung, für die er sich bedankte, indem er ihr 1854 ein Denkmal im Tudor-Stil am Rande des Sandwegs errichtete, das noch heute an den Besuch der Queen erinnert.

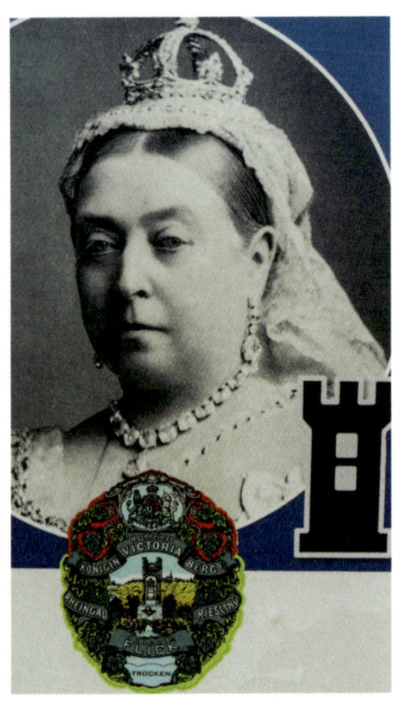

sind weiterhin auf geschichtsträchtigem Boden, aber jetzt ist es ein Stück Firmenhistorie. Wir durchwandern Keramag/Falkenberg.

Wer meint, dass dieser Name doch sehr viel mehr nach einem Badezimmer denn nach einem Flörsheimer Stadtteil klingt, liegt alles andere als falsch. Der Ort ist aus einer Arbeitersiedlung des gleichnamigen Herstellers von Sanitätskeramik hervorgegangen. Die Produktion an diesem Standort wurde zwar in den 1980er Jahren eingestellt, der Name aber ist geblieben.

Über den Wickerbach hinüber und nach rechts dem Panoramaweg entgegen, schlagen wir ein weiteres Kapitel Flörsheimer Industriegeschichte auf: Wir passieren konservierte Kalkbrennöfen.

Jetzt aber genug von Maloche, wir wollen wieder raus ins Grüne. Dass das allerdings so schnell geht, überrascht dann doch. Kaum nach links und um die nächste Ecke, bleibt unser Thema zwar die Arbeitswelt vergangener Tage, der Staub aber legt sich. Wir kommen an der Obermühle vorbei.

Insgesamt 23 Mühlen soll der Wickerbach in der Hochzeit der Branche in Schwung gehalten haben. Dass auch hier früher hart gearbeitet wurde, darf nicht überraschen. Auch wenn es so gar nicht zu unserem Bild von klappernder Mühlenromantik und wanderlustigen Müllern passen möchte.

Den Blick nach links gewandt, schauen wir auf ein düsteres Kapitel heimischer Geschichte. Eine Gedenktafel von heute und ein Kreuz aus dem Jahr 1750 halten gemeinsam die Erinnerung an die Männer und Frauen wach, die an der Wende zum 17. Jahrhundert der Hexenverfolgung zum Opfer fielen. Eben eine Tour der Kontraste. Und es geht auch gleich damit weiter.

Rechts ein hinter Hecken und Maschendraht versteckter Fischweiher, links grüne Wiesen und über dem Kopf stählerne Kolosse, die zeitweise im Minutentakt über die Köpfe hinwegdröhnen. Also: Bringen Sie Ihre Wander-Haltung jetzt in eine aufrechte Position und ziehen Sie Ihren Rucksack fest – wir befinden uns im Landeanflug auf den **Frankfurter Flughafen**.

DREHKREUZ RHEIN-MAIN: Der Frankfurter Flughafen ist ein zentraler Wirtschaftsfaktor in Rhein-Main. 64,5 Millionen Passagiere und 2,2 Millionen Tonnen Luftfracht haben ihn allein 2017 durchlaufen, verteilt auf 475.537 Starts und Landungen. Klar, dass die Maschinen auch irgendwo fliegen müssen. Davon wissen die Anrainer-Gemeinden wie Flörsheim ein Lied zu singen. Fluglärm ist hier ein großes Thema.

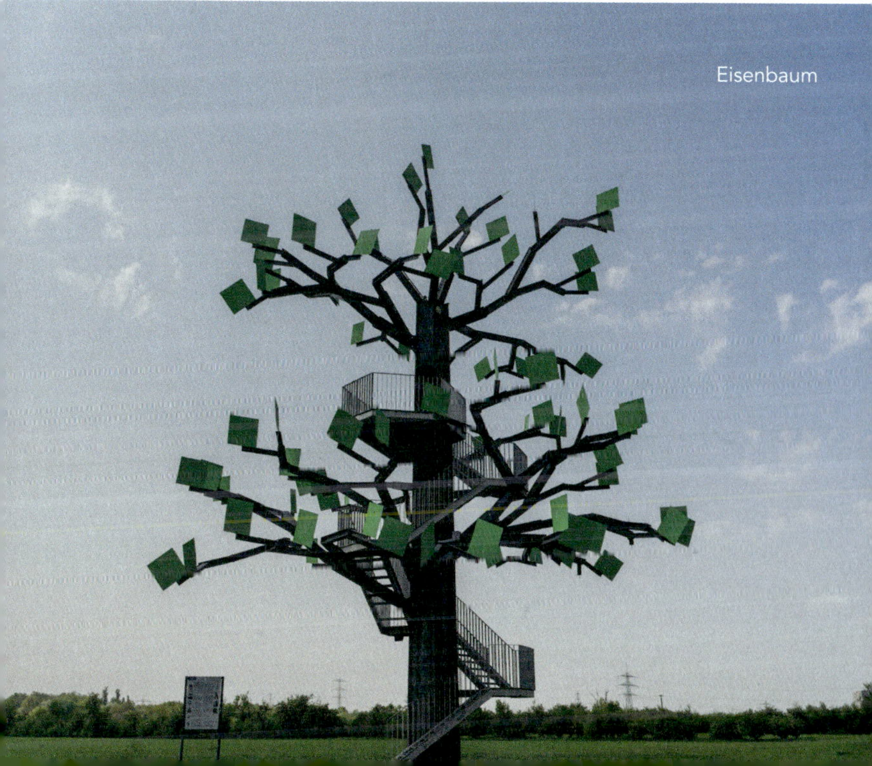
Eisenbaum

DER EISENBAUM: Nicht zusammengewachsen, sondern zusammengeschraubt und -geschweißt ist der 18 Meter hohe „Baum", der in seiner Krone eine Plattform nebst Aussicht bietet, die auf jeden Fall bis nach Frankfurt und manchmal auch bis in den Odenwald reicht. Der Baum ist eines der über 350 Projekte, die der Regionalpark RheinMain bereits im Dienste der Naherholung realisiert hat.

Wohnen wollte man hier vielleicht nicht unbedingt. Aber wandern und dabei die Aufschrift der einen oder anderen Maschine auf dem Rumpf lesen – das ist schon irgendwie speziell. Was in gleicher Weise für den **Eisenbaum** gilt, der sich vor uns aufbaut. Es ist eines der vielen Projekte, die der Regionalpark RheinMain an den Rand des Weges „gepflanzt" hat.

An der St. Anna-Kapelle wenden wir uns nach rechts, um uns auf den Weg in die „Schweiz" zu machen. Denn auch Flörsheim hat eine. Zwar können es die sanften Hügel und leichten Geländeeinschnitte sicher nicht mit den Bergen und Tälern im Jura aufnehmen. Einen natürlichen Kontrast in der Landschaft bilden sie dennoch. Und der hatte in früheren Tagen sogar strategische Bedeutung. Davon zeugen noch heute die Konturen der „Kasteler Landwehr" und natürlich die **Flörsheimer Warte**.

Eben noch unter einem Laubengang hindurch, öffnet sich für uns nur wenige hundert Meter weiter bereits das „Tor zum Rheingau".

DIE FLÖRSHEIMER WARTE: Für unzählige Ausflügler ist der Turm-Nachbau zwischen Wicker und Flörsheim vor allem eines: Ein perfekter Ort, um einzukehren, sich zu stärken und die Seele samt der Beine baumeln zu lassen. Der Vorgänger der Warte jedoch hatte eine gänzlich andere Funktion: Vom Turm aus kontrollierten die Soldaten des Mainzer Kurfürsten im 16. Jahrhundert, wer sich der Kasteler Landwehr näherte und möglicherweise die rechtsrheinischen Besitzungen des Erzbischofs bedrohte.

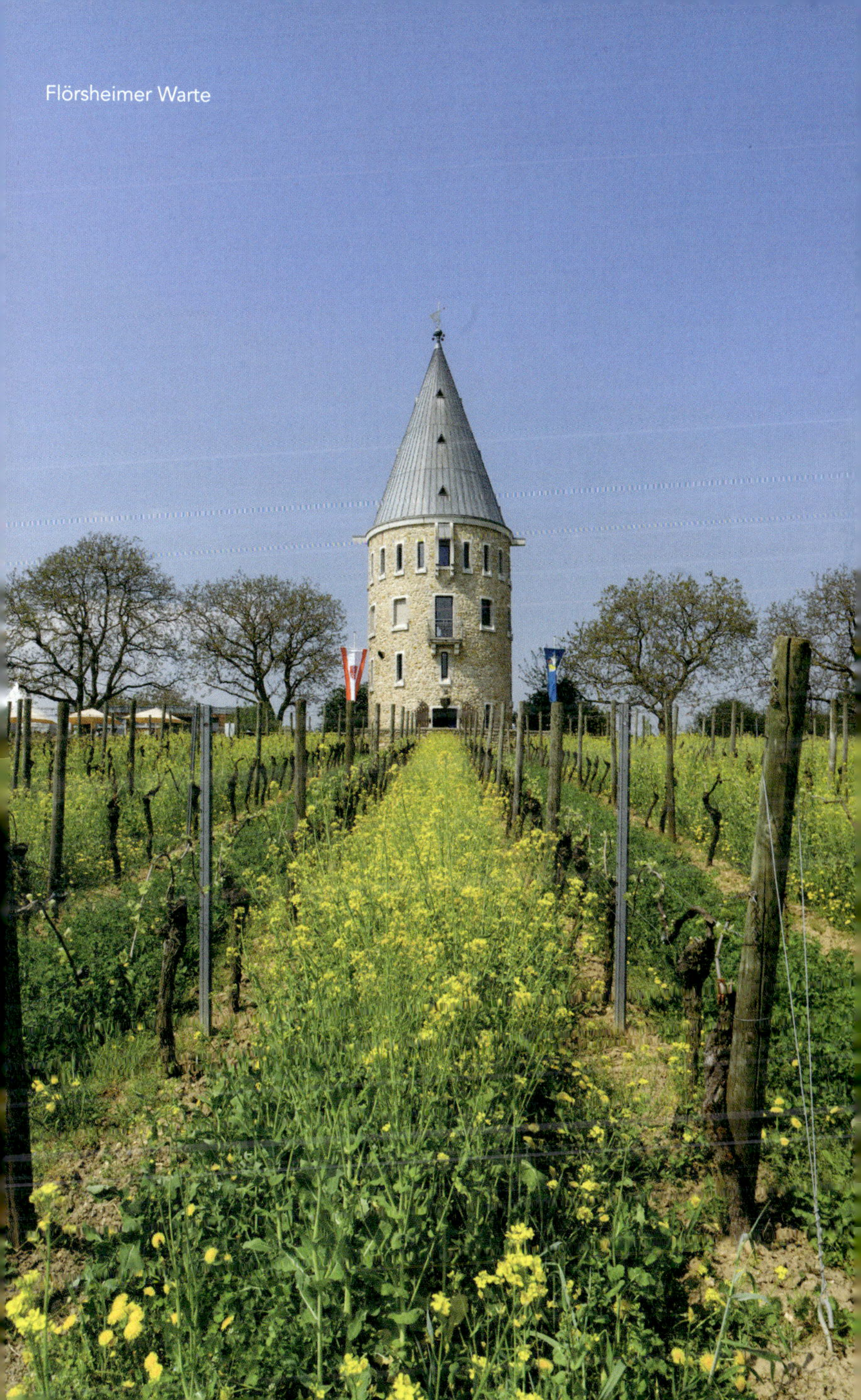

Flörsheimer Warte

Auch wenn wir nur eine kleine Runde durch Wicker drehen, ist auf Schritt und Tritt zu erkennen, dass sich die Winzer hier zurecht als Hüter des Tores zum Rheingau verstehen.

Hier der stolze Adler, der vom König Wilhelmsberg auf uns herunterblickt und uns daran erinnert, dass Kaiser Wilhelm I. den Wein aus Wicker bereits als preußischer König zu schätzen wusste. Da die kleine Ordensfrau aus Sandstein als Sinnbild des Nonnenbergs. Und dort an der Taunusstraße – gleich neben der Figur des Ausschellers – natürlich der Weinprobierstand. Wicker und Wein, das gehört genauso zusammen wie Rheingau und Riesling. Deshalb beginnt der **Riesling-Pfad** auch hier und nirgendwo sonst.

Wir danken den Torwächtern für die Gastfreundlichkeit, verabschieden uns über die Rathausstraße nach links und wandern wieder bergab dem Tal der Mühlen entgegen. Der Wickerbach wird auf den folgenden gut zwei Kilometern zum zweiten Mal unser Begleiter. Mal links, mal rechts, mal auf Distanz und mal ganz nahe führt er uns an Weiden- und Wiesenmühle vorbei und schickt uns einen letzten kleineren Anstieg hinauf zurück auf den Weg nach Hochheim. Nach einem kleinen Anstieg sind wir wieder in den Weinbergen und können es ganz entspannt angehen lassen. Noch ein letzter Blick in den frühkeltischen „Bronzespiegel“ am Wegesrand, dann sehen wir auch schon in der Ferne den Turm von St. Peter und Paul. In seinem Schatten treten wir durch den Torbogen des Hochheimer Küsterhauses und nehmen uns zum Abschluss noch die Zeit, um ein wenig durch die malerische Altstadt zu schlendern. Über 80 Fachwerkhäuser bilden noch heute den Kern der Hochheimer Alt-

DER RIESLING-PFAD: Der goldgelbe Römer auf grünem Grund ist wohl bei den meisten, die regelmäßig durch den Rheingau wandern, als Zeichen des Riesling-Pfads hinterlegt. Was womöglich nicht ganz so viele wissen: Der bekannte Wanderweg beginnt hier in Wicker, verbindet alle Weinbaugemeinden des Rheingaus und endet 120 Kilometer weiter westlich in Lorchhausen.

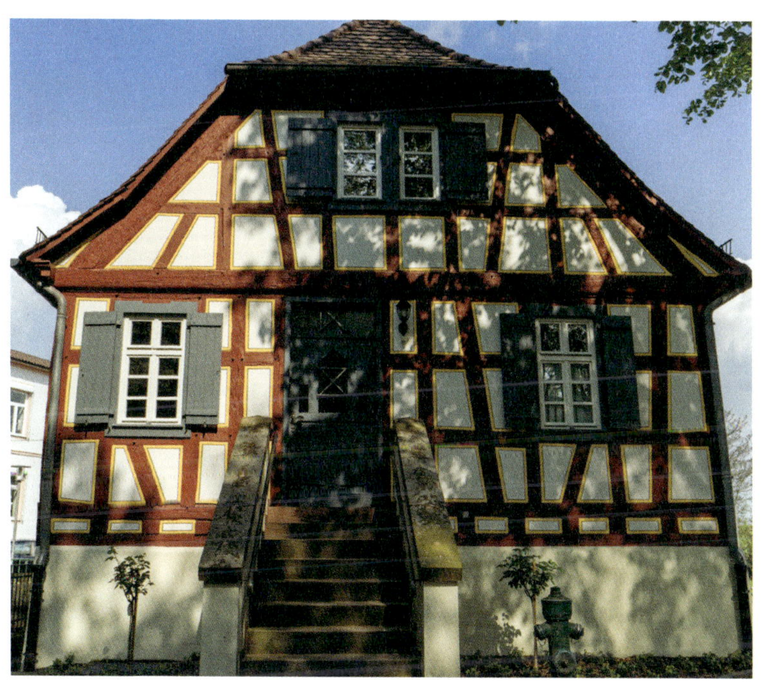

stadt. Wenn die alten Balken nicht nur knarren, sondern auch reden könnten, würden sie wohl von den Zeiten raunen, da die Mainzer Domdechanten im barocken Schlösschen nach 1750 die Sommer verbrachten und die Hochheimer ihren Zehnten in der großen Scheune des Fronhofs ablieferten. Wer die Altstadt heute von einer ihrer schönsten Seiten kennenlernen möchte, der feiert im Sommer mit den Hochheimern das Weinfest. Ein Genuss aus einem Guss – frei von Kontrasten.

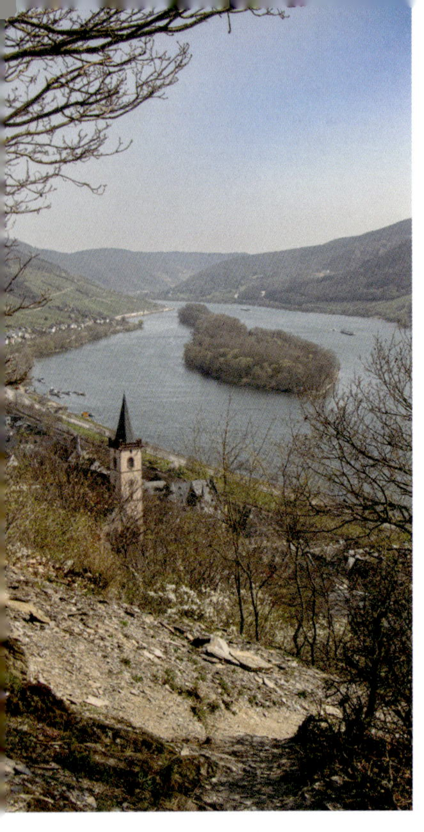

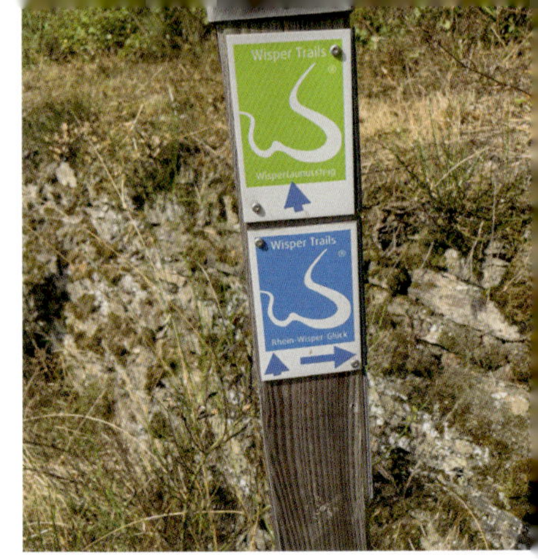

RHEINGAU-TAUNUS

Wo das Glück am Wegesrand liegt

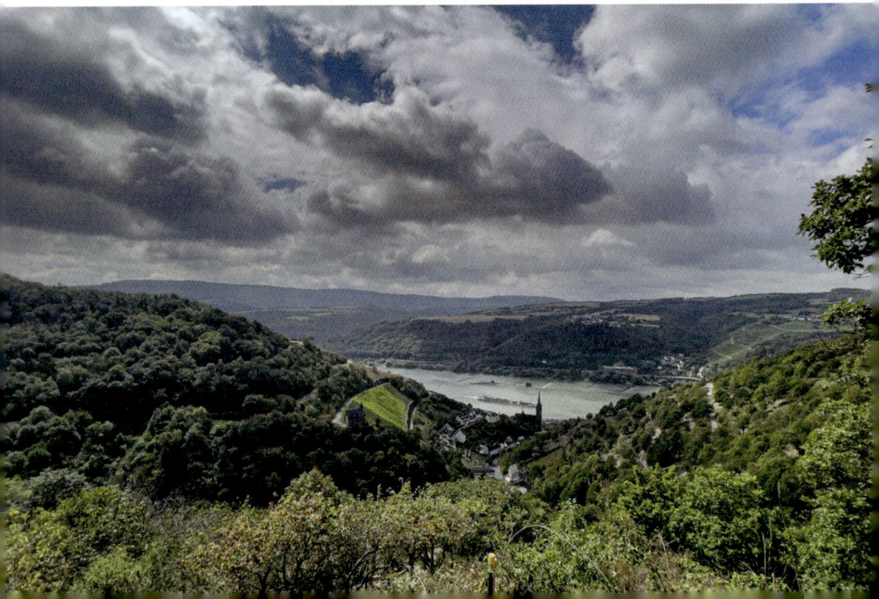

TOUR 20

03:40 h 11,8 km 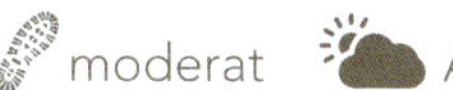 moderat Allwetter

Bei einem Trail darf der Untergrund schon mal einen Schuss ruckeliger und eine Steigung eine Prise herausfordernder sein. Um ganz sicher zu gehen, können Walking-Stöcke helfen.

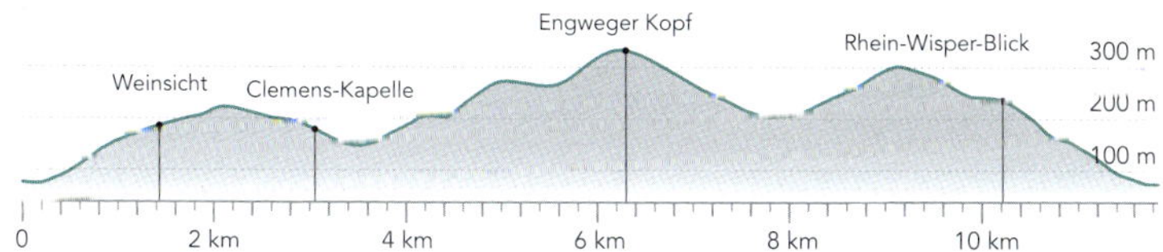

Anfahrt

Auto: Auf der A66 und dann weiter auf der B42 aus Richtung Wiesbaden geradewegs in den Rheingau. Der Bundesstraße von da an immer weiter folgen und kurz vor der hessischen Landesgrenze den Blinker nach rechts setzen – dann ist man in Lorch. Parkplätze lassen sich am Rheinufer finden. **ÖPNV:** Mit der Regionalbahn 10 geht es vom Wiesbadener Hauptbahnhof aus in 40 Minuten direkt zum Lorcher Bahnhof.

Highlights

Die malerischen Ausblicke auf das Rheintal allein sind es wert, die Tour anzugehen. Die abwechslungsreiche und mitunter anspruchsvolle Wegführung ist gleichermaßen reizvoll und macht Lust, weitere Trails (www.wisper-trails.de) auszuprobieren.

Einkehrmöglichkeiten

Abgesehen von den gastronomischen Angeboten in Lorch gibt es unweit der Clemenskapelle eine süffige Besonderheit: einen Weinautomaten.

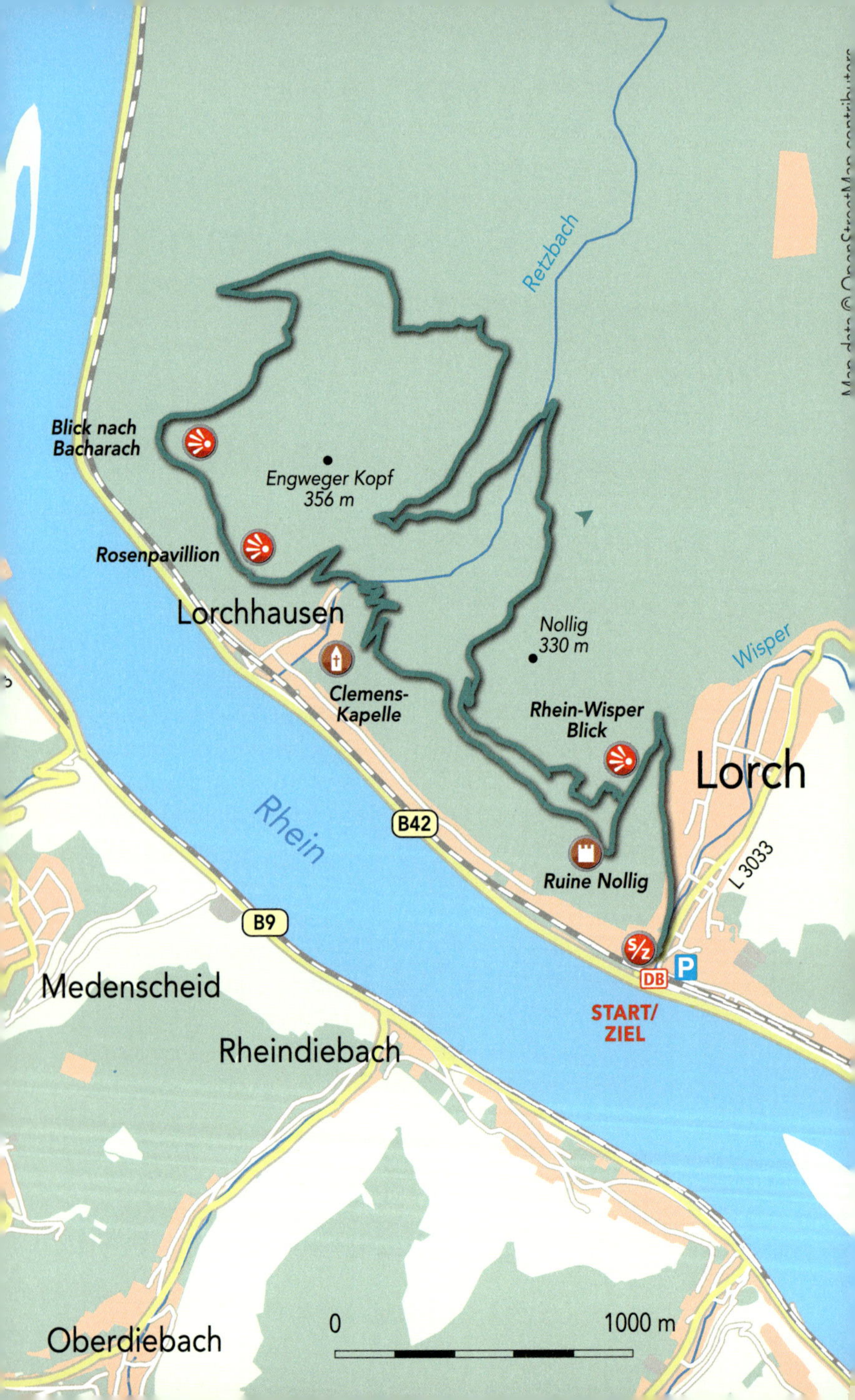

Retzbach
Blick nach Bacharach
Engweger Kopf 356 m
Rosenpavillion
Lorchhausen
Nollig 330 m
Wisper
Clemens-Kapelle
Rhein-Wisper Blick
Lorch
Rhein
B42
Ruine Nollig
L 3033
B9
S/Z
DB
P
START/ ZIEL
Medenscheid
Rheindiebach
Oberdiebach
0
1000 m
Map data © OpenStreetMap contributors

RHEINGAU-TAUNUS

Wo das Glück am Wegesrand liegt

Das Wandern hat nicht nur vielen Menschen während des Lockdowns etwas Ablenkung und frische Luft verschafft. Es hat auch ein Spazier-Revier in Rhein-Main wachgeküsst, das wie Dornröschen Jahrzehnte vor sich hin schlummerte.

Das **Wispertal** ist wieder aus der Versenkung aufgetaucht. Ältere Generationen werden sich vielleicht noch erinnern: In den 1970er und -80er Jahren war das enge Tal, das Rheingau und Untertaunus verbindet, so etwas wie das Mekka der „Sonntagsfahrer" – und das auch samstags.

Reichten für den Spaziergang am Ufer der Wisper damals noch Slipper oder Pumps an den Füßen vollauf, dürften sich Ausflügler mit dieser „Reifenwahl" heute vermutlich etwas schwerer tun, wenn sie damit Schritt halten wollen. An die Stelle der Gelegenheitsgänger sind mittlerweile Überzeugungswanderer getreten, die das alte Ausflugsrevier ganz neu für sich entdeckt haben. Den Weg weisen ihnen dabei die **Wisper-Trails**.

Es liegt in der Natur dieser Trails, dass sie mit einem gewissen Anspruch an den Wanderer herantreten. Passagen, auf denen man es locker laufen lassen kann, wechseln sich immer wie-

DAS WISPERTAL: Flankiert von hohen, dicht bewaldeten Hängen öffnet das Wispertal eine Passage durch das rheinische Schiefergebirge. Das aus Felsen geformte Nadelöhr verbindet die beiden Teile des Rheingau- Taunus-Kreises auf ganz natürliche Weise. Seinen Namen verdankt das Tal der „Wisper", einem Flüsschen das auf den Höhen des Taunus unweit des Heidenroder Ortsteils Mappershain entspringt und talwärts knapp 30 Kilometer weiter bei Lorch in den Rhein mündet.

der mit Abschnitten ab, auf denen Waden und Wanderschuhe zeigen können, was sie draufhaben. Der anstehende Trail wechselt allerdings nicht nur die Gangarten, sondern verspricht zudem das Beste aus zwei doch unterschiedlich anmutenden Welten. Hier die sonnenverwöhnten Weinberge des Rheingaus und da die tiefen Wälder des Taunus – so sieht es aus: das „Rhein-Wisper-Glück". Zum Start des gleichnamigen Trails in Lorch am Rhein hält uns zunächst ein weißes „W" auf gelbem Grund auf Kurs. Daran ist abzulesen, dass es sich hier noch um einen „Zuweg" handelt. Die eigentliche Jagd nach dem Glück beginnt erst in den Weinbergen. Um dort hinzugelangen, spazieren wir zunächst hinein in die Wisperstraße und ein kurzes Stück am Fluss entlang, bevor der erste Aufstieg eingeläutet wird. Die Straße am Weiselberg führt uns nach links weg und nach oben zur Einmündung eines Hohlwegs. Auch hier stehen die Zeichen noch einmal unmissverständlich auf „links" und aufwärts.

Ein paar Hundert Meter weiter oben jedoch ist die Sache dann nicht mehr ganz so eindeutig. Eine kleine Brücke, die den Hohlweg überspannt, stellt uns vor die Frage, wie gut und vor allem wie sicher wir zu Fuß sind. Eine Frage, die jeder ganz ehrlich mit sich selbst ausmachen sollte. Denn an dieser Stelle bieten sich für ein kurzes Stück gleich zwei Möglichkeiten, die Tour fortzusetzen.

DIE WISPER-TRAILS: Am Anfang war der „Wispertaunussteig". 2018 auf den Weg gebracht, legte er die Spur für die Wiederbelebung des vergessenen Wanderreviers. Allerdings ist der Steig mit seinen 44 Kilometern nichts, was man an einem Tag mal „wegwandert". Daher wurde der Steig mittlerweile um die Wisper-Trails ergänzt. Dabei handelt es sich um Rundkurse von 8 bis 18 Kilometern Länge. Ein großer Teil der 15 Trails (Stand Anfang 2022) führt über die umliegenden, aus Schiefer aufgeschichteten Höhen des Taunus. Gekennzeichnet sind die Wege durch ein fließendes „W" auf blauem Grund. Sowohl der Wispertaunussteig wie auch die Trails sind zertifizierte „Premiumwanderwege".

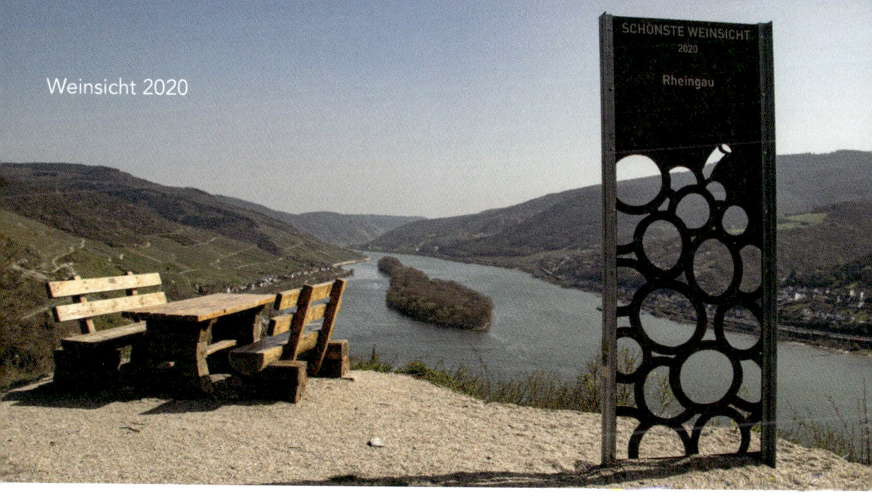

Da gibt es die klassische Route, die zunächst weiter geradeaus und bergauf führt, um anschließend in einer Art 180-Grad-Wende wieder Kurs auf den Rhein zu nehmen. Und dann ist da eine sicher reizvolle, aber auch etwas ambitioniertere Variante, die nach rechts vom Hohlweg abgeht und über die Brücke in steiles, felsiges Terrain übergeht. Es bedarf hierfür zwar keiner hochalpinen Kletterkünste, aber trittsicher sollte man schon sein.

Unabhängig davon, welche Variante den Zuschlag erhält – das Zwischenziel ist dasselbe und ein besonders ansprechendes noch dazu. „Schönste Weinsicht 2020" verheißt eine Metalltafel in Weintraubenoptik vollmundig.

Obwohl noch nicht allzu lange unterwegs, sind Ausblick und Sitzgruppe doch zu verlockend. Für eine kurze Verschnaufpause zu Füßen der **Ruine Nollig** ist auf jeden Fall Zeit. Zumal der erste Aufstieg geschafft ist.

Während die Tore zur Nollig verschlossen bleiben, tut sich uns in unmittelbarer Nachbarschaft eine andere Möglichkeit auf, der Umzaunung aus dem Weg zu gehen und dem Trail zu folgen, der jetzt auch ganz offiziell zum „Rhein-Wisper-Glück" führt. Die Wegzeichen stehen von hieran auf blau. Durch ein Wildtor hindurch wandern wir zwar vorerst weiter bergauf – aber im Vergleich zur Startetappe doch sacht und entspannt.

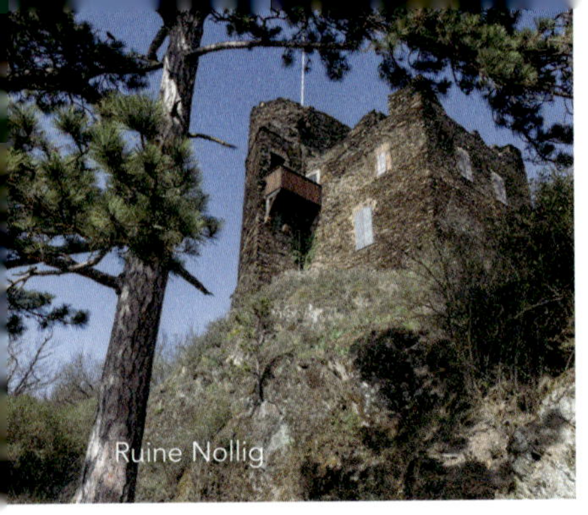

Das gibt Zeit und Gelegenheit, sich ein genaueres Bild von dem zu machen, was hier oben alles so kreucht und fleucht.

Denn obwohl das Land auf den ersten Blick recht trocken und unwirtlich anmutet, führt dieser Streckenabschnitt doch durch ein Naturschutzgebiet von europäischem Rang. Darauf weist der Status **Natura 2000** hin.

Vorbei an Trockenmauern und mittlerweile brachliegenden Wingerten können wir an vielen Stellen noch ablesen, wie der Mensch dieses Fleckchen Erde nach seinen Interessen umgestaltet und kultiviert hat. Hier wurde Wein angebaut, Obst geerntet, Vieh geweidet und Holz gemacht. Die Belange von Mutter Natur spielten da erwartungsgemäß keine Rolle. Umso überraschender ist, dass die Eingriffe in die Landschaft rückblickend betrachtet, noch etwas Gutes hatten. Denn auf diese Weise entstanden kleine und noch dazu vielfältige Biotope, die ganz unterschiedlichen Tier- und Planzenarten ein Zuhause bieten. Der Mensch ist hier nur noch Gast und sollte sich entsprechend benehmen. Also: Auf den Wegen bleiben und Hunde anleinen!

Dieser Bitte folgend, geht es dem ersten Abstieg des Tages entgegen. Von den Weinbergen aus können wir im Tal bereits Lorchhausen sehen und etwas weiter oben im Hang auch das nächste Etappenziel ausmachen: die Clemenskapelle. Vom Plateau des kleinen

RUINE NOLLIG: Obwohl oft und gerne von einer „Burgruine" gesprochen wird, ist das wohl eine Nummer zu groß für die „Nollig". Sie war wohl vielmehr als Wehrturm angelegt und diente im Mittelalter als Teil der Lorcher Stadtbefestigung. Ihren Namen teilt sie sich mit dem 330 Meter hohen „Nollig", der die Weinbaugemeinde überragt. Besichtigt werden kann die Ruine nicht. Sie befindet sich in Privatbesitz.

Gotteshauses aus ist der Blick auf das Rheintal herrlich.

Ganz nebenbei bekommen wir auch noch einen ziemlich guten Eindruck davon, wo der Trail von hier aus hinführt – nämlich reichlich bergauf. Zunächst aber geht es erst mal an den Stationen eines Kreuzwegs vorbei ins Tal des Betzbaches, dort dann über den Talweg hinweg und gleich auf der gegenüberliegenden Seite den Hang wieder hinauf. Hier zeigt sich am spürbarsten, wo die Unterschiede zwischen einem Wanderweg und einem Trail liegen können. Der Untergrund wird herausfordernder und die Steigung hochprozentiger. Wer Walking-Stöcke griffbereit hat, kann sich damit etwas mehr Grip und Schub

NATURA 2000: Nährstoffarm und artenreich – was nach einem Widerspruch in sich klingt, ergibt rund um die Ruine Nollig wie auch im noch folgenden Natura-2000-Gebiet „Engweger Kopf" absolut Sinn. Die Magerwiesen, Felsen und Schotterflächen sind Lebensräume für Tiere wie Pflanzen, die es gerne etwas trockener mögen. Das gilt zum Beispiel für die „Spanische Flagge" (ein Schmetterling) oder auch die Heidenelke. Einige der Arten sind vom Aussterben bedroht und entsprechend geschützt.

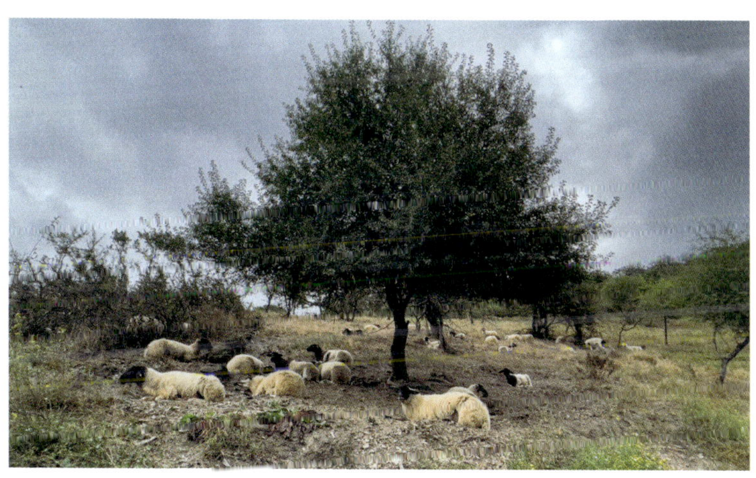

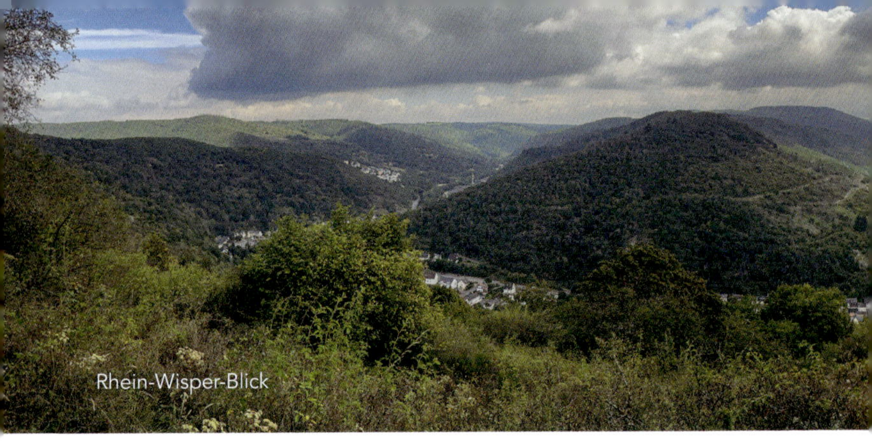
Rhein-Wisper-Blick

im Gelände geben. Diese Unterstützung brauchen die vierbeinigen Bewohner der Hanglagen nicht.

Ziegen und Schafe, die hier weiden, haben von Natur aus eine bessere Bodenhaftung. Durch ein Tor hindurch werden Mensch und Tier für ein paar Hundert Meter mitunter sogar zu Weggefährten, führt die Tour an dieser Stelle doch über eine Weidefläche. Haben wir die ein Stück weiter oben wieder verlassen und damit den anspruchsvollsten Teil des Aufstiegs gemeistert, warten zur Belohnung entlang des Weges die nächsten traumhaften Panoramen. Beim Blick vom Rosenpavillon hinüber auf Bacharach bekommen wir ein ganz gutes Gefühl dafür, was die Namensgeber mit „Rhein-Wisper-Glück" zum Ausdruck bringen wollten. Der Trail hält Wort – zumindest am Rhein. Wie aber sieht es an der Wisper aus?

Um darauf eine Antwort zu bekommen, müssen wir den „Engweger Kopf" besteigen. Der Lorchhäuser Hausberg ist mit seinen 356 Metern zwar noch eine überschaubare Größe. Dennoch ist er der topografische Höhe- und vorläufige Wendepunkt der Tour. Was sich auch an der Vegetation ablesen lässt. Waren die Wegbegleiter bislang Felsenahorn und Traubeneichen, öffnet sich mit Erreichen der Höhe der Blick auf die dichten Wälder und Felder des Wisper-Taunus.

Vorbei an artenreichen Magerwiesen, auf denen es zur Blütezeit nur so summt und brummt, setzen wir die Suche nach dem Glück auf der gegenüberliegenden Seite des Plateaus fort. Von hieran zieht es uns wieder bergab in Richtung Lorchhausen. Allerdings kreuzen

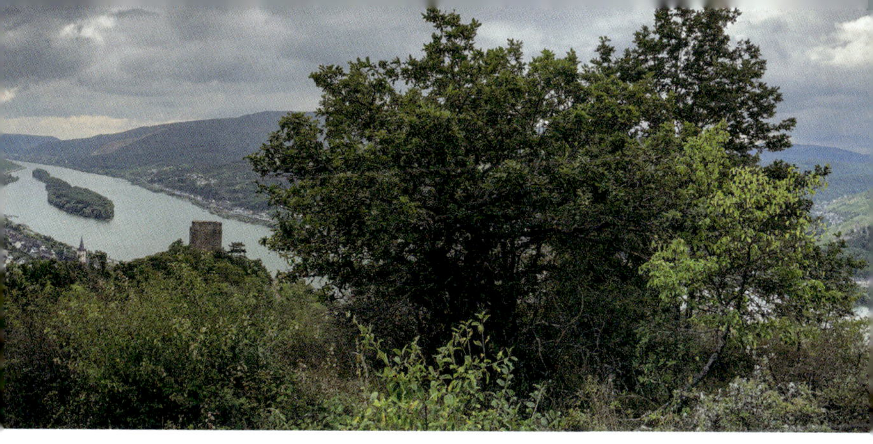

wir das Tal des Betzbaches bereits ein gutes Stück oberhalb des Ortes. Das hat an dieser Stelle den Charme, dass an das Ab ein Auf anschließt, das wir auch ohne zusätzliche Stockschübe bewältigen können. Ganz unten im Rucksack verstauen sollten wir die Gehhilfen aber noch nicht. Sie könnten noch einmal wertvolle Dienste leisten.

Wieder auf der Höhe geht es zunächst ohne steilere Herausforderungen retour in Richtung Nollig. Das ändert sich jedoch einige Hundert Meter später noch einmal abrupt. Eine „Umleitung" weist nach links weiter den Hang hinauf. Die Steigung an sich dürfte zwar keine allzu große Herausforderung darstellen. Der Zustand der Umgehung wird allerdings zumindest bei diesem Testlauf dem Namen der Tour schwerlich gerecht. Trail hin oder her.

Mit etwas Geschick und – falls erforderlich – dem Einsatz der Stöcke lässt sich diese Passage auf jeden Fall meistern. Oben angekommen ist der Weg dann auch gleich wieder auf dem gewohnt hohen Niveau.

Bevor wir den Abstieg einläuten, bietet der Rhein-Wisper-Blick noch einmal ausgiebig Gelegenheit, die Endorphine mit schönen Aussichten zum Hüpfen zu bringen.

Das „Springen" sollten wir allerdings den körpereigenen Stimmungsmachern überlassen. In Anbetracht der hohen Stufen, die vom Aussichtspunkt nach unten führen, bleibt es beim „Steigen" und „Gehen" – auch für den Rest der Tour, die uns über den bereits vertrauten Zuweg zurück nach Lorch führt.

DER AUTOR

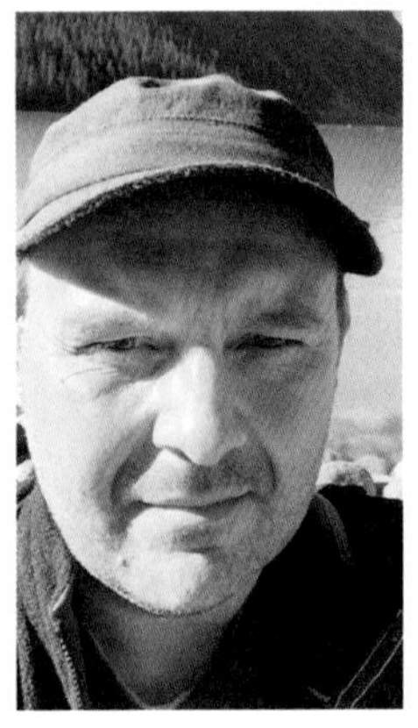

Stefan Jung ist ein Kind der Rhein-Main-Region. Geboren in Mainz, bei Wiesbaden aufgewachsen, lebt und arbeitet der Journalist seit vielen Jahren im Taunus. Ob als Redakteur der Frankfurter Neuen Presse oder als Autor von Wanderführern – die Beschäftigung mit der Region ist für ihn Beruf und Berufung zugleich. Wenn er nicht am Schreibtisch sitzt oder die Wanderstiefel schnürt, zieht es ihn in die Ferne. Das Reisen ist seine große Leidenschaft – genauso wie das Nachhausekommen.